O SUCESSO DE UM MESTRE SHAOLIN

Steve DeMasco
em colaboração com Alli Joseph

O SUCESSO DE UM MESTRE SHAOLIN

DICAS PARA VOCÊ VIVER FELIZ

Tradução
ANÍBAL MARI

EDITORA CULTRIX
São Paulo

Título original: *The Shaolin Way — Ten Modern Secrets of Survival from a Shaolin Grandmaster.*

Copyright © 2005 Steve DeMasco.

Publicado mediante acordo com a HarperCollins Publisher, Inc.

Todos os direitos reservados. Nenhuma parte deste livro pode ser reproduzida ou usada de qualquer forma ou por qualquer meio, eletrônico ou mecânico, inclusive fotocópias, gravações ou sistema de armazenamento em banco de dados, sem permissão por escrito, exceto nos casos de trechos curtos citados em resenhas críticas ou artigos de revistas.

Dados Internacionais de Catalogação na Publicação (CIP)
(Câmara Brasileira do Livro, SP, Brasil)

DeMasco, Steve
    O sucesso de um Mestre Shaolin : dicas para você viver feliz / Steve DeMasco em colaboração com Alli Joseph ; tradução Aníbal Mari. -- São Paulo : Cultrix, 2007.

    Título original: The Shaolin Way.
    ISBN 978-85-316-0971-8

    1. Artes marciais - Aspectos religiosos - Zen Budismo 2. Luta corporal oriental I. Joseph, Alli. II. Título.

07-1212   CDD-796.8

Índices para catálogo sistemático:
1. Artes marciais : Esportes 796.8

O primeiro número à esquerda indica a edição, ou reedição, desta obra. A primeira dezena à direita indica o ano em que esta edição, ou reedição, foi publicada.

Edição	Ano
1-2-3-4-5-6-7-8-9-10-11	07-08-09-10-11-12-13-14

Direitos de tradução para o Brasil
adquiridos com exclusividade pela
EDITORA PENSAMENTO-CULTRIX LTDA.
Rua Dr. Mário Vicente, 368 — 04270-000 — São Paulo, SP
Fone: 6166-9000 — Fax: 6166-9008
E-mail: pensamento@cultrix.com.br
http://www.pensamento-cultrix.com.br
que se reserva a propriedade literária desta tradução.

Às pessoas que mais me influenciaram, pela ordem em que apareceram na minha vida.

Minha mãe, Carol G. DeMasco, a verdadeira Discípula Shaolin.

Vinny Vecchionne, meu mentor e treinador de boxe, e a pessoa que me manteve na escola.

Paul Newman, a pessoa mais generosa, bondosa e inspiradora que já conheci.

O Presidente William J. Clinton, por toda a sua fé e estímulo e por me fazer sentir que eu era importante para você e para o nosso país.

Barry Mawn, um dos verdadeiros heróis do 11 de setembro. Obrigado pela sua amizade e por me permitir ser parte da maior agência de execução da lei no mundo, o Federal Bureau of Investigation.

Minha esposa, Kelly, e meus filhos, Michael, Nicco e Gianni — minha inspiração para o resto da vida!

Tudo dará certo no fim.
Se não der certo,
não será o fim.
— Anônimo

SUMÁRIO

Prefácio do Abade Shi Yongxin, do Templo Shaolin
de Songshang, na China 11

Introdução: O mito da montanha 13

1. SOBREVIVER NÃO BASTA 25

生存並不足夠

Você está vivendo por viver ou vivendo para morrer? 26

A técnica do 80/20 28

A alegria de viver 30

Evoluindo da sobrevivência para a vida 33

2. FOCO + DISCIPLINA = REALIZAÇÃO 39

專心 + 紀律 = 成就

Distrações no caminho 42

Trinta anos de foco e um dia para pô-lo à prova 46

A arte da disciplina 51

Monge por um minuto 51

Atividade em confronto com realização 53

Disciplina em qualquer idade 55

3. A AUTO-ESTIMA VEM DA AUTO-ANÁLISE 59

自我價值來自自我反省

Compensar aquilo que, na sua opinião, lhe falta
e saber de fato o que você tem 60

Sara e o treinamento de um discípulo Shaolin 62

Pare de tentar ser igual aos outros 64

O período de baixa auto-estima 66

O fanfarrão e o mestre 68

O ganho de perspectiva 69

O problema do ego 71

O embrião do ego 73

Auto-estima instável 74

O fracasso, mais uma vez 76

O monge ao espelho 78

Envolvidos com nós mesmos 81

4. EXISTE FORÇA MESMO NA FRAQUEZA 83

即使在弱勢之中，也有力量

Yin e yang 86

Medo, fraqueza e controle 88

Passos firmes pela estrada 90

Grande, porém fraco 94

5. NINGUÉM NASCE VÍTIMA, TRANSFORMA-SE NELA 97

受害者並非生來如此，而是培養所成

Assumindo responsabilidade 98

A suprema vitimização 100

Sinto-me uma vítima, mas estou sendo vitimizado? 102

A vítima consciente do negócio de automóveis 104

O que você dá, você recebe de volta 104

Preparando-me para um mergulho frontal 106

Ninguém nasce vítima, transforma-se em vítima 110

Cometendo erros até corrigi-los 113

A mudança de padrão 114

6. RAIVA É DESPERDÍCIO DE ENERGIA 117

怒氣是平白浪費掉的精力

A escolha da raiva 118
A raiva é um sinal de alerta 121
O conflito é o melhor amigo da raiva 123
Monges sentem raiva? 127
A dispersão da raiva 129

7. FAÇA AOS OUTROS 133

以己待人

Deixe três lados da rede abertos 133
"Praticando" a compaixão 135
Compaixão sem apego 136
O cão maltratado 138
Compaixão perene 139
Meu amigo Vinnie 141
Aprendendo a amar 144
Pare de mentir para si mesmo 148
Examine as raízes para salvar os galhos 150
Pais compassivos 150
A árdua tarefa de relacionar-se 152

8. ESPERANÇA É AÇÃO 155

希望就是一種行動

Praticar uma ação sem querer nada em troca 155
Esperança em oposição a expectativa 156
Minha mãe, uma guerreira Shaolin 159
Onde há vontade, há solução 162

9. O VERDADEIRO PODER VEM DE DENTRO 165

真正的力量來自內心

Poder nas ruas 167

Mude a sua perspectiva com relação ao poder 169

A descoberta do seu verdadeiro poder 173

10. NÃO EXISTE PROGRESSO SEM DESPRENDIMENTO 177

如果你放不開，你就不能繼續前進

Ame a si mesmo e se desapegue de tudo 177

A montanha e o caminho 179

Nada se compara ao momento presente 183

Acabando com o abuso 186

A teoria do imbecil 188

A tênue linha divisória entre ódio e perdão 189

O ciclo dinâmico de vida e morte 191

Qualquer pessoa pode mudar o mundo 194

POSFÁCIO 197

後語

Apêndice A: *Posturas Shaolin* 201

Apêndice B: *Quais são as cinco formas animais do Shaolin?* 205

Apêndice C: *Uma mente disciplinada exige um corpo saudável* 207

Apêndice D: *A tradicional cerimônia chinesa do chá para longevidade,
felicidade e boa sorte* 215

PREFÁCIO

O templo Shaolin é uma das mais populares e mais difundidas manifestações da tradicional cultura budista chinesa. Ele se tornou parte integral da civilização espiritual da humanidade, aceito e respeitado por povos de diferentes culturas espalhados pelo mundo. O estilo Shaolin de kung fu tem exercido a mesma influência em povos de variadas culturas. E é uma ponte de compreensão mútua, que contribui para promover a paz e a amizade entre os seres humanos.

Steve DeMasco tem respeito pelo budismo e amor pelo estilo Shaolin de kung fu desde a infância. Ele fundou a United Studios of Self-Defense [União de Centros de Autodefesa] para reunir novos adeptos de Shaolin e ensinar o estilo Shaolin de kung fu. Ele tem-se mostrado muito generoso e disposto a ajudar, com suas limitadas economias, crianças pobres e desabrigadas a receber instrução formal de graça. Trata-se de um ato de compaixão e benevolência defendido pelo budismo.

Desde que foi aceito como um discípulo do Templo Shaolin, Steve DeMasco tem levado centenas de alunos da United Studios of Self-Defense para visitar essa milenar construção em excursões de peregrinação, e tem dedicado seu tempo para ajudar o contínuo Projeto de Renovação do Templo Shaolin.

Eu acredito que, com a publicação deste livro, um número maior de pessoas terá uma compreensão melhor da tradicional cultura chinesa e também do espírito Shaolin. Com certeza essa compreensão vai purificar a alma das pessoas.

ABADE SHI YONGXIN
Templo Shaolin de Songshang, na China
Ano budista de 2548

INTRODUÇÃO

O mito da montanha

Pode-se dizer que não tive o melhor começo na vida. Nasci em 1953, filho de Concetta e Al DeMasco no Harlem hispânico, onde vivi até os nove anos. Minha mãe, que por alguma razão foi sempre chamada de "Carol", tinha duas pernas de madeira e quatro dedos numa das mãos, resultado de defeitos congênitos e maus-tratos cometidos por sua infeliz mãe. Carol foi minha inspiração e minha razão de viver até a sua morte vários anos atrás. Meu pai, Al, era um homem psicótico que me batia e abusou sexualmente de mim várias vezes quando eu era criança, até que minha mãe se casou novamente em 1962 e nos mudamos para Brockton, Massachusetts. Al desapareceu da minha vida quando eu tinha dezesseis anos.

Vindo de uma origem realmente ruim como essa — na qual tive a sorte de não vir a fazer parte das estatísticas de pobreza do gueto — houve muitas mudanças que eu precisei fazer na minha trajetória ao longo dos anos. Cerca de 35 anos atrás, quando tive contato pela primeira vez com a filosofia Shaolin e com o estilo kung fu de artes marciais que a acompanha, eu não tinha nenhuma idéia de como isso transformaria profundamente a minha vida, o que de fato aconteceu. Foi o Shaolin — uma prática misteriosa criada por um grupo especial de homens há 1.500 anos na China — que me salvou.

Esses homens acreditavam que para se ter perfeito equilíbrio na vida, é preciso estar realizado espiritual e fisicamente e encontrar o equilíbrio entre a agressão e a paz. Esse equilíbrio vinha com o exercício em partes iguais do estilo kung fu de artes marciais, da cura pela natureza, de atos de compaixão praticados no mundo fora dos muros do seu templo e de intenso estudo do budismo. Eles dedicavam o seu tempo a elucidar as raízes dos desafios da vida que todos os seres humanos continuam a enfrentar ainda hoje, independentemente de raça ou condição socioeconômica. Esses homens eram os aguerridos monges Shaolin, cuja tradição ainda sobrevive.

O QUE É SHAOLIN?

Muitas pessoas acreditam que as artes marciais modernas, na sua maior parte, descendem de Shaolin (que, em chinês, significa "pequena floresta"). O templo Shaolin foi originalmente construído no norte da China (na província de Hunan) pelo imperador para estudo religioso por volta do século IV d.C. e foi incendiado e destruído por imperadores hostis no século XVIII. Depois de ter sido incendiado, reconstruído e destruído novamente, uma parte remanescente do último edifício foi transformada no templo atual, nas proximidades de Deng Feng, na China.

Estudiosos dizem que o elemento kung fu do Shaolin foi introduzido há cerca de mil anos depois que o Buda original viveu, quando Bodhidharma (conhecido como "Ta Mo" em chinês e "Daruma" em japonês — bodhi significa "mente iluminada", dharma é o termo sânscrito para "lei" ou "doutrina"), um monge budista e príncipe da Índia, veio ensinar aos monges Shaolin uma forma não-mortal de autodefesa no século VI d.C. Como tal, os monges haviam feito votos de paz, de modo que não podiam matar quando atacados, o que ocorreu inúmeras vezes durante aqueles tempos de contestação e sublevação violenta contra a classe dominante. O estilo Shaolin de kung fu tornou-se uma espécie de "meditação em movimento", que os protegia de invasores ao mesmo tempo que também lhes permitia manter-se fiéis aos seus votos. Com essas novas habilidades, eles passaram a ser monges guerreiros Shaolin.

Shaolin gira em torno do ramo Chan do budismo, uma mistura peculiar da religião budista com o confucionismo e o taoísmo (também conhecido como daoísmo) e repousa na compreensão do que significa ser um lutador e um guerreiro. Supunha-se que os monges guerreiros Shaolin tinham os mais famosos e mais avançados métodos em toda a Ásia, ainda que eles não guerreassem na maior parte do tempo. Shaolin opera no sentido inverso: você o estuda para ser capaz de matar, mas só está apto a usá-lo quando aprende que a violência só deve ser utilizada para proteger a vida de uma outra pessoa.

INTRODUÇÃO – O MITO DA MONTANHA **15**

Hoje em dia, existem milhares de monges budistas espalhados por toda a China. Todos eles são muitos semelhantes entre si, com suas vestes simples e a cabeça raspada. Contudo, embora todos possam se vestir da mesma maneira e ter a mesma aparência, existe um único templo Shaolin remanescente nas proximidades de Den Feng, e seus habitantes formam um pequeno grupo de homens — existem cerca de *cinqüenta* deles, dentre mais ou menos um bilhão de pessoas na China. Esses homens têm habilidades especiais que eu passei 35 anos tentando aprender e depois compartilhar com meus alunos: delinqüentes juvenis, assassinos convictos, mulheres maltratadas, donas-de-casa, adolescentes frustrados e também homens e mulheres de negócios bem-sucedidos.

Eu quero agora compartilhar essas habilidades com você.

Conflitos cotidianos

Em mais de trinta anos no meu trabalho de terapeuta comportamental com homens, mulheres, crianças e famílias, eu tenho testemunhado e causado muitos conflitos. Todos nós vivemos lutando de um modo ou de outro: lutamos para sobreviver todos os dias da nossa vida. Lutamos para despertar de manhã quando o dia lá fora parece que vai ser um lixo, e lutamos para nos sentir bem quando estamos infelizes e deprimidos. Chamo esse tipo de luta de "guerra psicológica" porque estamos usando a mente para combater as coisas intangíveis da vida: depressão, egocentrismo, ódio, raiva, cobiça, egoísmo e quase toda tendência, emoção ou ação negativa que nos deixa insatisfeitos com a vida e nos fere profundamente, por vezes de maneiras que nem sequer reconhecemos.

Quando criança, passei muitos anos lutando nas ruas para me proteger de valentões sem saber como, mais tarde lutando como um boxeador exímio, depois aprendendo um modo completamente diferente de lutar por meio do estilo Shaolin de kung fu — e foram muitas lutas. Os monges, porém, faziam mais do que simplesmente lutar por dinheiro ou por diversão: eles lutavam com o objetivo de livrar o mundo da miséria, de aprender a se proteger para que pudessem proteger e ajudar outras pessoas. Todas as religiões budistas pregam esse mesmo objetivo, mas os monges Shaolin eram diferentes por serem guerreiros. E nós também o somos.

Quando converso com crianças ou adultos que estão às voltas com problemas ou situações pessoais, e chegamos a um impasse porque eles não acreditam nas lições que estou tentando ensinar-lhes sobre como o Shaolin pode ajudá-los a transformar sua vida, pergunto sempre a mesma coisa: "Como você se sente?"

"Eu me sinto uma droga", a maioria responde.

"Pense sobre isso", digo. "O que você vem fazendo até aqui certamente não funciona para você, ou você não estaria onde está. Se você não tiver um plano alternativo, então você não tem *nada a perder e tudo a ganhar*. Eu sei como você se sente: eu já estive na mesma situação muitas vezes na minha vida, e essas lições sempre funcionaram para mim. Se você seguir o caminho e não se desviar dele, eu garanto que elas vão funcionar para você."

OS TRÊS TESOUROS DE SHAOLIN

Os monges Shaolin vivem de acordo com três princípios fundamentais, chamados os "Três Tesouros".

CHAN é o âmago do kung fu. Ele significa estar constantemente envolvido no presente, ou no "aqui e agora". Chan sugere natureza prática quando se vive a vida no presente, assim como a necessidade de examinar as questões ou as situações de todos os ângulos, em vez de usar o seu próprio quadro de referência pessoal.

SAÚDE, no sentido tanto de saúde interna como externa, significa manter o corpo em bom estado de funcionamento e viver em harmonia com as suas necessidades. A prática da medicina e o qigong ("energia interior") são usados para a cura do corpo e a manutenção das funções adequadas dos órgãos, bem como dos músculos e dos ossos. As "formas" (movimentos semelhantes à dança que imitam os movimentos e o comportamento dos animais), abrangendo desde os próprios movimentos, até o fortalecimento externo do corpo e o condicionamento interno dos órgãos, se combinam com a medicina e o trabalho com a energia para gerar saúde.

AUTODEFESA. Os monges acreditam que o corpo deve se manter em equilíbrio sempre, e por isso eles utilizam o treinamento de autodefesa, assim como possíveis situações de combate, para mergulhar em seus demônios e apegos pessoais e eliminar pela raiz o que, a seu ver, constituem as fontes de toda a ignorância: o medo e a ganância.

INTRODUÇÃO – O MITO DA MONTANHA

Um guia de sobrevivência

Este livro oferece uma espécie de plano de sobrevivência: uma orientação com base na filosofia Shaolin que pode ajudar você a mudar a sua própria vida. Os monges Shaolin vivem de acordo com um conjunto de regras completamente diferente do de qualquer outra pessoa, e essas regras foram criadas por uma razão. Antes de se tornarem monges guerreiros, eles enfrentavam muitos dos mesmos problemas que o restante de nós enfrenta. Sua saúde era ruim, eles estavam fora de forma, não conseguiam se concentrar na sua religião, viviam deprimidos e desejavam ser amados. Em resumo, às vezes a vida que levavam também era enfadonha.

Para se sentirem melhor, os monges decidiram fazer algumas coisas de maneira diferente. Começaram a adotar uma conduta diária que *criasse uma transformação dentro deles de modo que pudessem efetuar mudanças no mundo do lado de fora* de seu templo, livrando-o da miséria. Isso reflete uma das idéias centrais no budismo, que sugere que o único modo de melhorar a própria vida consiste em ajudar as outras pessoas, pois, em essência, somos todos iguais.

Quando Bodhidharma desceu a montanha e declarou que os ensinaria a lutar, os monges acharam que aprenderiam a combater os seus inimigos e entrar em boa forma imediatamente, o que não aconteceu. Primeiro eles tiveram de aprender mais a respeito da lei do budismo com seus mestres no templo, assim como muitas habilidades de sobrevivência como a cura pelo uso de ervas silvestres e como tirar o seu sustento da terra. Depois eles aprenderam a praticar as técnicas sofisticadas de combate do estilo Shaolin de kung fu que os tornaram famosos. Por fim, bem preparados física e mentalmente para o que quer que encontrassem pela frente, os monges foram enviados em peregrinações espirituais pelo mundo exterior, onde tiveram de aplicar o que haviam aprendido em seu pequeno círculo.

A nossa jornada

De que modo o Shaolin pode fornecer os instrumentos que ajudem você a mudar a *sua* vida? Por que ele é diferente de qualquer outro método? À primeira vista, você pode pensar que lutar constitui a maior parte das lições contidas neste livro, visto que Shaolin está ligado às artes marciais. Isso não é verdade. Enquanto os monges Shaolin utilizavam técnicas de combate para se manterem em forma e centrados, nós vamos usar nossas próprias situações do dia-a-dia, pois, ao contrário dos monges, temos muito mais coisas a fazer na vida cotidiana do que apenas acordar, comer, orar e praticar. Temos de lidar com a realidade na sua dimensão mais frenética — como ir para o trabalho, relacionar-nos, superar problemas do passado e muitas coisas mais.

As habilidades de que precisamos hoje em dia para atuar diferem muito daquelas praticadas pelos monges há muitos séculos no templo e nas suas peregrinações, mas os princípios Shaolin que lhes foram ensinados continuam os mesmos: viver realmente a vida cotidiana e não simplesmente "ir tocando" a vida, significa lidar com a mudança e romper com algumas "regras pessoais", que representam, para qualquer pessoa, duas das coisas mais difíceis de fazer. Regras pessoais são comportamentos que você foi condicionado a ter e que fixam você em padrões negativos e criam infelicidade. Eles são vícios, assim como a bebida e as drogas, e precisam ser rompidos.

Shaolin dará a você todos os recursos para que você lute por uma versão aprimorada da sua vida atual, mas o que ele realmente lhe ensina é o caminho para o seu verdadeiro poder interior. Ele mostra a você como "lutar" pela vida e lidar com seus oponentes sem causar danos aos outros — sejam eles seus parentes, inimigos ou valentões, ou até você mesmo. Contudo, a primeira e a maior batalha que travamos é com nós mesmos.

Com Shaolin, você pode acabar aprendendo muito a respeito de si mesmo ao examinar os diferentes tipos de "luta" que você trava todos os dias. O problema é que você tem de estar pronto para aprender, caso contrário Shaolin não fará nenhuma diferença. Shaolin, como qualquer outra filosofia, não poderá ajudar você se você não se empenhar, mas ele sempre apontará o caminho.

OS MONGES E NÓS

Qual é o caminho? O método dos monges para encontrar o caminho para a felicidade é muito diferente do nosso método ocidental. Eles vivem de acordo com um conjunto de regras estabelecidas pela lei do budismo, uma espécie de "Dez Mandamentos", muito semelhantes ao que você encontra no judaísmo ou no cristianismo.

Os monges optaram por levar uma vida ascética — para a qual as coisas materiais não têm utilidade. As coisas que eles consideram no dia-a-dia

INTRODUÇÃO – O MITO DA MONTANHA

podem parecer "limitadas" para nós porque, em geral, se restringem ao fato de ter o bastante que comer, de estar doente e ao modo de orar ao Buda e compreender os ensinamentos dele.

Nós acreditamos que temos muito mais com que nos ocupar diariamente. Depois de todos esses anos que passei tentando compreender o sentido da vida, sinto grande compaixão por nós. O nosso problema verdadeiro é que achamos que precisamos ser perfeitos, e são variadas e complicadas as maneiras pelas quais escolhemos perseguir a perfeição.

Você talvez ache muito mais fácil caminhar em círculos por um templo o dia inteiro com a cabeça raspada, orando e praticando kung fu, e que os monges visem à perfeição de uma maneira que não podemos visar, pois eles estão em um ambiente controlado. O nosso meio é muito diferente: vivemos entre múltiplas escolhas, de modo que temos de fazer algumas opções e algumas mudanças em nossa vida e admitir que a perfeição é um mito; do contrário, viveremos sempre infelizes e insatisfeitos.

O desejo de atingir a perfeição vem de um conjunto de princípios ou "regras" básicos que nos foram expostos no início de nossa vida. No entanto, eles não funcionam, seja qual for a nossa religião — budismo, cristianismo, islamismo, judaísmo ou qualquer outra. Eu acredito que começamos a viver deprimidos porque a maior parte das religiões, e depois nossos pais, nos ensinam que temos de viver de acordo com todos esses mandamentos e expectativas de perfeição.

Com toda a franqueza, isso é impossível.

Ao tentar ser perfeitos, pode-se dizer que estamos começando automaticamente do pior lugar. Não é de estranhar, portanto, que nos sintamos culpados pelo modo como vivemos e pelo que fazemos diariamente por toda a nossa vida, sem saber se estamos dando os passos corretos rumo à perfeição. Na condição de seres humanos procurando atuar no mundo atual, vivemos em *total* conflito desde o início, por isso é natural que fiquemos confusos e *não consigamos* divisar um caminho correto para nós mesmos.

O conflito interior se manifesta diferentemente para cada pessoa. A posição em que você se encontra na vida determina o que sente. Para uma mulher que se casou muito cedo e agora tem filhos e responsabilidade, o conflito interior pode significar um sentimento de ansiedade por não ter aproveitado boa parte da sua juventude. Enquanto suas amigas saíam para beber em bares e conhecer rapazes, ela estava em casa cuidando do filho recém-nascido. O sentimento de não ter aproveitado alguma coisa gera tristeza e conflito. Ou se você está atolado num emprego que detesta, mas acha que precisa continuar nele por causa de seus compromissos financeiros, você está em conflito. Se você está cursando o último ano do colegial e quer seguir a profissão de caminhoneiro, mas os seus pais são professores universitários e você sabe que eles ficarão arrasados se você abandonar o colégio, você está mentalmente atormentado.

Pois bem, dependendo da sua consciência e dos seus sentimentos pessoais de comprometimento com as coisas que estão causando o conflito, você pode se sentir atormentado todos os dias, pois essas coisas representam os pedaços que faltam da "pessoa perfeita" que você acha que jamais vai ser ou que não quer ser.

A maioria das religiões tem algo em comum quando se trata da idéia de atingir a perfeição, seguir o caminho errado e ser punido por isso. A Bíblia, por exemplo, nos ensina que nascemos do pecado original — a história de Adão e Eva, naturalmente. "Que diabo isso quer dizer?", eu já perguntei a mim mesmo muitas vezes, pois seguir uma filosofia que ensina que somos essencialmente maus sempre me fez indagar — mesmo sendo um católico praticante (que aprendeu muitas coisas do budismo) — "Onde se pode chegar a partir daí?"

Como acontece com os mandamentos bíblicos, é impossível seguir estrita e exatamente a lei do budismo na vida cotidiana, de modo que ao longo dos séculos os budistas elaboraram um mapa do percurso. Trata-se de um conjunto de princípios, ou regras *alternativas*, denominadas as Dez Perfeições, como ter coragem, perseguir a verdade, ter um senso de clareza e serenidade e ser uma pessoa generosa — e todos esses princípios ou regras se destinam a ajudá-lo a ser mais feliz, apesar da impossibilidade de alcançar a perfeição na sua vida.

É uma ironia que esse mesmo conjunto de diretrizes destinadas a ajudar os monges budistas a ter sucesso na vida sem se sentirem frustrados pela necessidade de serem perfeitos seja chamado de as "Perfeições". Ao contrário dos monges, não temos as nossas próprias "Perfeições"; nós simplesmente nos esforçamos para ser perfeitos no mundo e, por causa disso, às vezes cada um de nós tem a sensação de que está olhando para uma série de montanhas que tem de escalar para chegar ao topo para ser o melhor naquilo que fazemos, ou ser a pessoa mais inteligente, mais rica ou mais sábia que existe.

Mas o que Shaolin ensina, e que a maioria de nós não consegue perceber, é que a montanha — seja o que for que isso signifique para você ou para mim num determinado momento (uma briga com o seu cônjuge, a necessidade de punir seus filhos, uma perda financeira, uma sensação de extremo cansaço para fazer exercícios físicos, escrever um livro, lidar com velhas obsessões) — é apenas o que você realiza. No afã de viver a vida e seguir em frente, ou "ser perfeitos", perdemos o sentido da jornada e costumamos culpar as circunstâncias pelo modo como nossa vida acaba sendo. Essa montanha é a única que eu não consigo transpor — podemos pensar com desespero.

A montanha — o que quer que seja — é um mito. As coisas mais importantes que devemos superar são aquelas que construímos ao longo do nosso caminho. Enquanto não nos dermos conta de que não existe na verdade nenhuma montanha (ou nenhum obstáculo para qualquer coisa que desejamos realizar), a não ser os bloqueios que pusemos em nosso caminho, jamais nos libertaremos.

Isso significa empreender uma jornada, como fizeram os monges há centenas de anos, só que essa é a nossa própria jornada. Eles saíram pelo mundo para livrá-lo da miséria; nós temos de livrar *a nós mesmos* da miséria como um ponto de partida. Cada um de nós precisa fazer a sua própria busca de visão. No dia em que você despertar e perceber que pode criar mais felicidade para si mesmo e para as pessoas à sua volta por meio de um novo modo de vida e de sobrevivência, aí então começará a sua jornada.

COM A ATENÇÃO VOLTADA PARA A JORNADA

Na tradição do templo, há uma história sobre um exercício chamado "agarrar o seixo". Um mestre estende a mão para um discípulo e, na palma dela, repousa um seixo. Ele diz ao discípulo que apanhe o seixo, o que é muito difícil de fazer, porque o mestre tem muito mais concentração e treinamento, e enquanto não estiver tão concentrado em pegar o seixo quanto o mestre está em fechar a mão, o discípulo não conseguirá agarrá-lo.

A idéia é simples: quando você deseja alcançar algo rápido demais sem concentração adequada, geralmente você acaba falhando. Concentração, de uma perspectiva Shaolin, é o segredo para realizar algo importante em nossa vida. Antes de eu descobrir o Shaolin, eu agarrava tudo rápido demais, não tinha concentração nem percebia que eu precisava examinar de que maneira eu estava lutando pela vida. Durante muitos anos, tentei apanhar o seixo de qualquer pessoa ou coisa que o oferecesse a mim, quer fosse um emprego, uma mulher, mais dinheiro ou uma amizade. Eu estava concentrado em obter tudo o que o seixo representava, sem me dar conta de como eu poderia me tornar física e mentalmente rápido o bastante para pegar o seixo da mão da vida.

Esse tipo de concentração leva anos para ser desenvolvido. Mesmo no combate físico do estilo Shaolin de kung fu, não se pode simplesmente esmurrar ou chutar — é preciso pensar. Depois de algum tempo, não se pensa apenas — sente-se. E quando alguém se torna realmente exímio, não sente apenas — sabe de antemão. Então ele compreende que Shaolin não diz respeito apenas à luta, mas também à jornada.

CAMINHANDO A PASSOS LARGOS PARA A FELICIDADE

Lao Tsé, um antigo sábio chinês, escreveu: "Uma jornada de mil milhas começa com um passo." Ao começar uma nova jornada, este livro vai guiar você enquanto você percorre o caminho sinuoso da sua vida, momento a momento, e aprende a antecipar e resolver problemas como um monge guerreiro Shaolin. Primeiro você olha para a estrada abaixo com frustração, vendo ao longe grandes montanhas que você sabe que terá de cruzar.

Lembre-se de fazer a jornada passo a passo, momento a momento. Não existem atalhos. Durante a vida inteira, é preciso lidar com todo e qualquer encontro que a vida lhe reserva sem omitir nenhum deles, pois isso só o deixará frustrado e lhe trará mais ansiedade. O único jeito de avançar e mudar consiste em decidir "estar onde se está", dando passos conscientes pelas diferentes voltas da estrada da vida — como perceber o que significa ter concentração e disciplina. São esses os fundamentos da mudança, um outro conceito de que trata este livro. A mudança acontece todos os dias, em tudo o que existe ao nosso redor, e aceitar a inevitabilidade e necessidade da mudança permitirá que você examine o seu senso de auto-estima, assuma a responsabilidade pelos seus atos de uma nova maneira e se torne mais forte interiormente.

À medida que essa estrada que mencionamos se curva, o seu caminho também o faz, e a sua raiva deverá manter-se em equilíbrio com o que eu lhe ofereço em termos de compaixão. Esse equilíbrio ("yin e yang", ou quantidades iguais de força e fraqueza no universo equilibrando-se mutuamente)

INTRODUÇÃO — O MITO DA MONTANHA
23

dará a você uma nova e compassiva compreensão de si mesmo, das outras pessoas, do poder e da sua própria noção de estrutura e fundamentação no mundo.

No fim da sua jornada, espero que você — como o monge Shaolin — descubra que é capaz de aceitar a sua vida e o lugar que ocupa, para o bem ou para o mal, pois você acredita em si mesmo e no seu caminho, seja ele qual for. Você também ficará surpreso ao perceber que não existe nenhuma montanha real no seu caminho.

As lições que lhe ofereço — uma combinação de filosofia oriental e de raciocínio prático que aprendi arduamente — podem dar a impressão de se sobreporem às vezes, mas isso ocorre porque na vida, assim como no budismo, tudo está relacionado. Como você vai ler mais adiante, eu não creio que nenhuma ação ou comportamento que tomamos/adotamos na nossa vida não esteja ligada às outras, de modo que é no espírito e no reconhecimento dessa forte mensagem de estímulo que eu lhe sugiro que absorva as informações.

Portanto, este livro trata de enfrentar os desafios de viver num mundo exigente que parece insistir na perfeição e na adaptação. Ele também trata da jornada de um homem que trabalha na transformação da vida de milhares de pessoas e que, nesse processo, acabou descobrindo que fez mudanças positivas na sua própria vida.

Este livro não lhe ensina *como* viver a sua vida, mas sim como sobreviver todos os dias de maneiras mais prováveis de trazer felicidade e paz interior. Se você se sentir um lutador todos os dias, isso poderá ajudá-lo a fortalecer suas habilidades na vida de modo que lute por mudança e crescimento, e não apenas continue andando em círculos. Reafirmo que a luta — especialmente a luta pela sobrevivência — é só o começo, pois a verdadeira força consiste em sair e ajudar uma outra pessoa a transformar a vida dela e descobrir que essa é a única maneira pela qual você pode modificar a sua própria vida. Isso pode parecer ir contra a sua intuição agora, mas vai funcionar depois que você tiver lido este livro. Você está prestes a iniciar uma grande jornada. Venha comigo.

SOBREVIVER NÃO BASTA

*A guerra é o maior negócio do Estado,
a base da vida e da morte,
o modo (Tao) de sobrevivência ou extinção;
ela precisa ser cuidadosamente ponderada e analisada.*

— SUN TZU

Sun Tzu afirmou que a base da vida e da morte depende de que se sobreviva ou morra. A idéia de que as pessoas se levantam todos os dias para sobreviver é um conceito formador de hábito, mas temos de nos fiar nele porque se levantar todos os dias é uma necessidade da vida. Por conseguinte, livrar-se desse hábito é extremamente difícil.

As pessoas que faziam parte do meu mundo eram sobreviventes, na maior parte; elas cresceram nos conjuntos residenciais, muitas vezes passaram fome e não tinham roupas ou calçados para ir à escola. Muitas tinham pais violentos ou viciados em drogas. Só muito mais tarde na minha vida é que eu me dei conta de que existem diferentes níveis de sobrevivência para todas as pessoas, e que esses níveis dependem da nossa condição de vida. Para as crianças, os jovens ou os adultos, sobrevivência pode significar lidar com as situações que eu tive de lidar na infância, ou pode ser algo totalmente diverso, como ir para um emprego que você detesta na maior parte do tempo, lidar com as pressões cotidianas da vida como contas a pagar, problemas de família e educação, só esperando que chegue a sexta-feira e depois o fim de semana. Muitas pessoas passam o fim de semana tentando fazer o que não puderam fazer de segunda a sexta-feira, e então começa tudo de novo.

Se você é um monge ou uma pessoa comum, a busca pela sobrevivência é uma dinâmica natural da vida. Nos tempos pré-históricos, a vida dos habitantes das cavernas provavelmente consistia em ficar longe de animais famintos, desastres naturais e doença. Também temos sido sitiados pela guerra — uma coisa a mais à qual devemos sobreviver — de algum modo em todas as épocas, em todas as partes do mundo. O que não vimos pessoalmente, nós estudamos na escola; na infância, quando você abria seus livros de história, sobre o que você aprendia? Sobre a Guerra Civil. A Guerra de 1812. A Primeira e a Segunda Guerras Mundiais.

Durante muitos anos eu defini sobrevivência pelas minhas próprias experiências. Contudo, eu aprendi um fato muito importante sobre a sobrevivência: ela não é uma condição exclusiva dos pobres. Ela não discrimina e não se importa com a sua cor, nacionalidade ou status socioeconômico. A luta para sobreviver — ter apenas o necessário para viver — afeta todas as pessoas, podendo parecer muitas vezes ocupar nossa vida inteira.

Você está vivendo por viver ou vivendo para morrer?

Basicamente, nós escolhemos se queremos viver por viver (desfrutar a vida como deveríamos estar fazendo) ou viver para morrer (sobreviver apenas). Nós, seres humanos, nunca fomos realmente ensinados a viver por viver. A sociedade nos diz que se não protegermos aquilo que possuímos, ele será tirado de nós. Dinheiro e poder no mundo de hoje representam o que um pedaço de carne fresca poderia representar para os habitantes das cavernas; é preciso agarrar com força aquilo que você encontra, apanha ou ganha, e lutar contra todo mundo, inclusive você mesmo, para mantê-lo.

Portanto, o modo como você foi treinado para sobreviver determina os métodos que você *usará* para sobreviver. Quando somos bebês, nossos pais nos protegem. Depois que aprendemos a caminhar e a falar, e temos algum domínio sobre a existência cotidiana, somos lançados para fora de casa naquilo que chamamos de "escola". Quando lá chegamos pela primeira vez, não conhecemos ninguém nem ficamos à vontade. Aqueles que amamos nos fizeram sair de casa para nos reunirmos com estranhos, e fomos apresentados pela primeira vez a pessoas que vamos ver com mais freqüência do que vemos nossos pais, que causarão um profundo efeito sobre nós por muitos anos e que serão essenciais para a nossa auto-estima, boa ou ruim: nossos professores.

Nessa tenra idade, nenhum de nós tem as habilidades para açambarcar essa nova experiência, por isso voltamos para casa com cola nos cabelos e um machucado no corpo causado por um golpe de uma das outras crianças (também assustada e pouco à vontade nesse seu novo e forçado ambiente) e perguntamos: "Por que eu preciso ir para a escola? Quero ficar em casa com você, mamãe."

É aí que começa a luta pela sobrevivência para a maioria das pessoas. A resposta vem da mamãe: "Stevie, você precisa ir para a escola para se instruir." A criança que vai para o jardim-de-infância ou para a pré-escola então pergunta: "O que isso quer dizer, mamãe?" Ela provavelmente já lhe contou que isso quer dizer que você vai para a escola, onde vai ficar mais esperto e depois poder cursar uma boa universidade — tudo isso para que você possa ficar ainda mais inteligente do que já é, e quando for grande como a mamãe e o papai, possa ter um bom emprego e ganhar muito dinheiro. Tudo começa aí!

Um dos nossos principais problemas é que passamos grande parte da nossa vida adolescente e adulta aprendendo a sobreviver, que existe pouco ou nenhum treinamento sobre como viver, ou seja, equilibrar tudo isso para que possamos sobreviver e, ao mesmo tempo, desfrutar a vida.

Vivi no modo irrefletido de "sobrevivência" por um longo tempo, sem realmente "viver". Eu trabalhava seis dias por semana e, no sétimo dia, ficava ao telefone e ia a eventos de negócios para os quais levava a minha família, achando que isso era bom porque eu estava passando tempo com eles, mesmo que às vezes eles ficassem esperando em pé por ali enquanto eu conhecia e me reunia com pessoas que pudessem me ser úteis. Eu achava que estava levando uma vida ótima mas, na verdade, eu estava apenas sobrevivendo. Em que consistia a minha vida, na realidade? Em trabalho, trabalho e mais trabalho. Então, quando eu voltava para casa e minha mulher ou os meus filhos precisavam da minha ajuda, eu ficava perturbado me perguntando se eles sabiam o quanto eu havia trabalhado — por todos nós. Ao usar a expressão "vivendo para morrer", eu quis dizer que eu não estava vivendo absolutamente. Eu estava trabalhando para conseguir um objetivo que não incluía as pessoas que faziam parte da minha vida, as quais eu amava e com as quais eu me importava. Elas estavam sendo postas de lado. Eu vinha sobrevivendo sozinho há tanto tempo que eu não sabia como mudar os meus hábitos de sobrevivência para incluir as pessoas que eram as mais importantes na minha vida.

Os laços que criamos nesta vida não desaparecem. As decisões que tomamos persistem. As pessoas que amamos continuam respondendo ao nosso amor. O que fazemos nesta vida repercute, como uma ondulação num lago, em todos e em tudo o que nos cerca. Portanto, é fundamental que você pergunte a si mesmo: O que de fato importa e por quê?

O que eu não percebia na época era que o esforço que investimos em nossos amigos e nas pessoas que amamos é muito mais valioso do que o dinheiro que ganhamos. O dinheiro vem e vai, por isso em algum momento temos de nos perguntar: Para quem e por que estamos nos matando de trabalhar? De que modo estamos sobrevivendo? Estamos "vivendo" cada dia que passa, no sentido de estar desfrutando o tempo que temos aqui neste planeta, ou estamos simplesmente morrendo de trabalhar à custa de tudo o que nos cerca — nossa família e nossos amigos — porque achamos que o trabalho vai nos dar algo que nunca tivemos, ou porque estamos fugindo de um passado que não queremos que volte?

A técnica do 80/20

Existe uma coisa que eu chamo a "técnica do 80/20": é a noção de que 80% do tempo de vida pode e deve ser bom e 20% do tempo de vida provavelmente será ruim, porque, vamos encarar os fatos, nem tudo se pode controlar.

Os budistas acreditam que coisas ruins que acontecem na vida (morte, saúde precária, problemas familiares, desastres naturais e outras mais) são a dinâmica natural da existência cotidiana, e que como tal vão acontecer por mais que se tente evitá-las, ou por melhor que uma pessoa tente ser. A técnica do 80/20 é apenas uma outra maneira de aceitar o fato de que coisas ruins acontecem, e que quando elas acontecem, não personalizar a dor que provém delas (pensar "isso é culpa minha" ou "se ao menos eu tivesse feito isso ou aquilo de modo diferente") torna mais fácil lidar com situações penosas com um mínimo de sofrimento.

Eu acredito que uma das principais razões pelas quais nós, como pessoas, temos tanta dificuldade em lidar com a dor, a decepção — mais uma vez, a dinâmica natural da vida — é o modo como fomos condicionados neste país pelo "sistema de recompensa".

Quando pequenos, muitas vezes somos recompensados quando damos o nosso primeiro passo, nos comportamos bem, concluímos tarefas com independência — e até mesmo quando pronunciamos as palavras "mamãe" ou "papai" pela primeira vez. Às vezes somos recompensados por praticar bem os esportes, conseguir boas notas, limpar o nosso quarto e por muitas outras coisas que fazemos razoavelmente bem. Quando adultos, somos recompensados pelo nosso trabalho no emprego ou por sermos um bom treinador da equipe esportiva de que participam os nossos filhos, e tudo o que rola entre essas duas idades, dando às vezes a impressão de ser um completo desperdício de tempo. Em outras partes do mundo e especialmente para os monges guerreiros Shaolin, muito daquilo pelo qual somos recompensados no Ocidente é *comportamento esperado*. Ou seja, *espera-se* que uma pessoa aprenda a caminhar, limpe o seu quarto, obtenha boas notas, pratique bem os esportes ou execute bem as suas funções no trabalho e assim por diante.

Se soubermos que se obtivermos notas altas na escola seremos recompensados pelos nossos pais, e que eles nos darão presentes ou dinheiro, ou que se limparmos o nosso quarto e fizermos as tarefas triviais eles nos presentearão com um jantar especial, ou com um elogio, ou com uma mesada, então quando não recebermos essas regalias numa fase posterior da vida por fazer coisas *esperadas* no dia-a-dia, ficaremos zangados ou desapontados.

O fato de uma criança comportar-se bem não deveria significar que ela vá ganhar um brinquedo ou alguma coisa especial por fazer a *coisa certa*. Se um adulto realiza bem as suas funções no trabalho, isso não deveria necessariamente justificar um aumento de salário ou um prêmio como "funcionário do mês", ou ainda uma vaga especial no estacionamento para o carro dele. Somos recompensados quase sempre neste país por tudo o que fazemos certo, que quando coisas ruins acontecem, nós realmente não temos *para onde ir a não ser para o fundo do poço*.

Se fizéssemos muitas coisas positivas na vida simplesmente porque elas representassem o que *deveríamos* fazer, e não porque esperássemos obter algo mais das ações, teríamos uma perspectiva muito melhor com relação ao que é real e ao que não o é. Se você recebe sistematicamente elogios no trabalho porque você é um ótimo vendedor, o que acontece quando algum dia todos os que normalmente lhe fazem elogios estiverem ocupados fazendo outras coisas? Digamos que você realizou a maior venda já vista; provavelmente, você esperaria o maior aumento de salário já dado. Quando, porém, você não o recebe, fica deprimido — o que fiz de errado, por que ninguém está me chamando; oh não, e se eu for demitido? Esses pensamentos não têm fundamento na realidade, mas se a maior parte da sua vida está baseada num sistema de recompensa, será muito mais difícil controlá-los.

A técnica do 80/20 pode ser útil dando-nos uma perspectiva muito necessária. Se pudermos aceitar que pelo menos 20% do tempo as coisas não vão ser como queremos (por qualquer razão — um desastre natural, uma morte, saúde precária, problemas financeiros etc.), isso nos deixará livres até para lidar sozinhos com as dificuldades e tragédias da vida. Estaremos vivendo a vida, em vez de viver em função de outras pessoas (neste exemplo), o que é o mesmo que viver esperando a morte chegar, porque quando vivemos em função de coisas que estão fora de nosso alcance, em vez de viver o momento, estamos definitivamente deixando de viver.

A ALEGRIA DE VIVER

Alguém pode achar que é fácil definir o que significa desfrutar a vida. Entretanto, eu não sei dizer a quantas pessoas já pedi que tentassem e, em vez de dar uma resposta rápida, elas realmente tiveram que pensar. Elas não sabiam. Não tinham idéia do que era desfrutar a vida. Muitas disseram: "Eu gostaria de ganhar na loteria."

Essa é uma boa idéia; todavia, eu aprendi muitas coisas sobre o dinheiro: eu o tenho e não o tenho. Não preciso lhe dizer que gosto mais da minha vida quando tenho dinheiro. Dinheiro dá liberdade às pessoas: liberdade de viajar, de comprar o que quiserem e de fazer coisas na vida com a esperança que lhes dê alegria. No entanto, também conheço muitas pessoas que têm dinheiro e não têm a menor idéia de como viver fora do "esquema de sobrevivência". Elas passaram tanto tempo aprendendo a "ganhá-lo", se esforçando depois para "mantê-lo", que nunca aprenderam a viver *com* ele. Para mim, tendo ou não tendo dinheiro, "ganhá-lo" significa sentir-se bem quando se quer e *estar com as pessoas que se ama*.

Quase fui à falência por três vezes. Em todas elas, reconstruí minha fortuna para retomar e proteger meu ego e meu estilo de vida — de novo, a noção de viver bem de um ocidental, que é um pesadelo para um oriental porque conduzir sua rotina diária de modo a adquirir mais dinheiro ou poder é, para este, a idéia de viver esperando a morte chegar. Mas que bom senso me daria motivação para continuar juntando os pedaços e começar tudo de novo?

Comecei a pensar nisso um dia quando me perguntei por que minha mãe, que foi a minha maior mentora, e eu éramos tão diferentes. Como é que uma mulher com tantas desvantagens físicas, dois maridos ruins e um outro filho que morreu de AIDS aos 32 anos, sempre parecia ter uma visão otimista da vida?

Estudei o comportamento dela minha vida inteira e, por muito tempo, quanto mais eu me instruía nos métodos de Shaolin e em psicologia, mais perguntas eu tinha. Minha mãe poderia ter sido, na verdade, uma aguerrida monja budista Shaolin. Ela teve uma vida muito pior do que a minha ou a da maioria das pessoas; no entanto, na maior parte das vezes, ela era feliz. Por outro lado, eu vivia sempre tristonho, solitário e magoado. Costumava culpar a mim mesmo por me sentir assim, por minha mãe ser um pilar de força e eu não.

Minha mãe não teve muita coisa: ela não dava importância a um estilo de vida. Só se importava com os filhos e em ajudar outras pessoas a melhorar a sua qualidade de vida. Eu buscava cuidar dos meus filhos e de outras pessoas mas, mesmo assim, eu não era feliz. Faltava-me alguma coisa e eu nem sequer sabia disso. Minha definição de sobrevivência era que a minha vida era uma droga e que isso era inevitável.

Eu trabalhava além do normal para me convencer que eu era feliz: ganhei dinheiro, analisei o lugar de onde eu viera e o comparei com o ponto aonde eu havia chegado, bem como as pessoas cuja vida eu havia influenciado de uma maneira positiva. Tudo isso era ótimo, mas o fato de que eu ainda estava infeliz mostrou-me que havia alguma coisa de errado. Dois de meus amigos íntimos, que me conheciam melhor do que ninguém, sempre diziam: "Steve, você já realizou tantas coisas na sua vida, quando é que você vai começar a desfrutá-la?" Eu tinha uma teoria para isso também. Eu vivia pela força, isto é, só me importava com a minha mais recente conquista, o que eu fizera ontem fazia parte da história e o que eu estava fazendo hoje era a única coisa que contava.

Esse é um modo muito insalubre de abordar a vida. Eu não estava me transformando numa pessoa mais feliz e nunca me pareceu que eu estivesse de fato progredindo. Isso acontece porque quando se vive pela força — achar que só o que importa é a sua mais recente conquista — não se está vivendo no momento, ou na realidade. Essa atitude não leva em conta o quanto você realizou na sua vida toda, todo o crescimento que você teve, todas as mudanças que você fez e, sem esse repertório de informações atrás de você, que serve como uma espécie de sistema de apoio e de aferição do ponto aonde você chegou, você está basicamente se preparando apenas para um desastre.

Meu modo de atuação naquela época será *ótimo* se você quiser passar o resto da sua vida no modo de conquista e morrer de ataque cardíaco. Repare que eu estava tão consumido pelo meu passado e com tanto medo de ter de voltar para o lugar de onde vim que nunca aprendi a viver só por *viver*. Eu nunca aprendi que, com o passar do tempo, eu erguera um sólido alicerce debaixo de mim e que jamais poderia voltar a ser quem eu fora no passado, mesmo que quisesse. Mas mentalmente — na minha cabeça — eu ainda não me apercebera desse fato. Ao contrário, eu estava tão preocupado em ter o suficiente, a me julgar pelo modo como as pessoas me viam e a fazer com que os outros gostassem de mim e me aprovassem, que eu estava deixando de perceber tudo o que havia em torno de mim.

Com o grande Bruce Lee aprendi que eu não devia me concentrar apenas no "dedo", do contrário eu acabaria deixando de notar o restante da mão. Eu era como uma criança com um problema de falta de atenção: eu me concentrava em tudo o que se passava à minha volta e não notava a *felicidade* que estava bem diante do meu nariz. Como conseqüência, eu deixava escapar *tudo*. Eu embarcava em qualquer projeto que me deixasse excitado ou estimulado, sem considerar o tempo que seria necessário para concluí-lo e tudo o que eu estaria omitindo. Não decepcionei ninguém, e o preço que paguei por isso foram resultados profissionais nada brilhantes, a desaprovação da minha esposa e o desapontamento dos meus filhos.

Enquanto eu estava levando esse tipo de vida, para mim foi difícil entender como um monge poderia ser feliz de verdade. A sua vida inteira girava em torno da religião, do treinamento de kung fu e da melhoria da qualidade de vida dos outros. Como faz a maioria dos seres humanos — isso está nos livros de psicologia — eu inventava pretextos para a felicidade dos monges. Eu achava que a vida era fácil para eles. Eles não tinham responsabilidades, não precisavam pagar as prestações de um carro e não tinham filhos para cuidar. Comida e moradia lhes eram fornecidas de graça.

Mais uma vez, eu deixei escapar o que estava bem diante do meu nariz. Eu extraí da existência dos monges aquilo que defini como bom para mim e descartei o resto: pode-se usar o kung fu para tornar o corpo e a mente mais fortes, mas era aí que ele acabava para mim. O que realmente eu não compreendia era como ser feliz e ter paz de espírito. Eu definia a minha felicidade apenas como possuir um corpo e uma mente fortes, sem perceber que ser feliz significava não só ter a capacidade inata para sobreviver, como eu tinha quando era uma criança, mas também treinar a mente para estar em paz, quer eu tivesse ou não muito dinheiro.

No entanto, eu pregava a filosofia e treinava intensamente kung fu (que foi, muito provavelmente, a única coisa que me impediu de ter um ataque cardíaco). O uso do kung fu me levou a um patamar elevado, porque quando eu entrava em colapso como sempre depois de um excesso de combate, mentalmente eu assumia a responsabilidade pela situação e perguntava a mim mesmo por que eu chegara a "esse ponto" novamente. A resposta era sempre a mesma. Eu era inseguro, queria aprovação, não me dava conta de que não poderia controlar tudo o que acontece no mundo e nunca olhava para trás, para todas as coisas que já realizara e que ajudariam a me dar uma base sólida quando as coisas revelassem o seu pior aspecto.

Evoluindo da sobrevivência para a vida

Quando eu tinha mais ou menos quinze anos, recebi uma dura lição numa das regiões violentas de Brockton, onde eu morava com a minha mãe, minhas irmãs e meu padrasto alcoólatra, Mitch. A surra foi terrível, minha aparência estava péssima e eu tive de ir sozinho ao hospital: tive medo de voltar para casa depois disso, pois eu sabia que eu teria de me entender com Mitch, e eu não queria perturbar minha mãe. Por isso achei que era hora de sair de casa e ir morar com meu amigo Dennis Burton e a família dele: minha mãe saberia onde eu estava e eu acreditava que morar com Dennis era a melhor maneira de sobreviver nos tempos de colégio e evitar mais humilhação e maus-tratos de Mitch quando ele se embebedava.

Meu primeiro passo importante rumo à sobrevivência ocorreu depois desse incidente, numa situação parecida com a dos monges Shaolin quando eles começaram a aprender kung fu. Além de trazer benefícios para a sua saúde, a prática dessa arte marcial também era necessária para se protegerem de maus elementos. A minha vida naquela época estava muito ligada à sobrevivência, da maneira que as pessoas que dispõem de pouco ou quase nada conhecem bem todos os dias.

Eu era um camaleão e sabia regular as minhas necessidades para que se adequassem praticamente a todo lugar. Quando fui morar com Dennis Burton, eu já estava acostumado a conviver com alcoólatras, de modo que eu me adaptei muito bem na casa de Dennis. A mãe dele era uma bêbada e o pai também era um bebedor que nunca voltava para casa. De vez em quando eu via a minha mãe; um dia fomos comprar um par de sapatos para mim, e na loja encontrei Russ Alvarez, um grande amigo meu de escola que eu não via desde que o semestre terminara. "Russ, como é que você está, cara?", perguntei enquanto ele estava me vendendo os sapatos. "Bem, eu estou legal... Estou morando num lugar lá no centro", ele respondeu, e eu fiquei curioso para saber de que lugar ele estava falando.

Russ tinha só dezesseis anos, ainda cursava o colegial, e ficamos sabendo que o lugar a que ele estava se referindo era uma pensão imunda que custava quinze dólares por dia. "Minha madrasta me pôs para fora de casa", ele disse quando lhe perguntei por que ele estava morando numa espelunca daquelas. Naquela época não havia muitas famílias felizes da nossa classe social em Brockton, e os Alvarez não eram uma exceção. Incomodava-me o fato de Russ não ter mais um lar de verdade, e ele estava tentando nos fazer crer que ele não se importava. Eu sabia que a verdade concreta era que ele estava simplesmente deixando o tempo passar — sobrevivendo e, com isso, vivendo sem nenhuma expectativa de vida. No caso dele, não havia muito mais coisa que ele pudesse ter feito: a intenção de Russ era viver, mas como ele estava simplesmente vivendo com o mínimo necessário, ele mal sobrevivia e estava deixando escapar a qualidade de vida que, caso contrário, ele poderia ter tido se tivesse dinheiro ou recursos. Russ era uma criança que muitas vezes tinha de tomar decisões adultas, e as suas opções eram escassas. Ele ainda era jovem, com pouca experiência de vida, e a única alternativa que lhe restara era simplesmente tentar fazer o melhor que sabia. Era triste.

Muitos de nós somos como Russ quando entramos numa corrida contra o tempo, com tanta pressa de sobreviver que ficamos sobrecarregados e não conseguimos acompanhar o nosso próprio ritmo. É só uma questão de tempo antes que o nosso sistema físico e mental entre em pane. Ninguém consegue sobrecarregar o corpo e a mente a um nível tão elevado, porque os seres humanos precisam de alegria. O organismo de Russ entrou em colapso muito tempo depois, no final dos seus vinte anos e, quando ele chegou aos trinta, era um sem-teto. Ele passou por uma completa fusão da sobrevivência.

Nós, seres humanos, precisamos experimentar a alegria de viver, e temos uma necessidade inata de ser felizes e de ter companhia. Russ tinha muitas coisas boas na vida: amigos, minha família, namoradas bonitas e, por fim, uma ótima esposa e um filho. Mas o único modo de funcionamento de Russ era a sobrevivência, sem nenhum preparo para gozar a vida; por isso, mais tarde ele perdeu tudo aquilo por que lutara e acabou sozinho.

Depois que minha mãe e eu vimos como Russ estava vivendo, fomos até a pensão sórdida onde ele estava hospedado e levamos seus poucos pertences para a casa de minha mãe. Eu também voltei para casa por um curto período até que Russ e eu pudéssemos ter condições de alugar um modesto apartamento, e isso nós conseguimos.

Todos os dias eram uma luta para sobreviver do único jeito que conhecíamos. Infelizmente, o único emprego em período integral para nós dois durante as férias de verão ficava a mais de 80 km de distância de nosso acanhado e feio apartamento. Já que não tínhamos recursos para comprar um carro, Russ e eu viajávamos de carona quase 160 km todos os dias para ter um rendimento trabalhando numa loja de sapatos, de terno e gravata.

Muitas vezes demorava tanto tempo até que conseguíssemos uma carona para casa que só nos restavam três horas de sono; em seguida tínhamos de nos levantar e novamente começar a pegar carona para o trabalho. Nas noites de sábado, fazíamos um turno de madrugada na loja de doces do pai dele ali em Brockton.

Russ e eu voltávamos para a diminuta espelunca que chamávamos de lar e apagávamos às seis da manhã na cama sem sequer tomar uma ducha. Ali estávamos, dois rapazes sujos, engordurados e cheirando mal, juntos e enrolados na nossa cama-beliche, com resíduos de açúcar, farinha e polvilho debaixo das unhas, nas sobrancelhas e grudados nas nossas costas. Estávamos vivendo quase sem nenhuma perspectiva, mas não tínhamos nenhuma noção disso.

Conheço um sujeito que vários anos atrás estava construindo campos de golfe com Jack Nicklaus e administrando finanças bilionárias. Atualmente ele dirige uma empresa de comércio de capital aberto que vale milhões. Parece ótimo, certo? Bem, ele acabou de receber um diagnóstico de úlcera; seu sistema físico começou a entrar em colapso, já que este é geralmente a primeira coisa a enfraquecer, e eu sei que isso é apenas o começo para ele. É preciso dizer que ele é também modelo de boa forma física, não bebe café nem fuma. No entanto, ele já começou o processo de desintegração, assim como Russ se tornou um sem-teto. Esse homem não permite a si mesmo nenhum tempo para a alegria: ele tem uma esposa, uma casa e filhos maravilhosos, mesmo assim trabalha 24 horas, sete dias por semana, pois isso é tudo o que sabe fazer. Ele diz que vai parar quando tiver acumulado uma determinada quantidade de riqueza, mas com base no seu padrão, eu desconfio que ele está apenas se preparando para um novo nível de conquista quando atingir o seu "objetivo de parar".

Numa situação semelhante à do meu amigo hoje, Russ e eu não tínhamos muito tempo para simplesmente viver. Não é que não quiséssemos viver — nós simplesmente precisávamos sobreviver, e nossa existência só dependia de nós mesmos. Estávamos tentando terminar o colegial, ficar longe das gangues, pagar o aluguel, comer, comprar nosso próprio carro, continuar ajudando nossas mães e irmãs e ter namoradas. Meu amigo, o CEO de 33 anos, provavelmente gostaria de viver também: mas ele não tem nenhuma idéia de como fazê-lo.

Assim, pode-se ver com clareza que dor, perda, infelicidade e todas as coisas que nos impedem de desfrutar a vida não diferenciam com base na formação. Se não aprendermos a viver por viver, nós também podemos ter o mesmo destino de Russ e de muitos outros.

Não existem respostas fáceis de como encontrar o equilíbrio entre viver por viver e viver para morrer: você precisa descobri-lo por experiência própria; mas você pode encontrá-lo usando a técnica do 80/20. É nesse aspecto que a atitude guerreira Shaolin funciona bem para mim: eu defino com clareza de que modo eu estou vivendo e sobrevivendo. Reflito sobre quais são as minhas opções e o que entra na categoria dos 80% (coisas que eu consigo controlar), contra os 20% (coisas que eu não consigo controlar).

DE QUE MODO VOCÊ ESTÁ SOBREVIVENDO?

Quando você procurar definir o que significa felicidade para você, talvez queira fazer a si mesmo algumas das seguintes perguntas:

- O que significa "sobreviver" para você em comparação com "viver"? Sobrevivência é ter as coisas mais básicas: comida, moradia e saúde. Viver é aproveitar os frutos do seu trabalho. No seu caso, é ter dinheiro suficiente para viver com conforto? Um teto acima da cabeça? Uma família? Um bom emprego? Amigos leais? Uma boa refeição num restaurante com o seu marido ou a sua esposa de vez em quando? O amor dos seus filhos?
- O que essas coisas significam para você? Quais você poderia dispensar, e quais são essenciais? Por quê? Não tê-las tornaria a sua vida melhor ou pior, ou ela continuaria igual?

Faça uma lista e examine o que você tem, do que precisa e o que você ainda tem de conseguir ou ganhar. Pense sobre o quanto disso está relacionado com "sobreviver" — viver para morrer — ou "estar vivo" — viver por viver, apreciando cada dia pelo que ele é, pelo que ele tem e pelo que ele não tem.

FOCO + DISCIPLINA = REALIZAÇÃO

*O universo e a mente são um só:
mente e universo são uma coisa só.*

— LU HSIANG-SHAN

Era uma vez um mestre da ordem do Tigre Negro, um estilo raro de kung fu Shaolin conhecido por suas técnicas ferozes que imitam o dilacerar das garras de um tigre. O mestre tinha um filho chamado Wong Tau. Um dia, ao regressar de uma caçada nas florestas que rodeavam sua aldeia, o pai de Wong trouxe para casa um filhote de leopardo quase morto de fome que encontrara. Ele o deu ao filho e lhe disse que ele poderia ficar com o animal até que ele ficasse grande e perigoso.

Wong e o leopardo se tornaram inseparáveis, e todos os dias depois que Wong havia feito suas tarefas domésticas e praticado seus exercícios de kung fu, ele saía com o leopardo para brincar na floresta. As semanas se transformaram em meses, e os dois eram vistos com freqüência pelos aldeões correndo juntos, rolando na relva ou apenas deitados tranqüilamente ao sol.

Certo dia, enquanto estavam ali na floresta se divertindo, Wong e o leopardo se viram confrontados de repente por um tigre enorme. O tigre estava parado, completamente imóvel, observando-os brincar. Sentindo que o animal estava pronto para atacar, o leopardo começou a se mover em círculos. O tigre era pelo menos três vezes maior que o leopardo, mas este, sem demonstrar medo algum, colocou-se entre o tigre e o menino. Ele ficou nessa posição até que todos os seus músculos ficassem duros como uma rocha e permaneceu imóvel, à espera. Wong observava enquanto o leopardo lenta e cuidadosamente recuava. Ele sentiu como se o leopardo estivesse esperando alguma coisa, e estava certo. O leopardo estava esperando que o tigre saltasse.

De repente, o tigre pulou com muita força sobre o leopardo firmemente enrodilhado como uma bola. O leopardo deu um salto e, com perfeita precisão, atingiu o surpreendido tigre no estômago com a força de uma bola de canhão. Lançado para trás, o tigre esparramou-se todo, e o leopardo, continuando o arco de seu salto, atacou com suas garras afiadas como lâminas, rasgando e deixando expostos o peito e a barriga do tigre. Wong assistia, maravilhado, a bravura e habilidade do seu amigo.

O tigre aterrissou no chão com um forte baque, gravemente ferido, e fugiu para o mato. Wong abraçou o seu amigo, o leopardo, e subitamente compreendeu que qualquer tipo de adversidade pode ser superado se a atenção estiver focalizada no controle total do próprio corpo. Daquele dia em diante, Wong estudou todos os movimentos que seu amigo fez; examinou a sua velocidade, agilidade e capacidade de saltar e a contração de cada músculo. O mais importante, Wong pensou, era a capacidade do leopardo de focar a atenção. Muitos anos depois, ele incorporou os movimentos à sua própria técnica de kung fu.

Boa parte do trabalho dos monges Shaolin é gasta em focar a atenção. Eles estudam isso de três maneiras: praticando o kung fu, meditando e orando a Buda. A compreensão que eles têm de "foco" está baseada na idéia de que a mente e o corpo podem se tornar um só.

Nós podemos aprender muito com a história Shaolin de Wong sobre a ligação entre a mente e o corpo, pois ela tem relação com a nossa própria jornada. Olhar de frente para os erros que cometemos na nossa vida tem muita semelhança com a espera do leopardo de que o tigre gigantesco o esmagasse. Se o leopardo não tivesse focalizado a atenção em atingir o tigre num ponto vulnerável, ele e Wong provavelmente teriam sido rasgados em pedaços. Seja um tigre, um iminente pagamento de uma dívida, um relacionamento ruim ou alguma outra coisa que está nos oprimindo ou assustando, muitos de nós temos a sensação de estar enfrentando algo maior do que nós no dia-a-dia. E, às vezes, estamos. Estar numa situação difícil em que se perde o emprego e se tem família para sustentar, por exemplo, não é nada diferente da situação em que se encontrava o leopardo de Wong. Você está endividado até o pescoço. Tem uma família para sustentar e acabou de descobrir que vai ser demitido, pois está envelhecendo, e agora pessoas jovens e eficientes com título de mestre estão dominando o seu ramo de atividade.

Essa é uma situação provável que põe em risco a sua vida, e você enfrenta um oponente maior do que o medo. Você enfrenta a depressão e a ansiedade. Pode fugir e esconder-se, consumir drogas, beber em excesso e estressar a si e a todos os que o rodeiam, mas optar por esse caminho só ajuda você a evitar uma realidade que vai alcançá-lo mais cedo ou mais tarde. Isso não ajuda você a progredir. Embora você possa estar morrendo de medo, essa é a hora de fazer com que a mente e o corpo funcionem como uma coisa só. Isso significa que a mente tem *total e calculado controle* de tudo o que o corpo faz.

Nessa situação, você pode tornar-se mais centrado, provando para si mesmo que não pode ser derrotado, lembrando quem você é, do ponto até onde já chegou, do que você precisa fazer e mantendo-se alicerçado em todas as realizações, méritos e grandes qualidades que você possui. Se você mantiver a atenção focalizada num objetivo, mesmo que seja uma coisa tão simples como freqüentar uma academia, você dará a si mesmo uma base sólida de apoio.

Se for um emprego que você perdeu, em vez de se sentir deprimido e autodestrutivo e maltratar os outros, examine o que é real — a razão de tê-lo perdido — e o que provavelmente não seja tão real se a situação era algo que você simplesmente não podia controlar. Algumas vezes, as trajetórias da vida são as melhores coisas que jamais poderíamos esperar. Talvez ela esteja tentando lhe dizer alguma coisa. Se você continua sendo demitido dos mesmos empregos, se você continua atraindo o mesmo tipo de parceiro, se esses 20% da vida que não conseguimos controlar estão mais parecidos com 40 ou 50%, dê um passo para trás e focalize a atenção no que está acontecendo, por que está acontecendo e de que modo você pode sair dessa situação.

Isso é foco total. Independentemente do fato de você continuar nesse ramo ou sair dele e ser treinado num outro, sua abordagem funcionará do mesmo jeito. Você está no marco zero da sua jornada Shaolin: você reconhece que está atolado numa situação ruim, prestes a receber uma lição da vida e somente *você* pode sair dessa dificuldade.

Sempre que eu percebo que estou perdendo o foco — seja numa conversa com a minha mulher, com um amigo ou com um parceiro de negócios, ou fazendo alguma coisa que consome muito tempo — eu faço a mim mesmo esta pergunta: *O que é que estou tentando realizar?* E procuro respondê-la da melhor maneira possível.

O que eu estou fazendo aqui é "programar" qual é o foco, pois uma vez que você estiver envolvido na discussão ou projeto, geralmente é tarde demais para ter essa "conversa" decisiva consigo mesmo. Quantas vezes você já se envolveu numa conversa com alguém quando não estava centrado? E quando se tratava de algo realmente importante, como o futuro do seu relacionamento romântico, algo a ver com os seus filhos ou com uma amizade? Talvez eles tenham pegado você desprevenido; você se envolveu na discussão e, quando ela terminou, você desejou não ter dito o que acabou de dizer. Isso não é estupidez; é falta de foco.

Foco se parece com uma bela forma Shaolin, que segue um padrão de movimentos como se fosse uma dança imitando as técnicas de luta de um animal (ver apêndice B). Todos os movimentos dentro da forma têm significado, e nem mesmo a simples posição de um pé ou o movimento de um pulso é desperdiçado. Cada passo tem vida própria, assim como todos os passos que você dá na vida. É assustador pensar a respeito disso. Como é possível superar um comportamento tão enraizado? Você precisa apenas rompê-lo, ação por ação.

DISTRAÇÕES NO CAMINHO

De uma perspectiva ocidental, foco é como um jogo de golfe: num determinado dia você pode ir ao campo e atingir aquela pequena bola branca tão bem quanto Tiger Woods. O problema é que se você não for ele, não conseguirá fazer isso consistentemente. Você só será perito em alguma coisa se for consistente, e a consistência exige prática.

Foco é um recurso essencial para fazer as coisas com precisão, quer se trate de uma simples tarefa ou de várias tarefas ao mesmo tempo. Sem ele, pode-se ter autodisciplina e uma boa ética profissional, mas realizar muito pouco. Embora constitua um desafio procurar estar focado o tempo todo, imaginar ao menos como fazê-lo lhe dá a capacidade de observar cada movimento, cada passo do caminho.

A maior parte das pessoas concebe "foco" como a capacidade de se concentrar numa coisa tão completamente que ela se realiza — quer se trate de obter uma boa nota num exame, concluir um projeto de trabalho com sucesso ou, quem sabe, até ganhar uma partida no seu esporte favorito. E é isso mesmo. O que Wong viu no leopardo é o segredo para entender como quase tudo pode ser alcançado se se estiver focado num resultado.

Os discípulos Shaolin já aprenderam a arte de focalizar a atenção e ficar "ligado" durante longas e penosas horas de oração. No entanto, se o dis-

FOCO + DISCIPLINA = REALIZAÇÃO **43**

cípulo começar a oração pensando quanto tempo vai levar para terminá-la, e o que ele precisa fazer quando terminar (esfregar o chão, lavar a roupa dos mestres, comer um pouco de tofu, praticar kung fu por oito horas), ele deixará escapar tudo o que deveria estar aprendendo e tentando realizar por meio da oração em si mesma (concentrar-se em vencer suas imperfeições humanas). Não é uma ironia? Um sujeito que pensa assim tem a disciplina para orar, mas não tem o foco e, com isso, perde a qualidade essencial da prática da oração.

A vida de um monge Shaolin é simples, porém árdua. Ele vive sem as comodidades modernas e trabalha arduamente todos os dias para se tornar um monge melhor por meio da prece e do estudo do kung fu. Ora, se um *monge* pode se tornar tão distraído na busca pela iluminação, você pode imaginar quão difícil é para nós outros. Eu já vi muitas pessoas desde aqui até a Casa Branca começarem com uma grande idéia, envolverem-se no projeto, perderem o foco e falharem.

Conheci um rapaz chamado Jason em 1988 quando eu estava participando de um evento beneficente em New Haven, Connecticut, onde meus alunos faziam exibições de karatê para arrecadar fundos para crianças doentes em estado terminal. Depois do evento, fui um dos últimos a ir embora e, quando eu estava indo de carro para casa, vi esse rapaz — ele parecia ter uns quinze anos — caminhando sozinho. Eu o reconheci como um dos participantes do evento e lhe perguntei se precisava de uma carona. "Não, tudo bem, alguém vem me pegar de carro", disse ele, fitando o chão na escuridão da noite.

Quando olhei para ele, vi a mim mesmo quando eu era jovem: um menino de rua que estava constrangido demais para admitir que na verdade ninguém viria buscá-lo. Ele era orgulhoso demais: a pessoa que ele gostaria que viesse pegá-lo de carro não apareceu, e ele não estava preparado para me contar isso. "Sabe de uma coisa, Jason", eu disse, "entre no carro, e eu posso deixar você em casa bem rápido. Você pode ligar para quem vinha pegá-lo quando chegar lá." Com relutância, ele entrou no carro.

A área nas imediações da Universidade de Yale, em cuja direção ele seguiu, fazia parte de um conjunto habitacional, e não era bom para um rapaz tão jovem ficar caminhando sozinho à noite. Jason vivia no centro de New Haven e ele era o produto de um lar desfeito, no qual o novo namorado de sua mãe era um homem violento e grosseiro. Ele me contou que há muito tempo não via o pai, um viciado em drogas, pois este vivia entrando e saindo da prisão. Jason participara de uma competição no evento beneficente, cujo prêmio era uma viagem à Disneylândia. Perguntei-lhe se ele já tinha ido à Disneylândia. "Não", disse ele, puxando um fio solto do seu *jeans*. "Nunca fui a lugar nenhum."

Alguma coisa no seu estado de espírito me comoveu: ele era esperto, e eu poderia dizer que a vida acabara de lhe dar uma maçã podre. Perguntei a mim mesmo o que eu poderia ensinar a um garoto como Jason que o ajudasse a superar o seu meio social. E tudo o que eu conseguia pensar era a necessidade de um *foco*.

Jason já estava estudando karatê numa das minhas escolas e recebia uma bolsa de estudos, parte de uma dotação de cinqüenta mil dólares que correspondia ao pagamento de aulas e que eu distribuía todos os anos a jovens carentes. Nos meses seguintes, ele e eu criamos um vínculo, e um dia recebi um telefonema de Jason que jamais esquecerei. Ele disse: "Steve, você pode vir me pegar?" Subitamente, tive medo por ele: eu esperava que nada terrível tivesse acontecido. "Bem, o namorado da minha mãe ficou bêbado e começou a bater nela", ele disse, com a respiração ofegante. "Eu tentei pô-lo para fora e ele puxou uma arma pra mim." Eu me preparei para o pior. "Eu o desarmei", Jason disse, com a voz cansada. "Teve um momento em que eu quis atirar nele e eu ia fazer isso porque eu estava insensível, mas aí eu pensei em você e em como eu ia ter de explicar isso a você", ele terminou. Fiquei surpreso: esse era o tipo de coisa que deve fazer dos ensinamentos Shaolin a sua própria recompensa e que naquela noite o fez.

Jason possuía um verdadeiro dom — a capacidade de *focalizar a atenção no que ele precisava fazer para enfrentar uma situação e dar a volta por cima*, como salvar a vida da sua mãe e a sua própria vida sem matar o doido namorado dela. Naquela fração de segundo, Jason soube que se ele escolhesse a solução mais fácil e desse um tiro no homem, sua própria vida de liberdade acabaria, pois ele iria para a prisão como o seu pai. Por isso, ainda que ele estivesse zangado com o namorado da mãe por maltratá-la e *quisesse* matá-lo, Jason sabia que não valia a pena meter uma bala no sujeito. O seu futuro valia muito mais.

A fim de aplicar foco numa situação semelhante, como fez Jason, sob o efeito da raiva ou do stress, é preciso treinar a mente para analisar *qualquer situação em sua vida no momento preciso de tomar uma decisão*. Isso significa assumir o compromisso e pô-lo em prática de antemão para que, quando chegar o momento, você esteja preparado para atacar ofensivamente ou não recuar diante do perigo, para salvar a própria vida.

FOCO + DISCIPLINA = REALIZAÇÃO

No estilo físico kung fu do Shaolin, não ser atingido na cabeça significa passar horas todo dia *treinando para prevenir* chutes na cabeça. E é claro que é preciso muita disciplina para manter uma rotina diária de kung fu, o que os monges fazem oito horas por dia (consulte o apêndice A com relação a posturas Shaolin para iniciantes).

Na nossa vida cotidiana, "perigo" pode significar a perda de um emprego. Se você é o arrimo da família, o que acontece se você chegar ao trabalho e lhe disserem que estão fazendo um corte de pessoal — o seu cargo vai ser eliminado? Toda a sua vida acaba virando do avesso. Você perde o sono, não sabe o que vai fazer e entra em depressão. Ou pior, você acaba de saber que um dos seus filhos está com câncer e tem pouco tempo de vida. Sua depressão pode levar você a começar a beber, usar drogas ou adquirir algum outro tipo de comportamento autodestrutivo apenas para evitar essa situação.

Minha opinião é a seguinte: dor é dor, pressão é pressão, e elas nos atingem de muitos modos diferentes. Quando isso acontece, só existem duas maneiras de lidar com a situação. Ou você pode se vergar ou, então, pode se tornar o que eu chamo de "guerreiro mental", que exige *foco* e *disciplina* intensos. Ser um guerreiro mental significa sair da depressão e da raiva tornando-se centrado enquanto você lembra quem você é e dando passos mais práticos rumo à etapa seguinte da sua vida — encontrar um novo emprego, seja ele qual for, pois você não pode mais pensar só em si mesmo já que agora tem uma família, ou fazer uma pesquisa e identificar o melhor tratamento possível para a doença do seu filho enquanto ele ainda está vivo.

Eu já pensei muitas vezes que eu saberia lidar com qualquer coisa negativa que surgisse em minha vida, com exceção da perda de um dos meus filhos. No entanto, eu sei que se um deles morresse, eu ainda teria mais dois filhos e uma esposa que precisariam do meu amor e do meu apoio e, por saber disso, eu me forçaria a retirar o foco da atenção da dor e da tristeza que estivesse sentindo e colocá-lo, em vez disso, no cuidado com a minha família. Mesmo que eu não tivesse outros filhos, eu precisaria dirigir o meu foco no sentido de dar amor e apoio à minha mulher durante o terrível processo de perda de um filho. Se eu não tivesse nem uma esposa nem outros filhos, eu me obrigaria a concentrar meu foco em aderir a uma causa, talvez trabalhando para uma instituição de caridade dedicada ao tratamento da doença de que meu filho sofrera, de modo que eu pudesse despender boa parte do tempo de vida que me restasse lutando para ajudar outras pessoas que tivessem a mesma doença. Eu iria sair mais, adquirir um novo *hobby*, manter-me ocupado; isso me ajudaria a me reestruturar e a me lembrar de quem eu era antes de meu filho morrer, do que em princípio eu quis realizar ao ter esse filho e, depois, como esse objetivo mudou, se é que mudou. Isso significa tomar conta de uma situação difícil e dolorosa, em vez de deixar que ela o impeça de viver a sua vida (ver o capítulo 10, na conclusão).

Eu sei que mesmo que a vida de uma outra pessoa tenha acabado, ou mesmo que eu tenha perdido algo que me era caro, *a minha vida não acabou e nem a dor que eu terei de suportar antes que ela acabe*, pois treinar para um ataque ou uma perda *sempre* há de me servir para estar preparado para enfrentar mais sofrimento. O único jeito de lidar bem com essa dinâmica natural dos acontecimentos que às vezes se projeta na nossa vida é a prática. Pense em algum tipo de coisa ruim que possa ocorrer — uma situação que você ache que jamais seria capaz de superar. O que você faria? Como poderia lidar com essa situação dolorosa e transformá-la em algo positivo, na qual você estaria ajudando a si mesmo ou a uma outra pessoa?

Os guerreiros Shaolin passam por provações físicas e mentais o tempo todo. O treinamento em artes marciais é uma combinação extremamente penosa de esforço físico e mental, e eu sei por experiência própria que seria para mim muito mais fácil dizer: "Eu já sou um mestre, então por que preciso continuar praticando kung fu?", sem me forçar a ir até os meus limites físicos. Mas eu não paro, pois eu sei que tenho de me manter *mentalmente treinado nas artes de combate* a fim de lidar com a dor e o ataque potenciais que estão sempre à espreita na próxima esquina da vida. Quando surge uma situação que me deixa assustado e nervoso, em vez de me distrair e recolher-me àquele lugar sombrio que todos nós conhecemos muito bem, eu me recordo quem eu sou, por que estou ali e, em seguida, enfrento a situação como um monge guerreiro Shaolin.

TRINTA ANOS DE FOCO E UM DIA PARA PÔ-LO À PROVA

Embora eu tivesse estudado artes marciais durante trinta anos, por volta de 1996 recebi um convite para visitar a China que mostrou com clareza todo o meu esforço despendido em focar a atenção em situações complicadas.

Um médico, o dr. Robert Sporn, que estudava kung fu sob a orientação de um de meus alunos, havia passado algum tempo na China e conversara com os chineses a respeito do estudo que fazia do Shaolin nos Estados Unidos. Eles ficaram admirados com o fato de que um ocidental estivesse ensinando a arte deles para não-chineses, já que um número muito menor de ocidentais estudava essa arte nos anos de 1990 do que agora. Funcionários ligados ao templo Shaolin começaram a investigar como eu chegara não só a estudar com grandes mestres do Shaolin na América, mas também a ganhar sob a tutela deles, mais ou menos naquela época, um oitavo grau de faixa-preta.

Os chineses são muito metódicos nas suas práticas comerciais, do mesmo modo que o são no domínio do Shaolin. Depois da investigação inicial da repartição pública de Xangai que inquirira a respeito da minha prática, seguiram-se oito meses de correspondência. Finalmente, fui convidado a visitar o templo Shaolin, a treze quilômetros de Deng Feng, conhecido como o lugar de origem dos monges Shaolin, presumivelmente para que o abade, Shi Yong-Xin, pudesse me conhecer pessoalmente. Assim, em 1996 parti para a China para explorar o que eu ainda não sabia a respeito de Shaolin. Quem diria que o garoto do conjunto habitacional de Richmond Street estava indo para a China para conhecer a raiz da arte que mudara a sua vida? Com certeza nem o próprio garoto.

Depois de um vôo de 24 horas, eu me vi sendo escoltado de Xangai a Pequim e, finalmente, até o templo Shaolin, por um guia chinês chamado Jing Jing. Ali, Shi Yong-Xin, o conhecido monge do templo de artes marciais mais famoso do mundo e um líder religioso muito poderoso na China, ia se encontrar comigo.

O templo — que está assentado na base da montanha de Song Shan, que faz parte da cordilheira mais sagrada da China — era uma visão admirável. Tê-lo visto em fotografias não me preparara para a coisa real. Antigo e majestoso, havia nele um encanto envolvendo suas paredes de tijolos vermelhos e seus velhos degraus de pedra que eu quase podia sentir na pele. Sentei-me ao lado do abade nos seus aposentos privados, o que foi uma grande honra. Com as mãos dobradas na frente sobre a mesa, ele se sentou calmamente numa cadeira simples de madeira. Durante o nosso encontro, Jing Jing serviu de intérprete, já que o abade não fala inglês, e era evidente que tanto Jing Jing quanto eu estávamos nervosos. Ele gaguejou um pouco, daquilo que pude entender em mandarim, e eu mesmo me vi gaguejando também.

Minhas experiências no trabalho com vários grãos-mestres haviam me ensinado que definitivamente não se tem uma segunda oportunidade para causar uma boa impressão nos chineses. Os monges Shaolin, em particular, são intuitivos e conseguem perceber as intenções de uma pessoa cuja fala ou cujos atos não são sinceros. Eles são pensativos, serenos e, no caso do abade, muito sábio e um tanto etéreo. Shi Yong-Xin parecia eterno e, de fato, ninguém sabia quantos anos ele tinha, como se este fosse apenas um dos muitos segredos que o templo continha.

O abade é como o papa da China, o número um encarregado de todas as artes marciais Shaolin, e ele é de certo modo um símbolo da própria China. Ele me fez muitas perguntas sobre a vida nos Estados Unidos e sobre como eu ensinava e treinava crianças, e quando terminou, ele se levantou e eu entendi que o encontro acabara. Minha confiança e minha capacidade de concentração nessa situação surpreendente começaram a vacilar. Pensei: "É só isso? Eu devo ter feito algo errado." Antes do encontro, eu sabia que cada palavra que eu dissesse ia ser avaliada pelo abade, de modo que o seu silêncio e a sua despedida deixaram-me confuso. Eu esperava muito mais; por isso, em vez de enxergar a situação pelo que ela representava — a realização de um encontro surpreendente — eu já a estava depreciando. Esse era o momento de recordar a mim mesmo o que eu estava tentando realizar. O simples fato de estar na presença dele era inacreditável e, seja lá como for, eu demonstrara quanto respeito eu tinha pelo Shaolin e quanto era importante poder compartilhá-lo com outras pessoas, porque fazer isso mudara a minha vida. Esse era o motivo de eu estar ali, e eu o entendi.

Conforme se comprovou depois, Shi Yong-Xin formara uma opinião bastante favorável a meu respeito a ponto de me convidar novamente, dessa vez para conhecer as áreas sagradas de treinamento dos monges Shaolin, que poucas pessoas fora do templo conheciam. Ele ordenou que dois de seus discípulos fizessem uma elaborada demonstração para mim das formas de cinco animais, numa execução tão perfeita que eu fiquei de queixo caído. Quando isso acabou, fiz uma reverência e agradeci-lhe pelo tempo e pela atenção que ele me concedera e preparei-me para ir embora.

Quando eu ia saindo, o abade pediu-me com um gesto que eu fizesse uma demonstração para eles. Foi como se eu estivesse tendo um sonho ruim, no qual eu me via despido dentro de uma sala de aula e achava que não sabia as respostas do teste: eu já havia demonstrado as formas de Shaolin diante de dez mil pessoas, mas agora eu achava que não sabia nada — na minha mente, aquilo era tão ruim como estar nu em público.

Minha credibilidade estava em risco. Senti-me vazio e, por um momento, os antigos demônios do fracasso e do sofrimento voltaram bem depressa. Desafiando o meu cérebro a pôr a perder essa oportunidade única, bus quei o meu foco e recordei a mim mesmo o que estava em jogo e *o que eu estava tentando realizar* (mostrar ao abade o que exatamente um praticante norte-americano das artes marciais Shaolin era capaz de fazer, de modo a receber a sua bênção, o que me permitiria compartilhar as minhas habilidades e o que eu aprendera com um número ainda maior de pessoas).

A "grade de ferro" vem das tradições mais antigas e raramente é ensinada a artistas não-chineses. Eu a aprendera com um dos meus mestres e levara vários anos para aperfeiçoá-la. Quando saí do nevoeiro da minha concentração, o abade estava olhando para mim com uma expressão nem alegre nem triste, nem admirado nem constrangido; mas ele estava realmente olhando para mim.

No dia seguinte, enquanto eu me preparava para retornar aos Estados Unidos, o ministro do turismo em Deng Feng veio me ver e me entregou um livreto vermelho. Era do abade. Dentro do livreto, minha foto era exibida juntamente com muitos caracteres chineses que não consegui ler; o diretor traduziu e arregalou os olhos enquanto lia. O templo Shaolin, e o próprio abade, agora me reconheciam como um mestre das artes Shaolin. "Não me recordo de nenhuma outra ocasião, nos 1.500 anos de história do templo", disse o tradutor, "em que um não-asiático tenha recebido o título de mestre."

Fixamos o olhar no livreto, depois um no outro e, em seguida, novamente no livreto. Ele deu um sorriso franco. "Isto é como ganhar uma medalha de ouro", pensei. Minha capacidade de focar uma situação desafiadora trouxera resultados que eu jamais esperara, ou achara que pudesse conseguir por mim mesmo. Ao responder a questão *O que é que estou tentando realizar?*, eu transformei trinta anos de estudo e prática intensos em um significativo reconhecimento de que começaria um novo capítulo em minha vida e de que eu iria influir na vida de muitas outras pessoas.

Finalmente, eu estava aprendendo a focar a "mão inteira", como dizia Bruce Lee, e não um só "dedo".

A experiência me fez lembrar de uma história que um dos meus mestres me contara. Um jovem procurou um monge Shaolin e perguntou-lhe como ele poderia se tornar o melhor dos discípulos do Shaolin. Em seguida, ele perguntou quanto tempo levaria para ele se tornar "excelente". O mestre respondeu: "Dez anos no mínimo." O aspirante a monge disse: "Dez anos é muito tempo." E perguntou a seguir: "Quanto tempo levará se eu estudar duas vezes mais que qualquer um outro?" O mestre respondeu: "Vinte anos." O rapaz perguntou então: "E seu eu praticar dia e noite?" O mestre respondeu: "Trinta anos." Completamente frustrado, o jovem perguntou: "Mestre, por que é que cada vez que eu digo que vou me esforçar em dobro, o senhor me responde que levará mais tempo?" O mestre Shaolin sorriu para o rapaz e disse: "A resposta é clara: quando um olho está fixo apenas no destino, só resta um outro para achar o caminho."

SOBRE A MEDITAÇÃO

Todas as artes marciais estão vinculadas a uma filosofia oriental completa, que inclui meditação como parte da prática. Os monges ficam sentados horas a fio todos os dias, sem fazer absolutamente nada a não ser clarear a sua mente e orar. O Dalai Lama diz que ele faz quatro horas de meditação todas as manhãs antes de começar o seu dia, o que significa que ele se levanta às 3:30 da manhã. Eu compreendo que a maioria de nós no Ocidente, com a vida atarefada que levamos, tem pouco tempo para se sentar por uma ou duas horas a fim de clarear a mente e ficar centrados, por isso eu recomendo um método diferente de "meditação".

Em vez de dizer que você não tem tempo para meditar — porque tem filhos, um emprego e muitas responsabilidades —, pense na meditação de uma maneira diferente. Meditação pode ser qualquer coisa que você faz o dia inteiro, todos os dias, que de certo modo limpa a sua mente do stress, trazendo-lhe paz ou alegria, como, por exemplo, passar meia hora à noite lendo para os seus filhos, fazer uma corrida ou ficar a sós em companhia de um bom livro. Você estará "meditando" sem nem sequer saber disso: "meditação" pode ser qualquer coisa que funcione para você, contanto que você permaneça verdadeiramente focado nessa tarefa.

Reconheça que você precisa conceder a si mesmo algum espaço para clarear a mente no seu dia-a-dia, ou pelo menos algumas vezes por semana, seja o que for que signifique para você. Isso é vital para a sua saúde mental.

A ARTE DA DISCIPLINA

Viva com ponderação e disciplina,
e você viverá para sempre.

—FILOSOFIA SHAOLIN

Não posso lhe dizer que ter disciplina será uma garantia de sucesso, mas posso lhe dizer que a falta dela é uma garantia de fracasso. Digo isso porque uma pessoa pode se esforçar muito para fazer alguma coisa, e mesmo assim não realizar nada. Realizar nossos objetivos de vida exige uma combinação de disciplina e foco: disciplina exige foco constante, e a capacidade de ter foco exige disciplina constante. É como a mão e os dedos juntos. A mão funciona muito melhor com os dedos, e os dedos são muito mais úteis com a mão. Mas, do ponto de vista técnico, uma coisa pode "existir" sem a outra. Mas nenhuma das duas vai funcionar muito bem... ou não vai funcionar de maneira alguma.

MONGE POR UM MINUTO

Tomei consciência, pela primeira vez, das idéias por trás dessa técnica quando estudei com um monge muito velho, pensativo e sábio numa das minhas visitas anuais ao templo de Shaolin. Um dia, quando estávamos treinando, perguntei a ele como se transformara num monge Shaolin. Ele me contou que, quando menino, tinha ouvido todas as grandes histórias sobre os heróis de Shaolin e esperava algum dia vir a ser um grande monge guerreiro Shaolin. Mas, recordou ele, fitando a distância com um sorriso beatífico, o que ele esperava e o que efetivamente fez quando lhe permitiram ingressar no templo Shaolin foram coisas muito diferentes do que ele havia imaginado quando era criança.

O velho monge me contou que o sistema de treinamento no templo era muito mais difícil do que ele já imaginara. Ele não gostou nem um pouco daquilo e pensou em desistir muitas vezes. Fiquei muito surpreso por ele me ter confidenciado isso. Depois, ele disse que criar para si mesmo a força de vontade para permanecer e se tornar um monge exigiu uma grande mudança da parte dele, para continuar com o seu treinamento.

Perguntei-lhe o que fizera a diferença para ele — o que o impedira de desistir. "Além de como alcançar a iluminação", disse ele, "todos os dias eu recebia mais e mais ensinamentos a respeito de por que era tão importante ser um monge budista Shaolin, e como, sendo um monge budista, eu teria uma capacidade maior de contribuir para livrar o mundo da miséria."

Fiquei perplexo. Haveria alguém assim tão abnegado?

"Mestre", eu disse, "eu sei que a natureza humana resiste a realizar as tarefas difíceis da vida, especialmente quando se trata de grande sacrifício; assim sendo, o que o senhor fez para combater a sua resistência?" Ele me respondeu com um recurso que a princípio me pareceu peculiar, mas que depois fez todo o sentido. Meu mestre explicou que ele costumava conversar consigo mesmo; ele perguntava a si mesmo: "O que meu mestre diria?" ou "De que forma ele lidaria com isso?" Daí a expressão "Monge por um minuto".

"Eu falo comigo mesmo", continuou ele. "Eu argumento comigo mesmo: primeiro, eu digo para mim mesmo: 'Por que quero fazer isto?' Em seguida eu respondo a mim mesmo do modo como eu acho que o meu mestre responderia. Isso sempre me dá a resposta correta."

A beleza da técnica do "Monge por um minuto" reside em seus múltiplos usos. Coloco essa técnica em ação em praticamente todas as situações de conflito com que me deparo, quer se trate de uma situação que exija foco e disciplina, ou controle emocional, como a raiva.

Se você retroceder até o tempo em que os homens moravam em cavernas, você vai entender que disciplina não era uma simples palavra; era apenas um ato de fazer alguma coisa que exigia trabalho. Disciplina se aprendia com a prática e a observação dos membros mais velhos do clã e era praticada por necessidade de sobrevivência. Não existiria disciplina se ela não fosse necessária.

Nos tempos modernos, precisamos de comida, precisamos de roupas, precisamos de transporte e precisamos de uma casa para morar. Precisamos também ter alegria, companhia e felicidade na vida. São estas as nossas necessidades básicas na vida, e tudo o mais é luxo. Mas para conseguir as coisas básicas, precisamos ganhar dinheiro, e é necessária *muita* disciplina para prover essas coisas apenas para nós mesmos, sem falar de uma família. Por outro lado, se você pretende subir na vida e viver com luxo, como, por exemplo, comer em restaurantes caros, usar roupas mais finas e dirigir um carro mais sofisticado quando for comer nos restaurantes caros, possuir uma mansão ou fazer um roteiro de viagem mais detalhado nas férias, você vai precisar de um tipo de disciplina completamente diferente, com muito mais foco.

O que você deseja na vida? Essa é a verdadeira questão, porque uma vez que você saiba o que quer, você terá um objetivo, e uma vez que tiver um objetivo, você terá uma direção. Portanto, se você simplesmente aplicar um pouco de foco e disciplina nessa direção, você conseguirá conquistar tudo o que quiser, a não ser, é claro, que esteja confundindo atividade com realização.

ATIVIDADE EM CONFRONTO COM REALIZAÇÃO

"Atividade" é uma palavra que descreve toda a correria que fazemos na vida. Você conhece a expressão "andar em círculos"? Ela é basicamente a mesma coisa. Você pode lutar por alguma coisa, estar muito focado numa tarefa ou objetivo específico, mas não "realizar" nada.

Pode ser que você se incumba de certas tarefas, mas na realidade não quer realizá-las. Por que não? Porque no fim elas podem significar um compromisso adicional que você não quer assumir mas precisa fazê-lo. Conseqüentemente, você consome tempo e esforço e acaba não cumprindo a tarefa. Assim, poderá dizer: "Eu tentei cumpri-la, mas não consegui."

Se você está totalmente focado na realização de alguma coisa e ela não acontece, em geral isso significa que você omitiu pelo menos um ou alguns passos. É necessário conhecimento para fazer algo acontecer, conseguir um resultado, atingir um objetivo. Digamos que o preço do petróleo tenha subido, mas mesmo assim eu necessito dele. Sou muito disciplinado e concentrado em conseguir petróleo, mas não quero pagar o preço vigente, ou não posso. Nesse dia, ligo a TV e fico sabendo que a "América está fazendo perfurações em busca de novas reservas de petróleo", por isso pego uma pá e começo a cavar o meu quintal. A menos que eu viva no Oriente Médio, não vou encontrar petróleo. Ora, eu sou muito disciplinado no meu esforço para encontrar petróleo, mas isso não importa: com toda a probabilidade, vou morrer tentando, no meu quintal.

Certa vez, numa conversa com James Wally, um amigo íntimo e aluno meu, além de empresário muito respeitado, falei a respeito do que eu considerara um empreendimento comercial seguro que não deu o resultado que eu esperava. Expliquei a ele como eu estava frustrado porque o projeto no qual eu me empenhara por tanto tempo não se concretizou. Eu achava que tinha sido disciplinado, esforçando-me para completar tarefas durante o projeto a fim de vê-lo concluído. Nunca esqueci a resposta que ele me deu: "Steve", disse ele, "muitas pessoas se esforçam." Em seguida, ficou calado. O que ele queria dizer é que muitas pessoas se esforçam, mas poucas são bem-sucedidas. Eu era ativo, mas não estava realizando o que precisava.

Assim, "atividade" no meu caso significava fazer alguma coisa sem muito interesse, como eu fiz com o meu fracassado esforço comercial. Realização teria significado concluir o empreendimento.

Lembro-me de ter dito a um dos meus mestres Shaolin que eu estava me esforçando muito nas minhas formas Shaolin, e que eu realmente gostaria de aprender a manejar as "espadas de folha larga dupla", um nível mais avançado de luta com espadas. Ao contrário do empresário, ele não me disse que muitas pessoas se esforçam e querem aprender a lutar com espadas embora não o mereçam; em vez disso, ele respondeu de uma maneira Shaolin, fazendo um gesto de concordância com a cabeça, mas não me ensinando depois a manejar as espadas de folha larga dupla por mais dois anos.

Eu já sabia que os monges não costumam dizer a uma pessoa que o que ela está fazendo ou dizendo é errado. Em vez disso, Shaolin pretende mostrar a você como fazer alguma coisa da maneira correta uma única vez, quando você estiver preparado, e depois deixar que você falhe repetidas vezes até que você compreenda e acabe *fazendo* da maneira correta. A conquista da autopercepção é uma parte considerável do Shaolin: você precisa entender as coisas por si mesmo, ou elas não terão sentido. É mais ou menos como quando você começa a fazer terapia: a princípio, o terapeuta não dirá nada a seu respeito, ainda que você desconfie que ele está examinando diretamente a sua alma e poderia facilmente analisar você depois de uma ou duas sessões. Por fim, você começa a fazer observações sobre si mesmo por meio do processo da terapia, porém se o terapeuta lhe contasse desde o início tudo o que ele intuiu sobre você, não faria sentido para você porque você não estaria pronto para saber.

Nem o Shaolin nem a tradicional psicoterapia ocidental em si ou por si mesmos podem tornar você melhor ou mais disciplinado: do mesmo modo que o meu mestre não me ensinou a manejar espadas de folha larga enquanto eu não estava pronto, você também não será capaz de criar a disciplina que precisa para fazer coisas em sua vida enquanto não souber diferenciar entre suas próprias atividades e realizações, e depois aplicar a disciplina e o foco necessários para realizar seus objetivos.

Pense na nossa atuação como líderes ou administradores. Quantas vezes você já ficou frustrado com alguém que trabalha para você e por quem você não pode ser responsável e fazer o trabalho dele de uma maneira focada? Nem todos os livros motivacionais da China, nem todas as fitas e seminários de pessoas como Zig Ziglar, Dale Carnegie e Tony Robbins vão ensinar uma pessoa a ser disciplinada se ela não tomar uma atitude para entender o que é e por que a disciplina é importante. Essa pessoa tem de *querer* ser disciplinada. Algumas pessoas aprendem o que isso significa desde cedo, outras não, mas a maioria de nós já ouviu dizer que *devemos* ter disciplina — muitas e muitas vezes.

Disciplina em qualquer idade

Penso que não existe ninguém que esteja lendo este livro e que não tenha passado a sua vida inteira escutando o sermão de pessoas mais velhas de que é preciso ter disciplina para ser bem-sucedido em qualquer coisa. Eu arrisco dizer que se você, leitor, for um adolescente, é muito provável que esteja cansado de ouvir isso e que, se for um adulto, não precisa ouvi-lo novamente. Pode ser que você pense que não teria chegado até onde chegou se não tivesse disciplina.

Para mim, é interessante reconhecer o número de pais com quem tenho trabalhado que me dizem que seus filhos são indisciplinados, e que eles não entendem por quê. O que é ainda mais interessante é que muitos desses pais são bem-sucedidos financeiramente ou em vários outros aspectos, e evidentemente eles próprios tiveram muita disciplina. Mas, de algum modo, eles foram incapazes de transmiti-la aos seus filhos.

Praticar disciplina é como se exercitar, só que com mais intensidade e, como resultado final, pelo menos tão gratificante. Em geral, ter sucesso na vida exige que você "se exercite" com disciplina em todas as áreas importantes: financeira, educacional, da auto-estima, familiar, espiritual, filantrópica, e em todos os outros aspectos que sejam importantes para você. Disciplina pode ser comparada a um músculo: quanto mais você o exercita, mais ele cresce. Exercitar a disciplina geralmente implica fazer coisas que você não quer fazer. Quem quer trabalhar mais ou ser mais instruído em alguma coisa que ele já está sendo pago para fazer? Ou pode significar que você deve gastar menos, economizar mais e desistir de bens materiais ou supérfluos com o propósito de adquirir uma outra coisa (uma casa, uma propriedade, instrução). De um ponto de vista espiritual, exercitar a disciplina pode significar passar mais tempo no seu local de culto, ler e aprender mais sobre a sua religião ou praticar mais sua doutrina.

Tudo aquilo em que você deseja se aprimorar exige um dispêndio maior de tempo e de energia para ter um bom resultado. Tudo isso demanda muito foco, esforço e sacrifício. A única maneira de esse processo parecer mais fácil consiste em intensificá-lo, transformando algo que você precisa ativamente *tentar fazer* numa *segunda natureza* — como escovar os dentes, comer ou dormir — pois quando algo faz parte de sua rotina comum, ele se torna menos penoso.

Há uma fórmula que eu recomendo que vai ajudar você a decidir que áreas de sua vida exigem mais a sua atenção em termos de disciplina. Ela é semelhante ao exercício que ensino aos meus alunos para ajudá-los a identificar e eliminar fraquezas em seu comportamento, porque ambas as situações exigem que você dedique algum tempo para identificar e examinar comportamentos que estão impedindo você de progredir.

Em primeiro lugar, examine as áreas importantes da sua vida, como as finanças, a família, a espiritualidade, o seu jeito de expressar o amor, o significado de filantropia para você e outros aspectos da sua vida mais significativos para você.

Em segundo lugar, relacione-os por ordem de importância. Qual deles tem padecido mais *de atividade, mas não de realização?* Eu não começaria com uma lista de mais de cinco, e sugiro que você comece com o primeiro que lhe vier à cabeça. Deixe o resto de lado por enquanto. Em seguida, faça uma lista de cinco coisas que *você pode fazer para melhorar essa primeira área com a qual você optou por trabalhar.* Ora, é aí em que entram o foco e a disciplina, e será preciso um grande esforço de sua parte para executar as cinco coisas que você escolheu para que você chegue a um ponto que vai melhorar radicalmente aquilo que escolheu.

Quando você estiver começando a ver bons resultados na sua primeira área que precisa de disciplina, passe para a segunda. Quando tiver concluído esses procedimentos, você vai perceber que alguns são mais fáceis do que outros. Todavia, todos serão difíceis: se essas coisas não fossem difíceis de realizar, você já as estaria fazendo com êxito. É por isso que é importante relacioná-las do modo que eu descrevi — ver com clareza o que você tem pela frente torna mais difícil ignorar as áreas em que você não tem disciplina. É fácil ignorar o que não se pode ver ou que se resolveu não ver.

É fundamental que você não escolha lidar com mais de uma área disciplinar de cada vez. Abarcar várias áreas resultará em fracasso e dará a você uma *justificativa* para esse fracasso. "Eu tenho me dedicado a praticar piano/ser mais gentil com minha mulher/ser paciente com o meu filho/a aprender a administrar minhas finanças, tudo ao mesmo tempo e isso foi esmagador demais." Ninguém consegue trabalhar simultaneamente em todas as coisas em que tem medo de falhar — nem mesmo os monges. Essa é a razão por que os monges fazem tudo a seu tempo e no seu devido lugar: eles aprendem a ter paciência, e na sua prática de kung fu, começam com uma forma de cada vez, e só depois que adquirem proficiência numa dessas formas é que começam uma outra.

Nós, como pessoas, temos pouca paciência, sobretudo quando se trata de mudar o nosso comportamento. Precisamos aprender a ter paciência e perseverança, e isso significa dominar uma forma de cada vez — quer seja o kung fu ou o comportamento no dia-a-dia.

A AUTO-ESTIMA VEM DA AUTO-ANÁLISE

*Você não pode dar aquilo que não tem,
e não pode ter aquilo que não lhe foi dado.*

— PROVÉRBIO SHAOLIN

Se você é velho o bastante para ler este livro, então a sua auto-estima já foi definida. Desde muito cedo na nossa vida, a auto-estima é a plataforma para o nosso comportamento e a motivação que dita inconscientemente quem e o que vamos ser pelo resto da nossa vida. Ela rege tudo o que fazemos, desde o modo de nos vestir, os relacionamentos pessoais que temos até os empregos que escolhemos e as opções que fazemos.

É fácil apanhar-se pensando que você deve ser mais esperto, mais bonito, mais rico, mais rápido, mais jovem, mais atraente sexualmente ou mais bem-sucedido: desejar essas coisas, porém, pode dar a você uma tremenda dor de cabeça provocada por uma baixa auto-estima, que dura anos.

Na realidade, não decidimos como nossa auto-estima vai se desenvolver: não fazemos a programação. Pais, parentes e professores a fazem por nós. Pense, por exemplo, em alguma coisa que já fez, ainda faz, que você detesta toda vez que a faz. Pense, em seguida, de onde o hábito poderia ter vindo. Talvez você ranja os dentes em público, coma as unhas, morda o garfo quando come, pise no pé de alguém quando passa, ou fique tímido ou quieto diante de pessoas estranhas. Nove entre dez vezes, seja qual for o seu comportamento atual, seus pais e seus irmãos mais velhos o reforçaram negativamente. Alguns ou todos eles provavelmente lhe apontaram o comportamento *repetidas vezes*, até que você se tornou tão autoconsciente dele por meio de reforço negativo que continuou a tê-lo automaticamente — e talvez ainda o tenha — tanto quanto o detesta.

Minha programação inicial me fez compensar em excesso muitas áreas da minha vida por ter um pai psicótico e por ser pobre. Eu era muito magro, e entrar nas filas da previdência social e viver em comunidades carentes tampouco ajudaram a minha auto-estima. Não conseguir ler e escrever na terceira série, por eu ser disléxico, também agravou o problema. A escola fundamental foi um fiasco e o colegial foi ainda pior: o meu estilo de roupas era errado, o meu corte de cabelo era errado, meus sapatos eram furados e eu morava no lugar errado.

Para piorar as coisas, eu estava prestes a cursar mais um ano de colegial numa nova escola porque Mitch não conseguia manter um emprego e fazia minhas irmãs, meu irmão, minha mãe e eu mudar constantemente de residência. A diferença entre a nova escola e as outras que freqüentei era que agora eu iria conviver com jovens da classe média e alta, na sua maior parte.

Para a maioria das pessoas nessa nova escola, eu era um "daqueles jovens" que moravam nos conjuntos habitacionais. Quem quer que fosse o gênio que resolveu construir um conjunto habitacional no meio de um bairro de classe média e alta deve ter sido a mesma pessoa que projetou a primeira torre John Hancock, da qual todas as janelas desabaram. Uma péssima idéia.

Embora tivesse muitos problemas de auto-estima, eu ainda estava decidido a ser "alguém" e fazer com que as pessoas gostassem de mim e me aceitassem.

Aquela seria uma batalha árdua.

Eu tinha muita personalidade e tentava usá-la de modo a compensar o que me faltava em termos de roupas bonitas e corte de cabelo na moda. Eu procurava fazer amizade com todo mundo; mesmo assim, adaptar-me ao meio nunca funcionou muito bem para mim. Eu queria ser amado e fazia tudo por um sorriso, para conquistar um amigo ou convencer uma líder de torcida a sair comigo.

COMPENSAR AQUILO QUE, NA SUA OPINIÃO, LHE FALTA E SABER DE FATO O QUE VOCÊ TEM

Nossa auto-estima se forma cedo, para o bem ou para o mal, e ela vem da educação de pessoas que têm as respostas "corretas" — às vezes os pais ou pessoas mais velhas, às vezes professores, às vezes pessoas que admiramos e em quem nos espelhamos — não as respostas que queremos ouvir e que só reforçam nosso comportamento arrogante.

A AUTO-ESTIMA VEM DA AUTO-ANÁLISE   **61**

Um de meus mestres disse-me certa vez: "Carregamos para a eternidade tudo o que fazemos nesta vida", e eu achei a idéia muito profunda. Agora eu sei que ele estava certo: se comportamento arrogante é só o que você deixa para trás, então esse é o único legado que você deixará, pois as pessoas se lembram de presunção ou grosseria com mais rapidez do que de generosidade ou amabilidade.

Nós passamos boa parte da vida tentando compensar de algum modo o que, a nosso ver, nos falta — no íntimo. Tentamos nos provar para os outros quando não temos o nosso senso de autoconfiança e o nosso próprio valor, e queremos que as pessoas gostem de nós — das nossas roupas, do nosso cabelo, das nossas idéias — quando nós mesmos não temos certeza dessas coisas e por isso buscamos a aprovação delas. Isso é destrutivo por duas razões: primeiro, quando você deposita confiança em pessoas que não a merecem, elas percebem a sua fraqueza e sentem prazer em destruí-lo porque é isso o que *elas foram* ensinadas a fazer nesta sociedade, e assim, de uma certa maneira, estamos continuando o ciclo, em vez de rompê-lo. Segundo, quando buscamos aprovação, estamos carentes, e muitas vezes desesperados, de amor e compaixão, o que nos torna demasiado sensíveis a *qualquer* tipo de rejeição. Isso distorce nossas reações e pode nos deixar *mais* deprimidos ou agressivos demais em situações em que não deveríamos sê-lo.

Examine as inúmeras personalidades que aparentemente têm tudo — dinheiro, fama, família e muito mais. Muitas delas vieram de experiências difíceis no passado — lares desfeitos, falta de moradia, dinâmica familiar destrutiva, todos os problemas relacionados ao seu meio social — de modo que quando eram crianças, tinham grandes sonhos de sucesso. Esses sonhos se transformaram em objetivos e ajudaram a conduzir a criança no rumo certo. Mas quando essas pessoas se tornaram adultas, esses sonhos demonstraram não ser mais suficientes. Muitos simplesmente não entendem o que eles representam em termos de importância, valor e vida reais. Por isso se embriagam, usam drogas, ficam deprimidos, violentos, agem de maneira suicida ou se desviam de inúmeras outras maneiras. Por quê? Porque na maior parte do tempo eles estão tentando fugir do passado — a experiência de terem crescido pobres, maltratados, infelizes, confusos ou apenas sem uma clara orientação do que é a vida e do por que estamos neste mundo. A riqueza e a fama podem tê-los ajudado a comprar uma Mercedes nova, mas não os ajudou a fugir de si mesmos.

O que as pessoas nessa situação precisam é de uma compreensão deste mundo e da razão de vivermos nele, que lhes dê um fundamento no qual possam se basear. Mas para chegar lá, elas vão precisar acreditar em si mesmas, pois só quando acreditamos em nós é que podemos verdadeiramente acreditar em alguma outra coisa.

SARA E O TREINAMENTO DE UM DISCÍPULO SHAOLIN

Certo dia eu recebi um telefonema do meu amigo Mike, um psicólogo da rede pública que precisava de ajuda com uma garota de quatorze anos que não falava com ninguém. Sara era uma garota de classe média, simples e mal-humorada, que estava um pouco acima do peso. Em termos de auto-estima ela já estava no fundo do poço. Nunca tivera uma identidade porque sua infância foi roubada pela mãe, pelo padrasto e pelo tio — que abusou sexualmente dela durante anos.

Quando veio até mim, Sara tinha tendências suicidas, e com toda a razão, eu pensei. No seu quadro de referência, para que ela tinha de viver? Ela não sabia quem era ou o que queria, não tinha noção de limites nem de certo ou errado, nenhuma direção, nada — ela era uma confusão. Como uma pessoa vai desenvolver a auto-estima se ninguém ensiná-la a respeito? Em vez disso, ela aprende que é certo ser molestada e tratada como uma puta.

Onde ela é que ela vai chegar a partir dessa experiência?

Antes que tentasse se matar — ou, devo dizer, entre várias tentativas de suicídio — Sara costumava se rebelar roubando e tomando drogas. Ela fugia muito de casa, roubava roupas e artigos de maquiagem — qualquer coisa. Quando a conheci, ela estava em liberdade condicional por causa de seus pequenos delitos e lhe disseram que se ela se metesse em mais confusão, seria mandada para um centro de detenção juvenil. É claro que era isso exatamente o que ela *queria*, porque a tiraria de sua família agressiva ao mesmo tempo que lhe daria a atenção que desejava, em vez do amor que ela nem sequer sabia que poderia pedir.

Eu ganhei a confiança de Sara sendo bondoso durante um período de tempo, sem ter nenhuma expectativa de que ela respondesse, ou sequer gostasse de mim. A princípio, conversamos sobre a minha vida. Sara entendeu que eu estava disposto a compartilhar uma parte do meu difícil passado e como eu aprendera a dar a ele uma definição, e ouviu enquanto eu explicava que esse processo permitiu-me progredir e me sentir melhor com relação a mim mesmo. Ela começou a confiar em mim e disse coisas do tipo "Isso aconteceu comigo também" ou "Eu me senti exatamente assim". Eu soube então que estávamos no caminho certo.

Sara costumava ir à academia por iniciativa própria e, muitas vezes, ficava observando enquanto eu dava aulas. Ela ajudava com pequenas tarefas na academia e, embora triviais, cada vez que concluía uma tarefa ela aprendia a ter um sentimento de realização. Além disso, ela se sentia importante e, pela primeira vez, percebeu que havia alguma coisa com que poderia contribuir para o mundo.

Sara precisava desenvolver-se física e mentalmente todos os dias e, com isso, aumentar a sua auto-estima, antes de poder ajudar outras pessoas. Por isso, o treinamento de Sara era ligeiramente diferente daquilo que os monges ensinavam, mas a filosofia era mais próxima da experiência deles. No começo, os monges não aprendem kung fu, medicina ou culinária. Eles vivem apenas no presente, limpando e fazendo serviços domésticos, esforçando-se nisso e fortalecendo-se física e mentalmente. Não lhes é permitido ser preguiçosos ou inventar pretextos, como poderiam fazer no mundo exterior; eles fazem apenas o que devem fazer porque é assim que funciona a organização do templo. Então, um dia eles percebem que estão realmente fortes e começam a se dar conta de que mudaram. A essa altura, lhes é dada mais responsabilidade no templo. Os discípulos Shaolin estão sendo constantemente testados: a sua fé é posta em dúvida, e todas as suas emoções humanas devem ser abandonadas. Os mestres Shaolin não dão notas, portanto os discípulos não trabalham com base num sistema de recompensa como o nosso: os mestres acreditam que recompensas levam a um comportamento auto-indulgente.

Apesar de eu não ensinar medicina e culinária, eu relatei a Sara todas as fases da vida dos monges no templo, que ela achou intrigante. Isso lhe despertou o interesse, ela fazia perguntas constantes sobre o que os monges fariam se isto ou aquilo acontecesse (ver "Monge por um Minuto" no capítulo 2), e ficou claro que Sara estava desenvolvendo a auto-estima. Ela passou a refletir sobre o seu lugar no mundo e sobre o seu modo de viver e, finalmente, decidiu ser feliz.

Uma vez que Sara demonstrara que era capaz de executar tarefas sem reclamar e completá-las com esmero, ela havia "conquistado o direito de aprender", como fazem os monges. Assim, eu comecei a ensinar a ela as formas básicas de Shaolin. Como Sara não estava em muito boa forma, ela teve de praticar muitas horas por dia até fazê-las corretamente. Em pouco tempo ela perdeu peso, ficou mais saudável e adquiriu mais confiança na sua aparência, no seu relacionamento e na sua comunicação com os outros. Ela chegou até a expressar o desejo de continuar os estudos. Até então, ela dissera que não tinha absolutamente necessidade deles. Embora Sara não estivesse preparada para ajudar a melhorar a vida de outras pessoas, como fazem os monges, eu achei que, visto que essas mudanças na sua auto-estima estavam ficando mais evidentes, ela estava pronta para aprender formas mais avançadas.

Sara passou a me ajudar a ensinar crianças pequenas na academia e começou a descobrir o seu próprio poder, que ela nem sabia que possuía. Ela compreendeu que tinha algo a oferecer e que podia representar uma influência positiva para outras pessoas.

Posteriormente, eu a apresentei a outros alunos que haviam tido experiências semelhantes e haviam sofrido abusos ainda mais graves. Com isso, ela adquiriu perspectiva. Estava então imbuída de uma visão do rumo que queria tomar, tinha a força física e mental para empreender a jornada e um sentimento de confiança que nunca antes tivera. Ela parou de fugir; continuou os estudos, começou a ter um bom rendimento escolar e fez amizades pela primeira vez na vida.

PARE DE TENTAR SER IGUAL AOS OUTROS

Os monges Shaolin não tentam se adaptar a nada. Eles não precisam. Eles têm um conjunto de regras estrito, um sistema fundamental a partir do qual se desenvolvem, e um desejo de mudar o mundo com base em mudanças que começam no seu interior. A maior parte de nós, porém, não tem nada disso, de modo que saímos por aí procurando coisas que gostamos nas outras pessoas e depois tentamos imitar ou porque é isso o que queremos para nós mesmos, ou porque estamos tentando conquistar a aprovação dos outros.

Quando eu tinha cerca de dez anos, entrei para a equipe mirim de futebol americano. O único motivo de eu fazer isso foi porque meu padrasto tinha sido capitão do time de futebol do Dartmouth College e, embora eu o odiasse, mesmo assim tentei agradá-lo para que ele gostasse de mim tanto quanto gostava de seu filho biológico, meu meio-irmão Billy.

No começo, eu era um péssimo jogador: não gostava de ser atingido e tinha medo dos jogadores maiores. Levar uma surra no jogo era parecido demais com a vida que eu levara na comunidade hispânica do Harlem. Quando eu chegava em casa todo deprimido e machucado, minha mãe não dizia nada, porque sabia que eu esperava que Mitch viesse finalmente a gostar de mim.

Por ser menor e ter pavor do jogo, eu tinha duas vantagens. Conseguia correr muito e, por alguma razão, conseguia pegar a bola tão longe que ninguém me alcançava. Com isso, eu conseguia evitar contusões na maioria das vezes e acabei fazendo parte da equipe do colegial. Foi inacreditável. Eu praticava todos os dias durante horas. Eu nunca me esforçara tanto na minha vida. Algumas semanas antes do jogo de decisão, o treinador anunciou os nomes daqueles que iam ser os jogadores titulares e os reservas. Quando ele começou a dar os nomes da equipe titular, ele disse o meu. Aquele foi um dos dias mais felizes da minha vida. Finalmente eu ia ser "alguém": eu seria popular e as líderes de torcida gritariam o meu nome.

Logo depois, durante um treino, reclamei de dor na ilharga, que revelou ser um coágulo sangüíneo que exigiu uma cirurgia de emergência. Minha potencial carreira como um astro do esporte e a minha auto-estima foram destroçadas sem mais nem menos. Eu achava que eu não seria mais popular e que nenhuma garota ia querer sair comigo novamente.

Esse foi um período terrível da minha vida.

Minha auto-estima chegou ao seu nível mais baixo.

Auto-estima é exatamente o que ela exprime — é o modo como nos valorizamos. Quanto você vale: dez? Dez mil? Um milhão? Costumamos medir o nosso valor perguntando a nós mesmos o que temos para oferecer. A julgar pelas aparências, você sabe algumas coisas. Você é bom, amoroso, divertido, sensível ou cruel? Conhece alguns truques, sabe consertar coisas, falar um idioma estrangeiro? Ou, talvez, os seus dons estejam escondidos: você tem um grande senso de humor, uma alma romântica que almeja florescer, ou gosta de ler poesia em recitais públicos.

Pouco a pouco, à medida que vamos vivendo, nós acumulamos coisas que reforçam a nossa autoconfiança e que nos tornam, de acordo com as nossas expectativas, mais fortes e mais confiantes à medida que crescemos, para que possamos começar a ter o tipo de estrutura que os monges Shaolin têm. Infelizmente, a maioria de nós não tem uma confiança inata ou um sólido ponto de partida e enfrenta dificuldade em compilar uma lista porque nunca teve conhecimento de auto-estima, nem sabe muito a respeito de alguma outra coisa. E se você sofreu abuso, foi espancado ou abandonado, ou se vem de uma família desajustada (quer seus pais ainda estejam casados quer não), você provavelmente tinha outras coisas povoando a sua mente quando criança. Por isso, à medida que ia ficando mais velho, quando algo não dava certo e você não conseguia o que queria (não se tornar, por exemplo, um astro do futebol), você simplesmente ficava frustrado, com raiva e deprimido por não saber por que o fracasso estava acontecendo e por ter arriscado tudo; assim, quando não conseguia o que queria, isso queria dizer que você era um zero à esquerda.

Na realidade, embora eu não soubesse jogar futebol, eu era bom o suficiente para integrar o time. Era um grande corredor. Conseguia até pegar a bola. Ter um coágulo sangüíneo estava fora do meu controle, fazia parte dos 20% da vida que não conseguimos controlar. O que eu pude controlar foi o que aconteceu em seguida. Em vez de ficar deprimido, eu devo ter me lembrado do objetivo — fazer novos amigos, impressionar Mitch e arranjar uma namorada — e depois me dei conta das minhas verdadeiras qualidades e as utilizei para alcançar esses objetivos de outras maneiras.

Entretanto, eu ainda não era um grão-mestre Shaolin. Era apenas um menino que entrara para um time à procura de uma imagem e de um estilo de vida específicos que, a meu ver, contribuiriam para o meu sucesso pessoal e melhorariam a minha auto-estima. Isso não ocorreu, eu fiquei arrasado e não tinha nem noção de como sair da depressão.

O PERÍODO DE BAIXA AUTO-ESTIMA

O segredo da auto-estima consiste em lembrar quem você é e o que você tem a oferecer e, depois, aplicar essas coisas àquilo que você deseja construir — ou obter na vida. Quer você tenha 16 ou 76 anos, quando você viaja por essa estrada, muitas vezes você pode ficar deprimido, pois, ao olhar em torno, pode ser que você veja alguém que tem mais do que você — um carro maior, um sonho maior, um corte de cabelo melhor, um lugar na equipe, seja lá o que for. Isso vai fazer com que você se sinta mal. Por que ele e não eu?

Esse é um ótimo momento para fazer um exame dos fatos reais.

Chegamos a um período em que a auto-estima deu uma virada para pior. Nossa baixa auto-estima pode ser medida pela quantidade de tempo que despendemos superficialmente tentando parecer melhores, mais jovens, mais altos, mais magros, mais espertos e mais atraentes sexualmente. Basicamente, essa busca nos leva do Botox ao Viagra e, agindo assim, tudo gira em torno de "nós". Se nos sentíssemos melhores com relação a nós mesmos e mais à vontade com aquilo que somos de fato no íntimo, então talvez a nossa aparência externa ou a opinião dos outros sobre nós não nos consumiria tanto.

O sistema de mídia está claramente assumindo a responsabilidade pelo modo como devemos parecer ou agir, e nós estamos gastando bilhões de dólares por dia em produtos destinados a nos "ajudar" a realizar isso. Nunca houve uma época tão obcecada pela aparência exterior. A mídia tinha outrora o poder de influenciar principalmente adultos e adolescentes, mas infelizmente agora está também afetando crianças muito pequenas, que não possuem todas as respostas e não sabem como avaliar a própria auto-estima, tornando-se presas dos grandes sonhos e da publicidade sexual. Vejo meninas de três anos de idade que estão se vestindo de modo parecido com cantoras adolescentes e com estrelas de cinema de aparência sexualmente atraente que elas vêem na televisão e no cinema e, para agravar ainda mais as coisas, suas mães estão se vestindo da mesma maneira.

Todos nós aprendemos pelo exemplo.

A espécie humana sempre se preocupou com as aparências e com a opinião alheia, mais do que com olhar-se no espelho e perceber como nos sentimos com relação a nós mesmos. E agora a situação está fora de controle. Uma pessoa que depende de riqueza ou de status e da admiração alheia para se sentir bem pode se tornar um fracasso total muito rapidamente. Por quê?

Bem... e se todos esses estímulos desaparecerem? Com que essa pessoa vai poder contar então? No fim, tudo se resume à questão de saber como ela se sente com relação a si mesma, pois é isso o que vai tirá-la de uma dificuldade, se esta ocorrer. Tome uma celebridade como exemplo. Tudo o que você vê diariamente é o que ela quer que você veja. Você não vê os sacrifícios que ela faz, as coisas que ela sabe, as coisas que ela não sabe, e quem realmente ela é. Talvez ela seja infeliz. Talvez ela queira imprimir o seu nome em tudo, pois está desesperadamente tentando supercompensar a própria falta de auto-estima. Ou talvez ela esteja verdadeiramente feliz porque teve um sonho, um objetivo, e o concretizou depois de muita disciplina e trabalho árduo. Nesse caso, por que sentir inveja dela? Devíamos agradecer a ela por nos mostrar que os sonhos são possíveis! O fato é que mesmo aqueles que achamos que têm mais do que nós, passam pelas mesmas coisas pelas quais passamos todos os dias. E simplesmente não nos apercebemos disso.

Como você pode imaginar, por se tratar de um estilo de vida simples, nem vaidade nem status constituem uma preocupação específica dos monges Shaolin. O que é que podemos aprender com eles e com a sua recusa em se adaptar à obsessão do resto do mundo com a aparência? *Nós não vamos rapar a nossa cabeça, usar roupas laranja e andar de chinelos.* Podemos, porém, começar a basear a nossa auto-estima mais nas nossas virtudes pessoais e em como usá-las para melhor ajudar a nós mesmos e, eventualmente, os outros.

O FANFARRÃO E O MESTRE

Dizem que muito tempo atrás um velho monge Shaolin costumava fazer a mesma caminhada pela floresta ao redor de sua casa todos os dias. Numa de suas caminhadas, ele se deparou com um rapaz em excelente forma física. O rapaz, ligeiro e achando-se mais hábil do que o velho monge, resolveu desafiá-lo para uma briga; ele andara se informando nas redondezas e já conhecia as superiores habilidades de combate que o velho possuía, mas certo de que poderia derrotá-lo por ser mais jovem, o homem preparou-se para uma luta fácil, saboreando a fama que ele sabia que derrotar o homem mais velho lhe traria. Só havia um problema: apesar de ser um dos monges "guerreiros" Shaolin, o velho se recusou a lutar com o jovem arrogante, dizendo-lhe: "Não, obrigado, jovem irmão, e que Buda o abençoe." O velho monge certamente poderia ter derrotado seu desafiante, espiritualmente inferior e imprudente, com uma mão nas costas, mas não levantaria os punhos por mera diversão.

Essa história se repetiu durante meses. Toda manhã o jovem guerreiro esperava pelo velho monge e o desafiava novamente. Finalmente, nem o monge Shaolin — apesar de sua imensa paz interior e tolerância — agüentou mais. Vencida a sua resistência, ele aceitou o convite do jovem para lutar.

Os dois fizeram uma reverência e, em seguida, se prepararam para a luta.

Antes que o jovem guerreiro se lançasse ao ataque, o velho monge Shaolin deitou-se no chão. Espantado, o jovem guerreiro olhou para o monge. "Como posso derrotá-lo se você já está caído?", disse enfurecido, coçando a cabeça e balançando os punhos. Tranqüilamente, o monge guerreiro Shaolin ergueu os olhos para o jovem irado e respondeu: "Exatamente."

Confuso e frustrado, o orgulhoso e tolo rapaz fugiu, furioso, para a floresta. Sua absoluta falta de sentido do próprio eu e o seu orgulho se revela-

A AUTO-ESTIMA VEM DA AUTO-ANÁLISE   **69**

ram, enquanto o velho monge se afastou, num andar arrastado, para completar sua caminhada, e o jovem guerreiro nunca mais voltou a importunar o monge Shaolin.

A moral dessa história é a seguinte: a auto-estima não resulta de provar coisas aos outros; ela resulta de provar coisas a nós mesmos.

Se tivermos de provar algo a um de nossos pais, chefe, sócio ou a qualquer pessoa — que somos o melhor cantor, ator, praticante de artes marciais ou o que quer que seja — nossas ações vão ser maculadas pelo fato de que não acreditamos em nós mesmos o suficiente para saber desde já que somos capazes de lidar com a situação. Se o jovem guerreiro realmente soubesse que ele era bom o bastante para derrotar o mestre, ele, para começar, nunca teria tentado lutar com ele. Não se tratava de algum tipo de competição de luta na qual o valor seria avaliado com base no desempenho. Tratava-se, sim, de uma criança saindo das fraldas para provar a si mesma que era melhor do que qualquer outra pessoa.

A lição que devemos tirar dessa história é que sempre que somos assaltados pela dúvida a respeito de nós mesmos — quando não acreditamos em nós mesmos o suficiente para convidar uma garota para sair, pedir um aumento de salário ou participar de uma competição real para demonstrar a nossa destreza em combate — não devemos ficar exasperados ou frustrados, como ficou o valentão da história. Devemos nos lembrar dos fatos — quem nós somos (espertos, engraçados, sensíveis, talentosos), o que estamos procurando realizar (qualquer tarefa servirá) — e, em seguida, manter o foco e concretizá-lo.

Fanfarrões estão realmente muito abaixo na estrutura hierárquica do discípulo Shaolin. Eles nem sequer entraram no dojo ainda e para isso existe uma explicação: simplesmente eles não estão preparados. Ser um fanfarrão significa não ter auto-estima e tentar supercompensar essa falta usando a sua força e exibindo seus talentos e habilidades até que alguém finalmente o aceite e lhe dê a sua aprovação.

O GANHO DE PERSPECTIVA

Com certeza você pode ser mais rápido, mais inteligente ou mais bonito do que a outra pessoa ao seu lado, mas quando se pensa no nosso planeta como um todo, que importância isso realmente tem? Todos nós passamos pelas mesmas coisas. Todos nós ficamos deprimidos; enfrentamos a solidão, a velhice e a raiva; temos de lidar com pais ausentes, com a pressão que o mundo coloca sobre nós, com a pressão que colocamos sobre nós mesmos e com inúmeras outras coisas. Ficamos tão ocupados em saber quem segue a última moda e quanto dinheiro essa pessoa tem, que esquecemos que nós todos estamos vivendo no mesmo planeta Terra enquanto ele gira em torno do Sol, e que nós todos vestimos nossas calças do mesmo jeito. Esquecemos disso quando negligenciamos nossos filhos, ou quando estamos tendo uma briga com a pessoa que amamos porque ela não entende nosso atarefado esquema de trabalho, ou quando queremos ganhar um milhão a mais para depois sermos felizes. Nesses momentos não estamos lidando com a "realidade". Depois, porém, surge uma onda gigantesca e elimina milhares de pessoas sem nenhuma razão, e isso nos humilha porque de uma hora para outra tudo pode ser destruído. Lembre-se: não controlamos tudo no mundo, só os nossos próprios pensamentos, ações e objetivos, de modo que precisamos organizá-los primeiro antes de fazer alguma outra coisa e, para a maioria de nós, simplesmente fazer isso exige tempo.

Pouco importa quantos objetivos você estabelece para si mesmo, a realidade é que um dia todos nós vamos morrer e teremos de olhar para trás para a nossa vida e perguntar: "Dei sentido à minha vida ou a desperdicei?" Os monges Shaolin fazem com que cada dia tenha sentido. Eles estão empenhados em atingir a iluminação e fazer do mundo um lugar melhor, pois reconhecem que todos somos parte do mesmo mundo e, a não ser que todos contribuam, nunca vamos evoluir, crescer ou progredir, pois continuaremos atolados aqui resolvendo eternamente as nossas pendências.

Perspectiva significa dar um passo para trás e compreender que somos todos pequenas gotas num imenso oceano. É claro que você precisa acordar de manhã e ganhar dinheiro para sobreviver, precisa pagar os impostos e lidar com a acne, com a perda, com o amor e com tudo mais. Todos, porém, estão passando pela mesma coisa. Quando você se der conta disso, vai adquirir uma imensa perspectiva com relação à sua própria vida e com relação ao mundo. Tudo é relativo, até mesmo o modo como lidamos com uma baixa auto-estima. Assim, você não vai olhar mais para um valentão e achar que ele é o próprio mal, pois você sabe que ele não é. Mesmo que ele saiba apenas como lutar ou morrer ou ser desagradável e feio, você não se deixará enganar pelas aparências. Você pode sentir simpatia e compaixão pelos outros, pois muitas pessoas estão apenas tão perdidas e confusas quanto você poderia estar, e precisam de ajuda, assim como todas as outras.

O PROBLEMA DO EGO

Nosso senso do eu se desenvolve muito cedo na nossa vida e cumpre uma função saudável a princípio. Ele nos dá a percepção de quem somos no íntimo, que nos ajuda em nossa busca de sucesso pessoal — o que quer que isso represente. O problema é que o nosso ego pode com freqüência sair de controle, motivo pelo qual é bom verificá-lo de vez em quando.

e·go n. pl. e·gos

1. O eu, particularmente diferenciado do mundo e dos outros eus.
2. Em psicanálise, a dimensão da psique que é consciente, tem controle mais imediato sobre os pensamentos e o comportamento e está mais em contato com a realidade exterior.
3. Um sentido exagerado de presunção; convencimento.
4. Orgulho próprio; auto-estima.

O Buda original, nascido em 563 a.C., achava que os seres humanos não tinham "alma", ou seja, nenhuma identidade que sobreviva depois que morremos e que vá para algum lugar feliz (que costumamos chamar de "céu"). Ele acreditava que nós e tudo o mais que existe sobre a Terra não somos objetos (ou "coisas") próprios, senão algo mais parecido com uma grande torta composta de partes menores, compostas, por sua vez, de partes ainda menores e assim por diante até o infinito.

Como já descobrimos acima, essa não é uma visão distorcida. Estamos todos ligados de muitas maneiras. O problema é que quando o ego fica grande demais (num sentido negativo, quando ele domina outras pessoas, em vez de cooperar com elas), isso significa que você se torna envolvido consigo mesmo e em geral não muito conectado com as necessidades dos outros. Estamos todos relacionados de algum modo. Se eu magôo você, isso vai voltar para mim, como se estivéssemos no mesmo aposento com um punhado de pessoas e cada movimento que você ou eu fizesse afetasse uma outra pessoa na sala. Nessa analogia de um pequeno aposento, é fundamental que você monitore o seu próprio comportamento porque quando você faz um movimento, como insultar alguém, ocupar um assento de modo que uma outra pessoa não possa se sentar, ou comer a última porção de comida e assim por diante, isso tem importância.

Superar o seu *eu* significa estar presente e consciente do que está acontecendo ao seu redor, mas o mais importante, consciente de que nem tudo lhe diz respeito. Só porque alguma coisa é importante para você e faz você se sentir bem, isso não quer dizer que ela seja importante para os outros e faça com que se sintam bem. Na verdade, talvez ela faça com que se sintam mal. Ao contrário, convencer-se de que o que você está fazendo é bom para aqueles que o cercam quando na realidade não é, é um verdadeiro problema. Nós precisamos ter alguma perspectiva.

Uma maneira fácil de distinguir entre deixar que um ego inflado (o resultado de baixa auto-estima) governe as suas ações e ser uma pessoa atenta que se importa com os outros, é perguntar a si mesmo toda vez que estiver fazendo algo qual será o seu efeito: "Como isso vai afetar as pessoas em torno de mim? Será que elas vão receber dor ou prazer dos meus atos? O que vou obter com isso?"

Estar verdadeiramente presente significa pôr o eu de lado. Literalmente, não é possível estar plenamente consciente de uma situação se você está atuando do ponto de vista de um ego superinflado que pensa e age como se fôssemos entidades separadas do mundo que nos cerca.

A IDÉIA DE UM EGO GRANDE

Embora possa doer, tomar uma direção que leve à mudança e ao crescimento significa aprender a aceitar quem você é, mesmo que isso signifique encarar o fato de que você tem algumas falhas graves de caráter — como a falta de compaixão pelos outros.

Pergunte a um amigo realmente íntimo — alguém que você sabe que gosta verdadeiramente de você apesar dos seus defeitos — "Hei, você acha que eu falo demais sobre mim mesmo? Você me acha egoísta?" Prepare-se para receber um choque, se você resolver usar esta técnica. Não se zangue com o seu amigo. Uma pessoa que gosta de você não vai querer lhe dizer algo negativo, mas você terá de convencê-la a expressar qualquer tipo de crítica.

A maioria das coisas que meus amigos me diziam me deixava furioso, e eu mal conseguia acreditar no que esta-

A AUTO-ESTIMA VEM DA AUTO-ANÁLISE 73

> va ouvindo. Você pode ter a sensação de estar rastejando debaixo de uma rocha quando fica sabendo qual a idéia que as pessoas de seu círculo íntimo podem às vezes fazer de você, mas o seu constrangimento vai desaparecer com o tempo. Assim que começar a mudar alguns dos traços defeituosos de sua personalidade, a alegria que você sentirá vai mais do que compensar o sofrimento.

O EMBRIÃO DO EGO

Para um menino que está crescendo na China — quer seja perto do templo Shaolin ou longe dele — a idéia de se tornar um monge guerreiro é um sonho que muitos fariam qualquer coisa para transformar em realidade.

Meninos que empreendem esse rigoroso curso de estudo viram homens que nunca poderão se casar, ter uma experiência sexual ou fazer muitas das coisas que os adultos fazem e que lhes proporcionam emoção e prazer, mas aqueles que perseguem diligentemente as artes de luta Shaolin e o estudo espiritual que as acompanham não se amedrontam.

Há centenas de anos, o povo chinês tem ouvido histórias de monges guerreiros, e centenas de meninos têm procurado o templo para estudar sob a orientação de grão-mestres residentes. É claro que alguns dos poucos que têm sido considerados bons o bastante para serem aceitos como estudantes no nível mais elementar fracassam em se tornar verdadeiramente qualificados, já que é preciso um certo tipo de disciplina e alguma capacidade para separar a sua verdadeira essência do seu eu.

Talvez você pense que é fácil para um monge eliminar o próprio ego, mas vamos analisar a vida dele. Pelos preceitos budistas, os monges devem rapar a cabeça, não possuir bens terrenos e usar um uniforme de vestes longas e idênticas, de modo que nenhum homem sobressaia como sendo melhor ou pior do que outro, do ponto de vista estético. Esses homens vivem em um templo e não dormem sobre o que se poderia chamar de colchões de luxo.

Comer apenas arroz e não ter posses ajuda os monges a ser humildes e a eliminar o eu. Com esse dispositivo, nós todos estaríamos mais bem preparados para a vida, pois ficaríamos muito mais focados na rotina e nos detalhes básicos de nossa vida cotidiana — que não incluiria o último filme de James Bond, a internet, *rock*, telefones celulares, carros velozes, *fast food* e inúmeras outras distrações. Sem dúvida, os Estados Unidos podem ser os campeões do mundo livre e uma inspiração para muitos em outros países mais oprimidos, mas o que não temos aqui é um meio para que nossos cidadãos encontrem e mantenham a paz de espírito. E como é que poderíamos? Há coisas demais acontecendo!

Estamos constantemente cercados por todo esse "material" exterior e nos distraímos daquilo que realmente importa. Um dos resultados negativos da nossa cultura é visível em adolescentes de ambos os sexos que têm problemas com imagem e com distúrbios de origem psicológica, como anorexia e bulimia. Esses jovens estão focados interiormente num "ideal" automotivado, que é reforçado pelo que as *outras* pessoas pensam deles e como se sentem com relação a si mesmos.

Mesmo os monges Shaolin têm dias ruins quando querem que um mestre os reconheça por executarem uma forma correta ou por serem rápidos no cumprimento de tarefas triviais. O que acontece? Eles são ignorados pelo mestre, que lhes ensina humildade, pois não há recompensa por se fazer aquilo que é esperado. Além do mais, chamar a atenção para si mesmo não é considerado uma virtude. Uma boa parte do treinamento dos monges durante toda a sua vida inclui derrotar o seu eu diariamente desta maneira, executando pequenos trabalhos e tarefas domésticas que os tornem humildes. Por vezes, esfregar o assoalho repetidas vezes pode ser um exercício fantástico de disciplina, humildade e perfeição. Pode-se dizer que é também um exercício de remover por fricção o "embrião do ego".

AUTO-ESTIMA INSTÁVEL

Um dos problemas com um falso alicerce de auto-estima é que você pode ser derrubado da sua posição sem mais nem menos. Um dia você está se achando no topo do mundo, e as coisas estão indo muito bem. De repente, bumba!, seu parceiro abandona você. Ou você perde o emprego. Ou morre alguém da família. Ou talvez o seu filho seja detido por porte de drogas. Essas situações atingem você no âmago, pois giram em torno das próprias decisões e das ações que tomamos.

No entanto, embora não possamos controlar muitas forças externas (como a chuva ou um terremoto), aposto que se você refizer os passos que deu nos momentos mais importantes da sua vida, você vai descobrir que teve uma participação decisiva em atingir a posição em que se encontra hoje. Em algum lugar, em mais de uma ocasião, o seu eu e as opções tentadoras que ele soprou no seu ouvido levaram você até um lugar sombrio; e é difícil quando você tem de admitir que é responsável por uma situação triste ou desesperadora.

Se seu parceiro partiu — bem, você poderia ter visto aquele outro vindo a um quilômetro de distância se apenas tivesse olhado. Você trabalhou intensamente... até tarde da noite, talvez inclusive nos fins de semana. Durante esse tempo, seu parceiro esqueceu como era ter um jantar tranqüilo e gostoso com você. E também esqueceu como era ficar sozinho com você, pois o seu trabalho era mais importante do que ele.

Se você foi demitido do emprego, por um outro motivo que não uma redução no quadro de funcionários, pode ter sido porque você estava superconfiante e negligenciou alguns de seus tradicionais clientes, pois estava ocupado demais em encontrar novos ou porque simplesmente descuidou de suas responsabilidades.

Se seus filhos têm uma conduta irresponsável, é provável que, de algum modo, a culpa seja sua. Não existe nada mais importante para os seus filhos do que você. Se você decidir ocupar demais o seu tempo fazendo alguma outra coisa, em vez de dedicar esse tempo às relações com a família, eles vão perder muito dos valores e limites, o senso de integridade e a compreensão do que é amar. Porque essas coisas se aprendem com o afeto e com o tempo que você investiu em ensiná-las aos seus filhos.

Existem dois tipos de pessoas que chegam à grandeza: aquelas que são de fato focadas e extremamente autodisciplinadas, amáveis, generosas, solidárias, desprendidas e atenciosas; e aquelas que convencem muitas outras de que são grandes, mas não têm nenhuma das outras qualidades. As que apresentam esse conjunto de qualidades geralmente vivem por muito tempo e com plenitude, chegando ao final da vida com dignidade. As outras podem também viver muito, mas tendem a ter uma morte horrível. É como se fosse uma espécie de justiça divina, e a história tem demonstrado isso reiteradamente.

Os budistas Shaolin dizem que as coisas ruins que nos acontecem não são má sorte, mas sim destino. Nós estabelecemos e ditamos muito do que nos acontece, com base no modo como vivemos. Se você está levando uma vida motivada pelo orgulho para compensar o fato de que na verdade você tem uma baixa auto-estima, não há como você ser uma pessoa consciente e presente, porque suas necessidades sempre vão ser mais importantes do que as de qualquer outra pessoa. Até eu começar a estudar Shaolin há trinta e tantos anos e aprender as lições nele contidas, tudo girava em torno de mim e do meu ego.

O FRACASSO, MAIS UMA VEZ

Nos anos de 1970 fiz amizade com um cara chamado Henry James Leigh, que eu conheci no colégio. Henry era um pouco doido. Ele era uma mistura de Steven Tyler com James Brown, o que era uma combinação esquisita nos anos 70 se você fosse um homem negro, como no caso dele. Henry sabia cantar, dançar e tocar piano, e usava um terno de veludo surrado. Por volta do período em que nos formamos, ele estava se apresentando em clubes locais de Brockton e tocando *soul* e *funk* para casas lotadas.

Henry me convidou para ser o empresário da sua banda. Eu estava sempre precisando de grana, de modo que essa idéia me pareceu boa e me deu a oportunidade de trabalhar no ramo da música, coisa que eu sempre quisera fazer. Eu tinha um terno de veludo castanho surrado que eu costumava usar nas apresentações de Henry, no qual minha mãe achava muita graça. Eu me considerava o cara mais bacana do pedaço, ainda que minha mãe dissesse que eu parecia um cafetão.

Minha estréia no ramo da música com Henry Leigh se transformou numa carreira de oito anos e num decisivo auto-estímulo, até que tudo foi por água abaixo. Um grande empresário de estrelas como Ike e Tina Turner ofereceu-me um cargo na sua agência. Eu o aceitei e comecei a expandir a minha representação, agendando espetáculos para solos, duos e trios. E, naturalmente, com essa expansão, meu ego cresceu cada vez mais.

O sonho de todo empresário é descobrir a próxima Diana Ross, ou receber um convite para empresariar uma banda já famosa. Eu comecei a agendar espetáculos para muitas bandas famosas, mas que já eram empresariadas por outras pessoas. Eu achava que eu era apenas um comprador renomado e queria mais. Eu sabia que o respeito e o poder verdadeiros no ramo da música viriam se eu fosse o empresário de um grande artista nacional. Na minha opinião, eu ia ser um figurão e comecei a tomar liberdades das quais logo me arrependeria. Minha noção de eu estava saindo de controle, mas eu não percebia.

Conheci quatro belas garotas que cantavam tão bem como as Supremes e sabiam atuar tão bem como qualquer estrela de cinema. Fiz amizade com elas e ajudei-as várias vezes quando o empresário delas as desapontou e lo-

A AUTO-ESTIMA VEM DA AUTO-ANÁLISE

77

go elas passaram a confiar em mim e a respeitar minhas opiniões sobre o rumo da carreira delas. Elas começaram a receber elogios por causa de um comercial da Alka-Seltzer que gravaram; é incrível, mas um bando de garotas cantando o ruído de um comprimido lançado num copo e a sua efervescência inspirou uma legião de amantes da música.

As garotas concordaram em trabalhar comigo como seu empresário e, no dia em que fui de carro ao Holiday Inn no Aeroporto de LaGuardia onde elas estavam hospedadas antes de embarcar para um espetáculo, eu achei que finalmente tinha chegado ao topo do sucesso. Com o contrato na mão, caminhei pelo saguão, cheio de ego, arrogância e poder. Aquele ia ser o dia da minha vida: não só eu era um dos mais jovens empresários do país, como estava na iminência de ser o mais jovem empresário de todo o país. Eu achava que ia ser famoso, e isso me tornava muito presunçoso. O fato é que eu deixei de convidar colegas meus para participar dos negócios — indivíduos mais experientes que haviam me ensinado *tudo* — pois eu queria toda a glória só para mim.

Encontrei Desiree, a solista do grupo, esperando por mim e percebi que ela não parecia feliz. Perguntei-lhe onde estavam as outras garotas e ofereci-lhe o contrato e uma caneta enquanto nos sentávamos. Ela pegou a caneta e a pôs de lado. "Steve", ela começou, olhando para as próprias mãos. "Estamos rompendo com você. Nós achamos que você é jovem demais para cuidar dos nossos negócios e algumas das outras garotas acham que podem fazer sucesso como artistas solo." Desiree desabafou. "Por isso não vamos assinar contrato com você."

Depois de todas as vezes que eu quase conseguira chegar ao sucesso, eu estava sem energia para fazer um discurso bombástico, e o meu desapontamento me encheu como uma pedra densa e fria. E assim, sem mais nem menos, fiquei arrasado. Senti a minha própria noção de eu e a confiança na minha capacidade começarem a ruir. Havia então questões fundamentais, de raiz, a respeito de quem eu era que poderiam ter me ajudado a lembrar o que era importante e do que eu realmente era capaz se as tivesse desenvolvido. Mas na época eu não conseguia ver nada senão desapontamento porque dinheiro, garotas bonitas e necessidade de atenção estavam interferindo.

Ao abusar de mim, meu pai removeu muitos pedaços da minha vida, desde lembranças até a confiança que eu possuía, de modo que tive problemas desde o começo. Quando eu falhava, eu olhava para dentro em busca de força do meu "eu", mas não havia nada ali para me dar apoio, pois eu não tinha nenhum alicerce nem confiança em *quem* eu era. Eu havia passado minha vida inteira olhando para fora, à procura de segurança e aprovação dos outros, pela minha mãe e pelas minhas irmãs, ou por meio de propostas de negócios. Eu queria que Desiree e o seu grupo gostassem o bastante de mim para assinar contrato comigo e, quando elas não assinaram, fui forçado a olhar para mim mesmo de um jeito que nunca olhara antes — uma realidade áspera. Eu não era tudo o que achava que era, pois tinha de admitir que meu ego estava superinflado e que eu tomara decisões erradas por causa disso.

Naquela noite, na estrada, ao voltar para casa, eu senti que estava me desfazendo em pedaços. Rajadas de chuva batiam com força no pára-brisa do carro, e eu chorei. Abrindo a janela, sem nenhuma autoconsciência, gritei para Deus e perguntei o que afinal ele queria de mim. "Quantas vezes vou precisar cair?", indaguei ao céu cinzento e ameaçador. Naturalmente não houve resposta, e fiquei discutindo com os meus demônios da derrota ao longo de todo o percurso.

Na ocasião, não pensei absolutamente em como as outras pessoas do grupo de música se sentiam, concentrando-me unicamente no meu próprio desapontamento. Deixando que o meu ego me conduzisse, eu não senti compaixão por Desiree e suas companheiras de grupo, que gostavam sinceramente de mim, mas tinham de pôr os negócios na frente dos sentimentos pessoais porque queriam um bom empresário, e eu simplesmente não o era. Essa era a realidade, mas na minha cabeça eu me sentia rejeitado, e isso era a coisa mais importante.

O MONGE AO ESPELHO

Não faz muito tempo, retomei contato com um conhecido meu que me convidou a participar de um torneio beneficente de golfe para levantar fundos para crianças carentes. Tive aí uma revelação sobre como eu costumava ignorar os sentimentos dos outros (como os de Desiree quando me deixei guiar pelo meu ego), pois o sujeito que conheço — vamos chamá-lo de "Larry" — era muito parecido comigo. Olhando de fora para dentro, era muito mais fácil para mim perceber que cometera erros semelhantes aos de Larry, que todos nós somos vítimas de comportamento presunçoso e o que eu poderia aprender com ele.

Larry era um homem financeiramente bem-sucedido na vida. Fui inicialmente apresentado a ele num torneio beneficente de artes marciais, no qual eu assumira a função de "grão-mestre". Isso significava que alguém com a minha posição no Shaolin era freqüentemente convidado a participar desses eventos de caridade por algumas horas, fazer uma entrada triunfal, sentar-se num lugar proeminente onde todos pudessem vê-lo, tirar algumas fotos ao lado de algumas crianças pobres e depois ir embora. Eu nunca fiz isso. Quando uma organização me convida a aparecer como grão-mestre, eu sempre chego antes de começar o evento, fico lá o dia inteiro, conversando com as pessoas e ajudando no torneio. Geralmente faço uma reunião com todos os juízes, lembrando a eles como é importante ser justo nas suas atribuições e que quando um iniciante compete, é muito importante ser entusiasta. Tão entusiastas, na verdade, como seriam se eles estivessem julgando faixas-pretas o que, é claro, seria sempre mais excitante para um juiz. Em outras palavras, eu me torno parte da organização e procuro ajudar os outros.

Faço com que eles se lembrem que estamos todos ali para demonstrar apoio aos competidores, não a nós mesmos. Quando o evento termina, muitas vezes eu fico para ajudar na limpeza do local depois. Isso mostra às crianças que a limpeza é a coisa certa a fazer nessa situação, pois ela ajuda todo mundo a ir para casa mais cedo. Desse modo, elas percebem que ir embora porque "quer" seja possível, fazer isso está errado e significa que você está demasiado focado em si mesmo, e aprendem que todos são de fato parte desse grande sistema do começo ao fim — e que, portanto, tudo o que eles fazem tem importância.

Durante anos, Larry investiu dinheiro nas minhas duas escolas Shaolin e parecia estar mais próximo de mim do que nunca. Como parte dessa busca, ele me convidava para eventos sociais, especialmente aqueles em que ele estava financeiramente envolvido. Muitas vezes ele falava sobre o montante de dinheiro que dera. Apesar de eu sentir que alguma coisa nas intenções de Larry era impura, eu me permiti confiar nele porque eu queria acreditar que ele era uma pessoa decente e porque eu queria também, como sempre, que ele gostasse de mim. Ao longo dos anos, Larry e eu nos envolvemos em outros empreendimentos comerciais juntos, e nenhum deles deu bons resultados. Com efeito, o relacionamento ficou tão tenso num determinado momento que paramos até de conversar um com o outro. Mais tarde nós nos reconciliamos, e permanecemos amigos desde então, mas sempre me incomodou o fato de eu não conseguir fazer o relacionamento com

Larry funcionar. Era fácil olhar para todos os meus erros e pôr a culpa nele, em vez de perceber o meu próprio papel na situação.

Depois de refletir sobre a situação por algum tempo após o nosso último fracasso comercial, eu me dei conta que Larry queria ser eu e que, de alguma maneira estranha, eu queria ser ele. Ele sabia que o respeito que eu conseguira ia além das dez listras no meu cinturão preto e ele desejava isso. Por minha vez, eu queria ter crescido como ele, com uma mãe e um pai que viviam em casa e que tinham condições financeiras para enviá-lo a uma escola de primeira linha.

Subconscientemente, eu queria estar perto de Larry para ver no que eu me teria tornado se tivesse sido criado com todas essas coisas, e esse tipo de espelhamento me deu um senso de eu realmente inflado, de modo que eu não conseguia perceber como isso não tinha importância. E Larry se sentia infeliz porque seu senso de eu estava relacionado com o que as outras pessoas pensavam a respeito dele e com quão impressionadas elas estavam com a generosidade dele. Larry é um homem que quer respeito, mas não o tipo de respeito que advém de ter dinheiro. Ele quer que as pessoas *realmente* gostem dele, como eu gosto, mas a única maneira que ele conhece de fazer isso é comprar o afeto delas.

Em vez de pagar por um torneio de golfe ou um jantar — pois ele gosta verdadeiramente de golfe, gosta de comer e gosta de ver o nome de sua empresa em um dos buracos do campo enquanto bate a bola — Larry precisa ir ao acampamento das crianças carentes e *dar a elas um pouco do seu TEMPO*. Ele poderia ser o instrutor delas e ensinar-lhes as boas coisas que o ajudaram a alcançar sucesso em sua carreira.

Não só temos que lidar com o nosso próprio senso de eu, mas também, como aconteceu comigo e com Larry, freqüentemente nos envolvemos com o ego de *outras pessoas*. Eu aprendi que eu estava fascinado por Larry porque ele tinha todas as coisas que eu nunca tive, mas acabei descobrindo que Larry tinha muitos problemas pessoais que eu não tinha. Conscientemente, eu gostaria de ter trocado de lugar com ele. Ainda que os meus problemas fossem diferentes dos dele, pensar na nossa amizade me fez ver que nós todos passamos pelas mesmas coisas num nível ou noutro, e que no melhor caso um forte senso de ego (quando está baseado num alicerce sólido de auto-estima) provém de uma visão de mundo que reconhece a nossa função no universo com relação aos outros. Isto é, mesmo quando damos passadas largas, precisamos refletir em como essas passadas afetam os que nos cercam, pois toda pegada que deixamos para trás muda o caminho de todos aqueles que a seguem.

ENVOLVIDOS COM NÓS MESMOS

Na minha opinião, homens como Larry são com freqüência os piores infratores em matéria de ego (embora eu também fosse claramente culpado). Um dos motivos é que homens desse tipo têm tradicionalmente ocupado posições de poder ou de domínio que lhes permitem se sentir superiores. É possível que outras pessoas — homens e mulheres igualmente — os tratem com uma espécie de reverência pelo fato de ocuparem posições mais elevadas na hierarquia social, econômica ou cultural. Porém, em vez de tornar esses homens pessoas mais amáveis, gentis, mais respeitosas e humildes, isso só faz com que eles se julguem melhores que todos os outros.

Esse modo de pensar não é saudável, pois não tem nada a ver com a realidade. Numa competição, o vencedor é considerado o melhor. Na vida, não existe essa coisa de ser "melhor que" uma outra pessoa. Nós todos estamos aqui com a mesma tarefa: levar uma vida feliz e saudável e reconhecer nosso inter-relacionamento com o mundo e com as pessoas à nossa volta. Pode ser ótimo ter roupas extravagantes e uma vida social agitada, e essas coisas certamente enchem a bola do nosso ego quando nos comparamos com o que os outros têm, mas elas não garantem a felicidade. De fato, um ego inflado quase sempre só destrói toda felicidade que você está buscando ao manter você distante das próprias coisas que quer quando está feliz — os bons amigos de quem você gosta, ou uma boa família para apoiar e compartilhar o seu sucesso.

Eu trabalhei com centenas de famílias que precisavam de ajuda com os filhos, e com inúmeros casais cujo casamento estava em risco. Muitas vezes eu costumava recomendar terapia conjugal e muitas vezes essa recomendação era rejeitada como opção. Em vez de obter ajuda profissional, esses homens e mulheres estavam dispostos a sacrificar suas famílias. "Eu não quero contar a estranhos sobre os nossos problemas", diziam. Ou, "Essa comunidade é pequena, e todo mundo ficará sabendo". A parte triste disso é que todo mundo *já* sabe. Nessas situações, o eu *aniquila*. O poder dele aniquila você, diretamente envolvido em suas garras, e em seguida ele começa a agir no sentido de aniquilar a sua família.

MEDITAÇÃO: EXAMINANDO O SEU SENSO DE EU

Quando você estiver fazendo um favor a alguém, praticando alguma caridade, ou quando se vir numa situação que deve se basear puramente no seu senso de generosidade, faça a si mesmo estas perguntas:

- Estou fazendo esta tarefa/trabalho/favor porque quero que as pessoas pensem que eu sou melhor do que elas, ou porque isso me faz sentir bem?
- As pessoas fazem o que eu quero que elas façam porque realmente gostam de mim e me respeitam? Ou o fazem porque têm medo de mim?
- Eu quero que alguém goste de mim pelo que faço por essa pessoa ou pelo que eu sou?
- Em que direção devo conduzir o meu eu?

EXISTE FORÇA MESMO NA FRAQUEZA

Cresça, avance com passos medidos, verificando o seu progresso ao longo de todo o caminho. Observe todas as situações estrita e cuidadosamente, vendo todas as facetas, todas as fontes possíveis de problema. Aja com firmeza, mas com propriedade quando necessário. Transfira responsabilidade e aceite ajuda, mas não
A PONTO DE SE TORNAR DEPENDENTE.
Não se expanda demais. Esteja seguro de si mesmo, do terreno em que pisa — mova-se então com cautela, mas não certamente para a frente.

— O I Ching

Boa parte do Shaolin consiste em dar passos delicados ao longo de uma estrada que é seguramente, de acordo com os budistas, cheia de buracos, os quais uma pessoa inteligente aprende a contornar ou transpor com um salto. Um desses desvios inesperados que com certeza vai esvaziar os seus pneus e diminuir o seu ritmo de progresso é o sentimento humano de fraqueza.

Fraqueza é falta de força — e essa falta torna difícil atingir ou sentir prazer em nossa vida. Os monges dizem que nós criamos as nossas próprias fraquezas que nos impedem de ter na vida a alegria que deveríamos (e temos direito de) ter, fazendo-nos sentir medo, mágoa, desapontamento ou hesitação. Sun Tzu sugere, em *A Arte da Guerra**, que "não é bom cair sobre a lâmina". Em outras palavras, permitir que a sua fraqueza o detenha é como dar um tiro no próprio pé.

---

* Publicado pela Editora Pensamento, São Paulo, 1994.

Fraqueza, como a defino aqui, é *falta de habilidade para controlar emoções que acabam prejudicando a própria pessoa ou outras*. Para os monges, isso significa emoções humanas torpes, como a preguiça, o medo, o ódio, a raiva, a auto-indulgência e, o que é ainda pior, ter todas essas falhas de caráter e não reconhecê-las.

Num sentido moderno, fraqueza é:

- Usar de poder ou de arrogância para intimidar os outros de modo que sintam medo de você. É fraqueza porque o verdadeiro poder vem da consciência de que estamos todos ligados, e não da subjugação daquelas pessoas que mais precisam de nós.
- Ao conversar com os outros, puxar sempre a brasa para a própria sardinha. É fraqueza porque os outros também têm coisas a oferecer e, se você ficar de boca calada por um bom tempo, poderá descobri-lo.
- Enganar constantemente a sua outra metade. É fraqueza porque se você tem um companheiro de vida e não está sendo honesto com ele a respeito de si mesmo e de suas necessidades, isso significa que você nunca lhe deu a oportunidade de tomar uma decisão própria sobre o que ele deseja.
- Sempre fazer com que os outros saibam o quanto você possui ou até que ponto você é esperto. (A maioria das pessoas que fazem isso acha que disfarça bem, mas não disfarça.) É fraqueza porque se você procura constantemente provar o seu valor às outras pessoas, é simplesmente porque você não acredita que o tenha.
- Achar que porque você é o arrimo da família, você cumpriu integralmente a sua função de marido e/ou pai. É fraqueza porque isso não dá conta da plenitude da vida de cada indivíduo. Ser o arrimo da família significa que você não precisa ser um pai, ou um marido, ou um ótimo indivíduo por direito próprio?
- Magoar aqueles que o cercam e usar o stress como pretexto. É fraqueza porque estamos todos lidando essencialmente com os mesmos problemas nesta nossa curta existência, e pôr arbitrariamente a culpa nos outros pelo nosso stress e sofrimento significa que ainda não resolvemos essa questão.
- Falar dos outros negativamente e tentar recrutá-los para o nosso lado. É fraqueza porque todo mundo necessita de ajuda e de apoio em algum momento da vida, e dar uma conotação negativa a uma

situação, ou tentar fazer com que os outros concordem que você tem razão quando provavelmente não tem, inutiliza o propósito de trabalhar em equipe e mantém escondidas coisas que acabarão por vir à tona.

* Não perdoar as pessoas que feriram você. É fraqueza porque significa que ainda não conseguimos aceitar que as pessoas que nos feriram foram, por sua vez, feridas por outras e, enquanto não conseguirmos interromper esse ciclo e corrigi-lo, ele vai continuar.

Quando comecei a estudar karatê e depois o estilo Shaolin de kung fu, eu tinha uma visão própria da fraqueza. Na realidade, eu achava que eu era muito forte e poderoso e que o fato de ser um boxeador me dava muito controle. Ninguém me machucaria mais e eu seria popular entre as outras crianças do conjunto habitacional. Apesar de ser forte fisicamente e, em certos aspectos, ainda mais forte mentalmente, só muito mais tarde é que compreendi que havia muito mais coisas do que eu sabia, além de um corpo e de uma mente fortes.

Foi importante que eu aprendesse essa lição, que é um dos aspectos do Shaolin mais difíceis de ensinar aos ocidentais porque, ao contrário da filosofia oriental, no Ocidente o sucesso material e estético representa poder sobre outras pessoas (ver capítulo 9, "O verdadeiro poder vem de dentro"), criando uma espécie de status de opressão que está arraigada em nós, neste país, desde os primórdios.

Antes que eu aprendesse a respeito da verdadeira fraqueza, tive de passar muitos anos aprendendo fragmentos do Shaolin. Na década de 1970, meu amigo Paul era um instrutor numa das escolas do estilo Okinawa de artes marciais em Brockton, onde eu cresci. Nela se ensinava *Weiji-Wu,* um método japonês de karatê, e ele se ofereceu para me dar algumas aulas se eu o ensinasse a usar as mãos como um boxeador. Àquela altura, eu achava maçante o pouco que eu sabia de karatê, pois este era muito mais lento que o boxe e não dava a mesma excitação de estar num ringue. A sensação de ver o estado de choque no rosto de um oponente quando você desfechava um cruzado de direita e escutar a lufada de ar sair de seus pulmões enquanto ele caía no tablado não tinha igual.

Eu ganhara o grau de faixa-verde da escola de Okinawa em um ano, e embora Paul aprendesse a trabalhar com as mãos e eu suasse muito quando praticava karatê, eu não gostava de artes marciais, mas achava bom o exercício.

Para ganhar dinheiro, eu trabalhava meio período vendendo sapatos. Durante um turno, enquanto eu ajustava um par de mocassins nos pés do meu amigo Dave, ele me contou que estava tomando aulas numa escola Shaolin de kung fu nas redondezas. Ele falou sobre as diferentes formas em que se baseia este tipo de arte marcial: havia leões, tigres, grous, leopardos, cobras e dragões (ver apêndice B).

Segurando o sapato no ar, eu fiquei fascinado pela idéia de uma arte marcial planejada para imitar características dos animais. O grou era gracioso, o leopardo tinha grande velocidade e precisão, a cobra era ardilosa e esquiva, o tigre era forte. Dragões, eu imaginava, eram poderosíssimos e dominadores. Destes, eu gostei ainda mais. "Qual é o seu grau?", perguntei a ele, enquanto observava-o demonstrar várias poses de animais sobre o carpete da loja. "Ah, eu só venho praticando há uns três meses", Dave disse, imitando um grou. "Mas não é por causa da graduação."

Eu não podia crer que Dave não estivesse interessado em distinções como ganhar faixas e lutas e não tinha nenhuma idéia do porquê ele não se importava com isso. Resolvi experimentar esse tal de Shaolin, o que quer que fosse. Eu achava que com todas as minhas habilidades de boxeador eu poderia praticar qualquer tipo de arte marcial com facilidade. Foi com essa atitude que entrei na escola e ela quase me pôs para fora.

Muitas pessoas são como eu era: arrogante, sem saber que essa arrogância provém de uma frágil auto-imagem, pois nunca fomos ensinados a reconhecer nossa força e nossa ligação com os outros quando crianças e estamos agora supercompensando essa carência.

Yin e yang

Em muitas culturas orientais, o equilíbrio entre a fraqueza e a verdadeira força que os monges Shaolin aprendem a dominar — estejam eles lutando, meditando ou tocando a vida dentro do sistema do templo — é representado pelo "princípio do yin-yang", um bem conhecido conceito filosófico da Ásia.

Esse princípio diz que existe força na fraqueza e que existe fraqueza na força. Isso é verdade. Mesmo a pessoa mais forte do mundo às vezes tem dúvidas e mesmo a mais fraca tem força dentro de si, à espera apenas de vir à tona. Vemos muito dessa noção de equilíbrio no Shaolin e nas religiões budistas, nas quais um elemento do comportamento humano não pode existir sem uma outra força oposta.

EXISTE FORÇA MESMO NA FRAQUEZA

Yin-yang também pode ser visto basicamente como causa e efeito, assim como o equilíbrio numa gangorra. Se você sair da gangorra rápido demais, sem avisar a outra pessoa, ela bate com força no chão e se machuca, ou você fica com o queixo quebrado quando a prancha salta para cima como reação à retirada do seu peso. Assim como nesse simples exemplo, o Shaolin acredita que todas as mudanças que ocorrem no universo são o resultado da ação e reação entre yin e yang. A força deve ser temperada pela realidade da fraqueza. A fraqueza deve ser temperada pela realidade da força. Ainda que uma equilibre a outra, elas nunca se sobrepõem verdadeiramente, mas são parte de um constante intercâmbio de energias. A exemplo da gangorra, quando yin aumenta, yang diminui e vice-versa. A idéia é que se metade do mundo é yin e a outra metade é yang, isso só vai ajudar alguns de nós quando pudermos ver todos os benefícios de ambos na nossa vida.

Quando criança, eu era todo yang, sem nada de yin. Isso fez de mim uma pessoa estúpida, o que ficou bastante claro quando visitei o *kwoon* — a palavra chinesa para academia de artes marciais — onde Dave estudava. Ao conhecer Larry Mangone, chefe dos instrutores, eu disse: "Por que é que eu devo receber lições aqui e não em um outro lugar?" Se eu pudesse ter me refestelado para impressionar, eu o teria feito. "Você não deve", disse ele. "Saia da merda do meu escritório", ele acrescentou, sem levantar os olhos da sua papelada. Fiquei instantaneamente intrigado. Eu gostei daquele cara: ele me pusera no meu devido lugar, coisa que a maioria ficaria com receio de fazer. A ausência de mentira em Larry, embora um pouco não-convencional, foi o primeiro indício de que o kung fu Shaolin não significava dinheiro, chamar a atenção ou qualquer tipo relativo de poder.

Depois do nosso primeiro e embaraçoso encontro, as coisas melhoraram. Larry concordou em me ensinar depois que eu pedi desculpas pelo meu comportamento rude, e sua mulher Debbie introduziu-me no aprendizado do Shaolin e no modo como eu poderia aplicar suas lições na minha vida. Larry me ensinava as formas básicas, e Debbie era especialista em cultura chinesa, sobre a qual eu não tinha nenhum conhecimento. Juntos, os dois formavam um casal yin-yang, e eles passaram a me servir de bom exemplo.

A maior parte de nós no Ocidente não compreende bem o princípio de equilíbrio, ainda que muitas pessoas usem o símbolo do yin-yang em roupas, jóias ou o tenham tatuado no corpo. O símbolo realmente nos encoraja a refletir que toda fraqueza é abastecida pelo medo: o medo da dor, da rejeição, da perda, do fracasso, do autoconhecimento, ou da morte, e por vezes até o medo do sucesso.

Medo, fraqueza e controle

Richie Darsina era o único porto-riquenho no colégio em que eu estudava em Brockton; ele não era um cara enorme, mas estava duas séries na minha frente e era maior do que eu. Ele me esperava todos os dias numa rua perto da escola, ameaçando bater em mim. Felizmente, Richie falava mais do que fazia, e ele nunca realmente me deu uma surra. Contudo, ele me humilhava e me empurrava para os lados. "Você está pronto para o seu castigo diário, Stevie?", dizia ele. Ele era maior, e eu sabia que não havia muito o que fazer com relação a isso.

A rotina estava estabelecida: eu aparecia no caminho para a escola e Richie dizia a sua fala, e isso se tornou uma coisa muito chata. A não ser que eu contornasse o campo, eu teria de agüentar aquela merda. Ele não era muito brilhante ou criativo na sua intimidação, e a situação ficou tão patética depois de um tempo que às vezes eu lhe poupava o trabalho de derrubar os livros das minhas mãos, arremessando-os eu mesmo para o chão enquanto esperava, em silêncio, que ele fizesse alguma coisa. Nos dias em que eu pensava: "Sabe, não posso fazer isso hoje", eu dava a volta pelo campo todo e chegava atrasado à escola. Por um ou dois anos o assédio continuou e, depois, misericordiosamente, não vi mais Richie até que entrei para a última série do colegial e ele abandonou os estudos.

Eu estava boxeando nessa época e me saíra muito bem. Havia mudado do conjunto habitacional de Richmond Street para o outro lado de Brockton, onde eu convivia com todos os manos do pedaço — particularmente meu amigo Dennis, o cara mais durão de Brockton High — e estava bem longe de ser o fracote que Richie maltratara. Uma noite, num baile da escola, eu estava indo para o banheiro quando vi, do outro lado do salão, Richie Darsina. Eu me senti como se estivesse na Zona de Penumbra: dentro de mim havia um silêncio de morte, e eu cruzei o ginásio na direção dele, a passos lentos, com o sangue subindo-me à cabeça. Furor e raiva vieram à tona, em vez do medo que eu costumava ter.

Richie era mais magro do que eu me lembrava dele, e agora eu era maior. Pus a mão no ombro dele e preparei-me para socá-lo. "Richie, lembra de mim?", eu disse.

"Steve, do conjunto habitacional de Richmond Street, o castigo diário... como vai..." Ele foi emudecendo. Depois ficou calado.

"Como é que vou?", eu gritei. "Você não se lembra do que fazia comigo?" Ele não disse nada, mas me pareceu pequeno e assustado.

Ele parecia tão patético parado ali, esperando que eu batesse nele, que eu tive uma epifania. "Sabe de uma coisa, Richie?", eu disse, "esqueça essa história." E me afastei sem tocar nele. Eu não sei por que, afinal de contas, não acabei com ele naquele momento — eu achava que tinha esse direito — mas não o fiz. Só sei que ele parecia patético e eu não quis tirar vantagem disso. Na verdade, eu me senti um pouco triste.

Durante anos eu imaginara o que eu faria com Richie se tivesse a capacidade física, mas quando o momento chegou, eu percebi que, embora tivesse a força física, e a vitória e a vingança estivessem bem na ponta dos meus dedos, eu não podia bater nele. Olhar dentro dos olhos dele foi uma coisa poderosa. Eu compreendi que ele nunca tivera poder e estivera me maltratando só porque eu era indefeso. Provavelmente ele fora ainda mais indefeso quando criança e apanhara de pessoas maiores que ele, e estava apenas me usando como bode expiatório.

Cada um de nós está travando uma espécie de guerra contra a fraqueza. Ainda que talvez não cheguemos a um verdadeiro confronto físico, como disse Sun Tzu, todo obstáculo que temos de transpor na nossa vida pode ser considerado uma batalha em si mesmo. Um dos segredos para superar a fraqueza consiste em entender que tipo de guerra estamos travando, e o que, na maioria das vezes, não percebemos é que o participante mais assustado com a guerra é *você* ou *eu*.

A experiência humana se assemelha tanto à guerra como a uma partida de boxe: você recebe um golpe duro, cai e depois se levanta. Você é novamente atingido várias vezes, cai outras tantas e depois volta a se levantar. Quando é atingido de novo, você já está bastante cansado, magoado, de saco cheio, e sua confiança vai diminuindo. Você provavelmente está deitado no chão, no chão manchado de sangue de suas lembranças. Antes de se levantar, você olha para cima. Quem está em pé, sobre você, é alguém (que representa todas as coisas ruins da vida) que olha com desprezo para você e sorri com malícia, com um ar de superioridade, esperando apenas que você se levante para derrubá-lo novamente. Isso faz com que você comece a achar que o chão não é tão ruim: talvez se eu ficar onde estou, tudo isso logo acabe! No ringue de boxe da vida, nós imaginamos, uma rápida contagem até dez e tudo estará terminado; não haverá mais sofrimento, vou poder tomar um banho de chuveiro, ir para casa e me sentir um lixo. Mas, hei, pelo menos não haverá mais socos e golpes decisivos.

Isso talvez funcione num ringue, mas na vida você não é salvo pelo gongo — você está sempre no ringue. Por isso os socos continuam sendo desferidos, e sua única opção é ou ficar na lona, fugir ou lutar. Ficar deitado não leva você a lugar nenhum, e nesse caso fugir tampouco, pois isso o afasta ainda mais do problema.

Lutar é a única ação que vai tornar você mais forte.

Na minha vida, a luta consistia em sair do conjunto habitacional e não acabar como todo mundo ao meu redor. No conjunto habitacional, a gente vê jovens, os pais deles e seus avós antes deles acabar na prisão, receber ajuda de programas sociais do governo, virar usuários de drogas, engravidarem precocemente ou simplesmente morrer. Tomar a *decisão* de lutar por uma vida melhor não era meu problema: de fato, não havia nenhum de nós que não dissesse que não iria acabar como todos os outros. Nós todos tínhamos um plano. Pô-lo em prática era uma outra coisa completamente diferente.

Faz muito pouca diferença o lugar onde se cresce; quando você começa a batalhar por algum objetivo — sempre uma luta — é quase impossível não ser derrubado, arrastado para os lados, cuspido, rolar de costas e ouvir dizer inúmeras vezes que você jamais o alcançará. O que de fato determina qual vai ser o resultado das coisas para você é qual é o seu limite de resistência. Sua capacidade de continuar lutando e manter os punhos erguidos contra a fraqueza enquanto você procura encontrar forças dentro de você vai determinar a sua vitória ou a sua derrota.

PASSOS FIRMES PELA ESTRADA

Os primeiros passos para assumir o controle da situação e enfrentar um comportamento fraco são os mais traiçoeiros e exigem cautela e reflexão. Para que esse tipo de mudança aconteça, temos de definir as situações e os padrões que tornam fraco cada um de nós. Esses momentos são perigosos porque pode ser muito doloroso examinar essas coisas. Vamos encarar os fatos: é duro admitir que você é fraco, por todas as razões, tais como o medo e a rejeição, que você já conhece.

Só existe uma única maneira de lidar com êxito com a fraqueza, seja ela de que tipo for, na sua vida. No Shaolin, para tudo existe um processo e este não é diferente em nada. Você é uma pessoa arrogante, egoísta, nãopontual, que engana a mulher ou o marido, frauda o imposto de renda, mente num teste ou mente para si mesmo? Você é preguiçoso, desonesto, crítico, passivo-agressivo, reprovador, hostil, glutão? Se você não consegue pensar em nada disso, pense nas coisas que as pessoas próximas a você já lhe pediram que mudasse *muitas e muitas vezes*. Talvez você *seja* crítico demais com relação aos outros. Talvez você *estoure* os limites de crédito da sua família, deixando seu cônjuge endividado juntamente com você. Talvez você *provoque* brigas.

Todos esses são comportamentos fracos porque são exemplos claros da falta de controle sobre os próprios atos, que são falhos pois cada um desses traços serve ao próprio interesse e, tristemente, influencia os outros negativamente. No fundo, porém, nenhum de nós quer ser um imbecil (ver capítulo 10, "Não existe progresso sem desprendimento"). Todos nós estamos tentando apenas resolver as coisas.

Levei anos para aprender que eu não era na realidade tão forte como eu achava que era, mas tinha sim uma enorme fraqueza devido à minha baixa auto-estima e a uma infância na qual nunca aprendi a viver realmente. O meu processo de compreensão disso tudo começou quando ouvi falar, pela primeira vez, nos grão-mestres Shaolin que ensinavam seus discípulos em Boston nos anos de 1970.

Eu queria que esses homens misteriosos, poderosos, mas de baixa estatura, me ensinassem kung fu, mas eles se recusaram. Durante cinco anos implorei isso a eles, viajando duas horas e meia de casa até Chinatown, onde eu costumava esperar do lado de fora do *kwoon*.

Eu nunca tinha sequer certeza se eles me viam, apesar dos meus apelos para que me ensinassem: pelo que eu sabia, esses mestres chineses eram capazes de ler a minha alma e as minhas intenções de sede de poder.

Trinta anos atrás os mestres Shaolin não estavam interessados em ensinar ninguém de fora de sua tradição. Isso, porém, não foi um empecilho para mim. Apenas me tornou mais determinado. Quando a minha tentativa de pedir-lhes com humildade que me instruíssem não deu certo, eu esperei por eles do lado de fora do prédio, na esperança de fazer com que conversassem comigo.

Minha jornada pelo Shaolin começou quando conheci o Grão-Mestre Quong Tit Fu (meu primeiro mestre Shaolin), que me pôs numa estrada totalmente nova. Ele foi o único mestre que finalmente reconheceu a minha presença.

Eu não sei o que havia de diferente naquele dia, mas em vez de simplesmente me ignorar, como geralmente fazia, o Grão-Mestre Quong Tit Fu, que dirigia uma escola da forma Tigre-Grou, parou a caminho do *kwoon* e olhou para mim atentamente. "Venha", disse ele, fazendo um gesto para que eu o seguisse escada acima. Eu esperei cinco anos, e quando um deles fala, diz apenas uma palavra. Fu também nunca falou muito depois disso, nem para dar instruções, elogiar ou criticar.

Sei fu (ou "mestre") Fu costumava dar apenas quinze minutos da aula que durava uma hora, deixando a turma entregue aos cuidados de seu filho Steven, de quinze anos, que era tão arrogante quanto eu e sem qualificação suficiente para ensinar estudantes mais avançados. Mesmo assim, fiquei durante um ano no *kwoon* do Grão-Mestre Fu, e sempre que ele desaparecia detrás da cortina, deixando-nos aos cuidados de Steven, eu me lembrava do *Mágico de Oz*. Seria aquilo tudo uma charada? Será que Quong Tit Fu era realmente um grão-mestre, ou será que havia um homenzinho detrás da cortina rindo às gargalhadas enquanto contava o nosso dinheiro?

Com essa atitude, meu nível de aprendizado era baixo.

Era difícil para mim treinar com os chineses: tudo tinha o seu próprio tempo e nada se fazia com pressa. Quanto maior o desejo de aprender, menos se aprendia. Eu ainda não sabia que o meu tempo de estudo — ou de não-estudo, ao que parecia — com o Grão-Mestre Fu devia me ensinar a ter paciência e força verdadeira. Eu estava estagnado na minha recusa de ver como e o que eu poderia aprender com os métodos de ensino de Fu; minha fraqueza era a arrogância, e eu achava que sabia tudo, quando na verdade não sabia nada.

Muitas vezes na vida, coisas que parecem fáceis não o são, e elas o ensinam que é um simples engano achar que você é forte quando na verdade você é fraco. Nunca essa lição me foi tão bem ensinada como quando comecei a estudar a luta Shaolin como forma de oração do Louva-a-deus, que imita o inseto do mesmo nome. Minha instrução veio de um outro mestre, chamado Yon Lee.

Eu assisti o Mestre Lee executar uma incrível forma animal, denominada Andorinha, num dos festejos de rua de Chinatown, em Boston, e fiquei fascinado. Esse mestre era um tanto diferente dos outros. Ele tinha a mesma presença forte dos outros, como um rei, mas era menos reservado. Demonstrava habilidade na execução das formas de oração do Louva-a-deus perante uma multidão, mas eu ainda não percebia totalmente a diferença. Eu só queria o que, a meu ver, Mestre Lee tinha.

EXISTE FORÇA MESMO NA FRAQUEZA   **93**

Logo no início do meu treinamento, a paciência ainda não estava arraigada, e no dia seguinte eu apareci na entrada de sua casa solicitando aulas. Como sempre, meti os pés pelas mãos antes mesmo de bater à porta: na tentativa de impressionar o Mestre Lee, deixei escapar os nomes de alguns mestres que eu conhecia na Chinatown de Boston. O primeiro nome da lista era um inimigo implacável dele e de seu mestre também. Ele ficou visivelmente indiferente ao meu entusiasmo precoce. Eu tentei novamente, dizendo-lhe que eu morava em Brockton, Massachusetts, onde treinava num *kwoon*.

Pode-se dizer que os mestres chineses não gostam de ver a arte deles ser ensinada em massa, sem o seu controle. A expressão de desgosto de Mestre Lee naquele dia me mostrou que eu cometera um erro de novo. Por fim, decidi fechar a boca.

Afinal, seja por causa dos meus erros iniciais ou por intolerância com relação à impertinência dos ocidentais, Mestre Lee revelou não ser muito diferente dos outros mestres; a princípio, ele se recusou a me ensinar ou a conversar comigo, fazendo-me observar durante meses seus alunos chineses preferidos, no fundo da sala, antes que eu pudesse pisar no tablado.

Passei horas observando, sem executar nenhuma forma de luta, sem me alongar e, para a minha surpresa, sem sequer cozinhar. Apesar dos seus modos reticentes, tipicamente Shaolin, ele me ensinou muito quando eu estava pronto para aprender e só quando eu comecei a estudar com Mestre Lee é que o treinamento criou raízes na minha própria alma.

Depois de meses de observação, Lee finalmente me aceitou como aluno e prontamente me humilhou diante de mim mesmo. Durante a hora que durou a aula, Mestre Lee mostrou-me um único exercício. Era uma série curta com apenas alguns movimentos, e ele nunca jamais admitiu que eu poderia fazê-la bem ou mesmo razoavelmente. Eu a fiz repetidamente, talvez vinte vezes, pondo os meus pés e os meus braços em posição e mantendo-me agachado da forma exigida, com os músculos estendidos mas a mente divagando, sem derramar uma gota de suor.

Aquilo parecia fácil e, quando a aula terminou, eu tinha certeza de que dominara o exercício. Fiz uma reverência e demonstrei humildade e respeito para com Lee, assim como todos os estudantes de artes marciais devem fazer para com seus mestres, mas na minha cabeça eu questionava se não teria sido melhor gastar as cinco horas de viagem de carro que eu fizera em um outro lugar ou na construção do meu próprio negócio de artes marciais.

Com esses pensamentos percorrendo sinuosos a minha mente, dirigi-me à escada íngreme de saída do *kwoon* de Mestre Lee, ansioso para voltar ao resto da minha vida. Segundos depois, eu quase me matei: quando dei o primeiro passo, minhas duas pernas cederam juntas. Todas aquelas repetições tinham contribuído para esse resultado: minhas pernas eram fracas, e eu também era fraco, sem ter nem concentração mental nem força física sequer para absorver adequadamente a lição mais enganosamente simples. Depois desse incidente em que quase caí de uma longa e íngreme série de degraus abaixo, eu percebi o que Mestre Lee fizera comigo e por que o fizera daquela maneira. O movimento parecia tão simples. Eu o tomei como uma coisa natural. Ele era belo: um perfeito exemplo do yin e yang e um excelente exemplo de como a fraqueza atua. Eu adquiri um respeito totalmente novo pelo que eu estava aprendendo e pelo lugar onde estava, assim como pela pessoa com quem eu estava aprendendo.

Até aqui nós falamos sobre alguns dos recursos necessários para continuar no caminho para a felicidade: a importância da sobrevência, a necessidade de ter foco e disciplina, o desenvolvimento da auto-estima; contudo, por mais recursos que a vida lhe ofereça, você precisa buscar o que está dentro de você, examiná-lo, aprender a ter motivação para fazer mudanças positivas, desenvolver mais os recursos e em seguida aplicá-los para que se tornem uma segunda natureza.

Eu acredito que Deus deu a todos nós a capacidade de sermos fortes, física e mentalmente, em momentos cruciais, mas deixou-nos a decisão de aprender a liberar e usar construtivamente a energia que já temos dentro de nós — sem esperar até que o nosso cérebro entre em pane ao descobrir que já tínhamos essa força o tempo todo, mas não a usávamos.

Os guerreiros sabem disso: eles já possuem essa força interior porque trabalham com aquilo que lhes foi dado por obra divina, mas ainda precisam aprender a desenvolvê-la e usá-la quando quiserem, com sabedoria.

GRANDE, PORÉM FRACO

Só os verdadeiros guerreiros têm força suficiente para combater os bons combates e olhar para dentro de si mesmos para fortalecer o que está fraco. Eles compreendem o yin e o yang e gastam tempo tentando descobrir o que criará equilíbrio e harmonia em suas vidas. Existem, porém, muitas pessoas que se convencem de que são invencíveis por inspirar medo nos outros. Na-

EXISTE FORÇA MESMO NA FRAQUEZA

turalmente, a esta altura já ficou claro para você que isso não as torna realmente fortes, e é ainda mais triste quando uma dessas pessoas é seu amigo, e ele só percebe como é realmente fraco tarde demais.

Eu tive um amigo, Tony Brown, ligado a um grupo de criminosos, durante os anos de colégio em Brockton. Quando eu lhe perguntava por que se chamava "Brown" já que ele era italiano, prova da minha ingenuidade, ele sempre respondia que era por "razões comerciais". Eu gostava de Tony, e ele gostava de mim; Tony tornou-se uma espécie de mentor para mim.

Tony costumava me levar a clubes, cujos proprietários ele sempre conhecia e onde sempre era tratado com respeito. Tony e eu éramos bons amigos, e todos os dias passávamos o tempo juntos. Ele era como o pai que eu nunca tive. Tony tinha três filhas, e talvez eu fosse o filho que ele nunca teve.

Uma noite estávamos sentados num desses clubes, bebendo uísque e conversando. Tony estava muito bêbado, inusitadamente bêbado, e de repente começou a chorar. "Steve, você não sabe como é fazer o trabalho que eu faço." Eu nunca soubera de fato o que ele fazia para ganhar a vida, ainda que eu conversasse com ele todos os dias e ele me levasse para jogar golfe com ele quatro vezes por semana. Ele dissera que era importador de carne e eu acreditei nele. Fui até o seu escritório e o ouvi conversar sobre uma remessa de centenas de quilos de carne, de modo que eu nunca duvidei de sua palavra.

Naquela noite, no seu estado de embriaguez, ele disse: "Steve, você não tem idéia do que é alguém erguer os olhos para você em lágrimas e totalmente amedrontado, dizendo: 'Por favor, não me mate.'" Só nessa noite é que eu realmente soube como Tony ganhava a vida. Ele era um matador profissional.

Eu fiquei estarrecido. Senti-me um idiota por acreditar naquela sua história de importador de carnes. "Eles imploram a você, você se sente mal, mas tem de puxar o gatilho." Ele me contou quantas vezes suas vítimas choraram por suas esposas e filhos e como isso lhe partiu o coração. Tony poderia ir para o inferno, mas não estava pronto para largar seu trabalho: apesar do pouco que eu sabia sobre os seus negócios, eu já havia assistido a vários filmes de assassinos de aluguel para saber que uma pessoa não se "retira" simplesmente dessa atividade.

Tony e eu não nos falamos mais por muito tempo, e de fato às vezes eu me perguntava se ele não precisaria então me matar porque eu sabia mais do que devia. Na ocasião seguinte em que nos encontramos, foi por mero acaso. Vários anos depois, eu estava comprando um carro numa revendedora em Brockton. Consegui ver o vendedor de carros antes que ele me visse. Surpreso, percebi que era Tony. Fiquei chocado: eu gostava de Tony, mas embora eu me recordasse de um sujeito vivo e poderoso, ele agora parecia envelhecido, derrotado e triste. Eu não queria que ele me visse; eu sabia quão penoso seria para ele se ele soubesse que eu o vira naquele lugar. Mas não fui ligeiro o bastante, e Tony me reconheceu. Nós conversamos um pouco. Ele me contou que perdera tudo, inclusive a casa, a esposa e os filhos. De fato, eles nem sequer falavam mais com ele.

Ele não era do tipo Luca Brasi: um homem estúpido que falava por meio de frases de três palavras. Ao contrário disso, Tony era esperto e sabia se expressar com clareza e poderia ter tido tudo o que desejasse na vida. Mas ele era fraco porque veio de um meio inferior e nunca aprendeu quem ele era e por que estava realmente aqui. E em vez de se esforçar para entender essas coisas e construir uma base sólida de auto-estima, ele usava o que, a seu ver, era a única coisa que possuía — seu enorme tamanho — como um modo de conquistar respeito, amigos e dinheiro. E a partir daí as coisas se transformaram numa bola de neve.

Quanto esforço era necessário para que ele fechasse um acordo, entrasse num carro ou num trem, aparecesse à porta de uma casa e puxasse um gatilho e depois recebesse cinqüenta mil dólares? Não foi preciso esforço algum para que Tony usasse o seu dom inato para ganhar muito dinheiro. Pessoas como Tony se vêem como guerreiros, mas não são fortes o bastante, pouco importa pelo que ou contra quem estão lutando. Elas optam pelo caminho mais fácil — o caminho da menor resistência, e ao fazê-lo, perdem a oportunidade de crescer.

NINGUÉM NASCE VÍTIMA, TRANSFORMA-SE NELA

*Você não pode impedir o pássaro da tristeza de voar
sobre a sua cabeça, mas pode impedi-lo
de aninhar-se nos seus cabelos.*

— Provérbio chinês

Sidarta Gautama, um príncipe indiano, fundou o budismo no século VI a.C. Quando cresceu, ele quis conhecer mais a vida fora dos muros do seu palácio. Levando consigo um servo, ele se aventurou pela cidade para ver lugares que, na sua expectativa, seriam maravilhosos e novos. Em vez disso, ele viu, na maior parte, sofrimento e miséria, pois a população da cidade era pobre. Sidarta retornou ao seu palácio deprimido e triste, com muitas perguntas sobre como e por que as pessoas sofrem e quem era responsável por esse sofrimento.

Com o tempo, ele passou a acreditar que ele próprio era diretamente responsável porque o seu pai era o rei e governava a terra, mas era um regente que não assumira responsabilidade pela pobreza e sofrimento espalhados pelo país. Aborrecido, Sidarta resolveu abandonar sua vida de conforto — a esposa e o filho pequeno, bem como a fortuna — para se tornar um monge asceta. Naquele dia, dizem, ele começou a sua busca por sabedoria, disciplina e, por fim, iluminação. Embora pareça ser um contra-senso, ao deixar tudo para trás Sidarta assumiu a responsabilidade pela sua vida e pela vida de seu povo, pois só se pode ajudar e amar os outros verdadeiramente depois que se tiver ajudado e amado a si mesmo.

Assumindo responsabilidade

Independentemente de nossas crenças, todos nós somos responsáveis pelas nossas ações na vida, sejam elas quais forem. Muitas vezes, não gostamos de lidar com os resultados das nossas ações e começamos a nos sentir vítimas. Por causa disso, a vitimização governa nossa vida mais do que pensamos, mas com grande esforço e assumindo a responsabilidade pelo que fazemos em todos os momentos do dia, podemos modificar radicalmente nossa vida, o que resultará em menos sofrimento e ansiedade. Isso, por sua vez, acabará beneficiando a nós mesmos *e* as pessoas que nos cercam.

Se Sidarta não iniciasse seu caminho de investigação e de renúncia à riqueza, provavelmente o budismo, tal como o conhecemos, não existiria, nem existiria um sistema de crença que depende tão fortemente da noção de responsabilidade. Eu me criei como católico, e as pessoas sempre me falavam do fogo e do enxofre, e de como Deus puniria quem fosse mau. Eu sempre me perguntava que fim levaria meu pai ou qualquer outra das pessoas miseráveis que eu conheci na minha infância. Na religião budista, existe uma espécie de inferno, assim como em algumas religiões ocidentais, e dependendo da seita, o inferno é por vezes considerado como sendo o "aqui e agora" — *dukha*, ou sofrimento, que experimentamos na nossa vida cotidiana. De uma outra maneira, inferno significa um renascimento desagradável como recompensa pelo karma ruim que acumulamos nesta vida. A questão é: quer você seja católico, budista ou um monge Shaolin praticante, se você tomou uma direção errada uma ou duas vezes na vida, quando morrer você terá de prestar conta disso em algum lugar.

Os monges Shaolin nunca se permitem sentir-se como se fossem vítimas das próprias ou de quaisquer outras circunstâncias, porque cada monge sabe que precisa assumir a culpa pelo caminho que escolheu, e compreender que somente ele é responsável por isso. Ele acredita que se for desrespeitoso nesta vida para com seus mestres, não orar com bastante fervor, ou não praticar boas ações sem esperar por recompensa, na sua vida vindoura ele será de algum modo tratado com desrespeito ou sem compaixão pelos outros.

Neste país e nesta cultura, nós não reconhecemos esse tipo de responsabilidade por tudo e desse modo despendemos muito tempo nos perguntando por que as nossas ações não parecem justas. Isso dá margem a todo tipo de autocomiseração e de desvio de energia gasta em culpar os outros pela nossa situação. Muitos de nós, por causa do modo como fomos criados e pela expectativa que nossos pais infundiram em nós sobre como a vida "deve" ser, não aprendemos a aceitar uma situação pelo que ela é e a nos adaptar a ela — mesmo que ela seja horrível.

Há muito tempo ficou claro para mim que nós criamos o caminho que acaba nos levando à nossa própria vitimização. Pois é extremamente difícil olhar para o que nós fazemos para infligir tanto sofrimento a nós mesmos. Inventar desculpas ou sentir-se mal porque você não se levantou cedo para trabalhar e perdeu o emprego, ou porque sua mulher o abandonou por descobrir que você tinha um caso amoroso que "não pôde evitar", ou ainda porque seus filhos entraram para o mundo das drogas porque não receberam atenção de você enquanto você estava ocupado em ganhar dinheiro para sustentá-los, são coisas que diminuem a nossa capacidade de ser honestos com nós mesmos assumindo responsabilidade pelas escolhas, boas ou ruins, que fazemos na nossa vida.

Vitimização é um comportamento autodestrutivo — um procedimento ruim que causa grande sofrimento, produz enorme ansiedade e que, se não for controlado, levará com toda a certeza a uma morte prematura. Junto com a vitimização vêm a ansiedade e um medo desnecessário, e eles nos envolvem numa redoma de autocomiseração. Ao contrário de outros desafios mais concretos em nossa vida, como conseguir um emprego melhor, economizar mais dinheiro ou adquirir uma casa, a vitimização vem do nada e não tem um "rosto", por assim dizer. Se eu bato em você, você sente dor, e assim você entende por que você se fere. Quando você se sente vítima de uma situação, não é algo como uma bofetada no rosto que lhe informa que você está se preparando para a dor; é como se o universo estivesse, de algum modo, conspirando contra você, e você fica simplesmente perdido sem achar uma saída e sem ter nenhum indício concreto do que deu errado.

Contudo, a idéia de que não temos controle sobre os nossos próprios pensamentos, sentimentos e atos, é pura loucura. Pode ser que não possamos controlar muitas coisas na vida — como a reação de outras pessoas ou fenômenos naturais — mas quando começamos a nos sentir como vítimas, em geral é porque fizemos alguma coisa que gerou uma série de acontecimentos que nos põem em desvantagem. E em vez de assumir de cara a responsabilidade por isso e realizar a dura tarefa de examinar em que falhamos, nós agimos como se o universo nos devesse alguma coisa e por alguma razão não nos pagasse, de modo que agora vamos ficar sentados bem aqui, sem nos mexer, sem crescer e simplesmente ficar zangados. Se não tomarmos a decisão de assumir a responsabilidade por algo que nos acontece — mesmo que seja algo fora do nosso controle, como a perda de um braço ou de uma perna, ou um estupro — vamos acabar não ganhando nada, não indo a lugar nenhum e nunca seremos capazes de ajudar a nós mesmos ou os outros que podem precisam de nós.

Ninguém é vítima e, se você se sente ou está agindo como se fosse uma vítima, está na hora de você descobrir o que quer da vida, para onde deseja ir e levantar o traseiro do lugar e chegar lá.

A SUPREMA VITIMIZAÇÃO

Eu acredito que a condição de vítima de 99% dos adultos é infligida por eles mesmos. Crianças têm menos a dizer sobre o que lhes acontece porque em geral elas não conseguem fazer escolhas bem-informadas e juízos de valor como nós fazemos: elas simplesmente não dispõem ainda dos instrumentos necessários e não têm o poder (ver capítulo 9, "O verdadeiro poder vem de dentro"), que os adultos geralmente possuem. Como adultos, nós cometemos o que eu chamo de "erros conscientes", ou temos um comportamento passivo-agressivo que nos deixa em apuros. Em outras palavras, nós criamos a maioria dos nossos problemas. Mas existe sempre uma oportunidade de ter o controle da situação, assumindo responsabilidade pelas nossas ações e/ou reações ao que aconteceu.

É traumático quando uma pessoa sofre um estupro ou leva um tiro. Não é uma dinâmica natural da vida, ao contrário de outros tipos de sofrimento que os monges aceitam como necessário, como, por exemplo, a tristeza causada por uma perda, uma dor de cabeça ou outra indisposição física. A cada trinta segundos mais ou menos, alguém é estuprado neste país. Mas o que aconteceria se houvesse algo que você pudesse fazer? Eis aqui um exemplo prático. Suponha que você desenvolveu o hábito de deixar a sua chave na caixa de correio quando sai para correr, permitindo que um transgressor identifique o procedimento que você adotou e use esse conhecimento para entrar à força em sua casa e machucar você depois. Você poderia olhar para trás, depois que ocorreu um terrível incidente, como um estupro, porque a pessoa que vigiava você invadiu a sua casa usando sua *própria* chave, e dizer para si mesma: "Se eu não tivesse feito isso, esse sujeito não saberia que eu deixei a chave ali e eu poderia ter evitado essa situação."

Mesmo na pior das situações — por exemplo, quando aparentemente você nada fez para provocar essa agressão — há procedimentos que você pode tomar para retomar o controle. Você pode inclusive começar agora, antes que ela aconteça. Chamo isso de "assumir a postura mental de um guerreiro Shaolin", na qual o controle da mente sobre uma situação física é uma preparação *essencial* para o ferimento ou a vergonha que podem sobrevir a um ataque, ainda que não se consiga impedir fisicamente que o ataque aconteça.

Tenho aconselhado muitas vítimas de estupro e continuo a enfatizar que nem toda autodefesa ocorre na forma de socos e pontapés. Eu digo a elas que podem usar "autodefesa mental". No caso de um ataque físico, isso significa que elas devem se lembrar de tudo o que agressor estava usando, de todas as suas cicatrizes e de suas roupas. Em seguida, eles precisam guardar todas essas informações para usá-la quando finalmente puderem processar o agressor.

Noventa por cento das pessoas que são estupradas ou sofrem algum tipo de violência, incluindo roubo, não se lembram do que o seu agressor estava usando: elas não estavam focadas porque tinham medo. Estar mentalmente focado (consulte o capítulo 2, "Foco + disciplina = realização") ajuda você a adquirir controle de modo que você tem uma chance de identificar mais tarde o agressor. A maioria das mulheres vai tomar uma ducha logo em seguida porque se sentem sujas. Essa, porém, é a pior coisa que podem fazer porque essa informação corpórea faz parte do seu arsenal. Estar totalmente focado nos detalhes é uma maneira de meditar sob pressão, e é tudo menos passiva.

Há diferentes maneiras de meditar, mas a que os monges Shaolin usam consiste em fitar uma parede vazia. Meditar durante um estupro significa estar presente, recordando todas as características do entorno, em vez de deixar que a mente em pânico se esvazie, e revidar mentalmente se você não puder fazê-lo fisicamente. Esta é uma maneira de lidar com uma situação traumática que vai pôr você no controle e impedir que se sinta impotente. A vida vem com muitas coisas ruins sobre as quais você não tem controle, como a morte, mas o controle da mente está sempre disponível para você — uma disposição total da mente sobre a matéria. Alguém pode estuprar você, mas não pode destruir você apropriando-se de sua mente.

Numa situação traumática, é fundamental que você se mantenha muito focado e adote uma espécie de visão reduzida. Em muitos casos, isso pode ser a diferença entre a vitória e a derrota, entre a vida e a morte. Quando me defronto com uma situação muito estressante, fico muito quieto e avalio a situação. Em seguida eu decido qual será o melhor resultado possível se eu tiver o controle, quer eu o tenha ou não de fato. Depois eu decido qual será o meu plano de ação e elaboro um plano alternativo caso precise. Não importa o que aconteça, ao tomar essas decisões eu estou assumindo ativamente a responsabilidade pela situação e recusando-me a permitir que eu me transforme em vítima.

SINTO-ME UMA VÍTIMA, MAS ESTOU SENDO VITIMIZADO?

A vitimização está presente em amigos e em membros da família com os quais estamos constantemente conversando e/ou vendo. Eu conheço essas pessoas — aquelas que sempre acham alguma coisa errada em nós ou nos informam que não estamos vivendo corretamente. É claro que, na opinião dessas pessoas, elas estão tentando nos ajudar a enxergar o erro em nossas atitudes, mas quando nos sentimos desafiados por amigos ou pela família, muitas vezes ficamos na defensiva. Na maior parte do tempo, nós achamos que estamos "fazendo a coisa certa" na educação dos nossos filhos ou na maneira de ganhar a vida ou, então, no modo de cuidar dos negócios, e quando a sogra, uma irmã ou um amigo sugere que dediquemos mais tempo aos nossos filhos ou que devemos procurar um emprego melhor, isso nos faz sentir mal. Então, começamos a nos justificar: "Bem, eu não consigo um emprego melhor porque não tenho tempo para procurar" ou "Tente dedicar mais tempo aos seus filhos quando você trabalhar sessenta horas por semana!" Isso nos leva a dizer: "Estou desqualificado demais para conseguir um emprego melhor" ou "Eu sou um mau pai". Quando nos sentimos criticados, é muito mais difícil nos adaptar aos fluxos e refluxos da vida. Em vez de assumir a responsabilidade pelo que está sendo dito e enfrentar a pessoa que o diz, nós começamos a sentir que estamos sendo vitimizados.

A vitimização pode residir no emprego que temos, no nosso chefe, ou nos dois. No nosso emprego, quando não estabelecemos metas, ficamos presos à rotina e caímos no ostracismo. Estamos fazendo o suficiente para receber o cheque relativo ao salário, mas não o bastante para cumprir bem uma tarefa. É chato acordar cedo todos os dias, sentindo-se infeliz; ora, muitas pessoas fazem isso e não percebem que estão apenas pensando em aproveitar a única semana de férias que têm todos os anos. A maior parte delas gasta mais tempo e energia planejando suas férias de uma ou duas semanas do que planejando a sua *vida*.

E o mais engraçado é que elas se sentem vítimas!

A verdade é que não existem vítimas neste mundo. Quando surgem problemas — digamos, no trabalho — você tem duas opções. Pode continuar onde está, estudar e decidir fazer a sua tarefa com a máxima competência e aprender tudo o que você precisa saber; ou você pode pedir demissão e encontrar um novo emprego ou então viver na miséria. A situação parece extrema, mas ela pode oferecer alguma perspectiva. São os objetivos que estabelecemos para nós mesmos (ou a falta deles) que nos levam a nos sentir vítimas em nossa vida profissional. Quando não estamos felizes com o nosso próprio desempenho, ou quando sentimos que merecemos alguma coisa que não estamos conseguindo, podemos incidir na postura de nos sentir vítimas, em vez de sobreviventes.

Quando eu sabotava o meu próprio sucesso, eu conseguia fazê-lo com o maior profissionalismo. É mais ou menos como quando um homem engana a sua mulher. Pesquisadores da área de saúde mental constataram que, em sua maioria, os homens que mentem para as suas mulheres *querem* subconscientemente ser apanhados. Por quê? Porque isso os obriga a tomar uma decisão que não seriam capazes de tomar por conta própria ("Eu não devia estar fazendo isso, é errado").

Deixar que a gente se sinta uma vítima funciona da mesma forma. Nós fazemos isso porque de algum modo *não* queremos fazer o que realmente pensamos que fazemos, de maneira que conseguimos estragá-lo. Eu tenho convivido com jovens que faziam isso várias vezes: toda vez que eu queria ajudar um adolescente para que ele pudesse passar para um outro estágio da vida, ele estragava tudo fazendo alguma coisa estúpida para arruinar todo o trabalho árduo que nós dois tínhamos feito para ajudá-lo a se tornar uma pessoa mais produtiva.

No meu caso, meus problemas com a auto-sabotagem seguiam um padrão que era sempre igual. Eu me envolvia com as pessoas erradas nos meus projetos, e cada vez que eu falhava, precisava olhar bem no espelho, pois passei a entender que esses grandes projetos eram coisas em que eu só achava que eu queria investir tempo, ou que tinha medo de que fracassassem. Uma vez foi um acordo para a produção de um filme sobre o qual eu estava em conflito que não foi adiante; outras vezes, o fracasso resultou de um mau investimento. Eu envolvia as pessoas erradas porque acreditava que alguém que parecia bonito e confiável faria a coisa certa por gostar realmente de mim — não por ser qualificado. Isso se originava de minha baixa auto-estima. Eu queria que todo mundo gostasse de mim, e paguei caro por isso ao transferir responsabilidade a outros quando eu deveria ter sido mais criterioso na escolha das pessoas que poderiam fazer o trabalho corretamente, quer gostassem de mim ou não.

A vítima consciente do negócio de automóveis

Você está procurando um novo carro no mercado: quer o melhor preço e talvez tenha receio de que o vendedor venha a saber que você não dispõe de bastante dinheiro para comprar o carro que deseja; por isso, em vez de pesquisar e encontrar o melhor carro pelo preço que você tem condições de pagar, você age com soberba e depois se vê em apuros para pagar uma quantia exorbitante, sentindo-se frustrado. Eu sei do que estou falando: sou uma "vítima" clássica do mau negócio de automóveis e, inevitavelmente, acabo estragando o negócio.

Eu *sempre* quero que o vendedor pense que eu sou um cara bacana porque eu sei que ele se sente oprimido todo dia por todas as outras pessoas que vão à sua revendedora. Eu também *quero* acreditar que se eu for legal com ele, ele vai me oferecer um bom negócio, apesar de eu saber sempre que isso *não* vai acontecer. Com toda a certeza, no final de cada transação, eu fiz um amigo que me cobrou um preço excessivo por um carro que eu já sabia, ao entrar na loja, que provavelmente ia me custar bem caro. Eu costumava sair da loja zangado comigo mesmo, mas isso acabou. Agora, embora eu possa dar a impressão de não ter interrompido o ciclo, pelo menos eu sou uma vítima consciente. Já aceitei que vou sempre permitir que tirem vantagem de mim nessa situação particular. Isso não significa aprová-la — eu ainda estou sendo prejudicado no comércio de automóveis — mas pelo menos eu sei que estou criando a minha própria miséria quando volto para casa com mais um carro acima do valor de mercado, nada prático e minha mulher apenas vira os olhos. Eu parei de inventar desculpas para as minhas escolhas.

O que você dá, você recebe de volta

Um monge artista deixou claro o conceito budista de "pagar pelos próprios pecados" a todos os que visitam um determinado templo taoísta perto do templo Shaolin na China.

No centro do templo há uma árvore que, segundo dizem, tem cerca de 1.400 anos de idade. Quando se entra no templo, não se pode deixar de vê-la: o templo foi construído em torno do seu velho tronco. Considera-se que a árvore tem tanto Chi, ou energia, fluindo por ela que monges são convidados a visitar esse lugar apenas para absorver um pouco dessa poderosa energia. Mesmo sendo uma pessoa que passou muito tempo aprendendo sobre a energia no corpo e no mundo físico circundante por meio do meu estudo de artes marciais, eu não me deixei convencer pela idéia de uma árvore "mágica". No entanto, quando eu circulava próximo dela, fiquei surpreso porque todo o meu corpo parecia estar pegando fogo.

Depois de sentir o poder da árvore, continuei a andar em torno dela, esperando ver imagens que se ajustassem às minhas noções do budismo como uma religião humanitária na qual nenhuma criatura era intencionalmente destruída por qualquer motivo.

Em lugar de imagens, eu vi algo completamente diferente. No credo taoísta existem nove níveis de "submundos", chamados os Nove Reinos. Num templo taoísta, existem nove níveis físicos. Um desses níveis continha um aposento repleto de imagens muito perturbadoras, mostrando cenas que eu jamais associara com religiões orientais. As imagens vívidas e extremamente violentas descreviam punições severas com tortura física. Contemplei aquelas pinturas antigas por um longo tempo: seios de mulheres sendo dilacerados, homens com pênis empalados e coisas ainda piores.

Foi difícil afastar os olhos dali, e então ficou claro para mim que no budismo, como em outras religiões, se você faz o mal, você paga e paga caro. A forma de pagamento depende do pecado que você comete, mas pelo menos os budistas acreditam na concessão ao fiel de uma oportunidade de expiar a falta ajudando os outros. Uma vez que eles acham que quando se morre e se passa para a vida seguinte, essa vida será baseada no modo como a pessoa viveu na sua encarnação anterior, é melhor que a pessoa procure se redimir dos seus erros atuais.

Eu cresci aprendendo que o inferno é "eterno" na religião católica. Visto que fui ensinado a ser um católico italiano e fui criado nos projetos habitacionais da comunidade hispânica do Harlem, pode parecer estranho acabar sendo um praticante Shaolin com uma forte crença nas idéias da filosofia budista. Com base na coleção de ensinamentos batistas de todas as bondosas avós negras de amigos meus em Brockton, era de se esperar que eu estivesse realmente ferrado.

Eu prefiro achar que sou realmente diferente. Essa mistura de influências religiosas e culturais levou-me a crer que há um caminho para todos, e que cada pessoa pode decidir como ela será responsável pelas suas ações — porque, no fim, todas as religiões lidam com isso. Sejam quais forem as suas crenças, somos todos considerados responsáveis pelo que fazemos, quer nesta vida, na próxima, ou em ambas. Reparação, portanto, é a lei. Eu compreendo que muitas vezes criei certamente o meu próprio "inferno na Terra", e que cheguei ao lugar onde devo estar, embora fosse preciso que eu cometesse muitos erros para descobrir isso.

PREPARANDO-ME PARA UM MERGULHO FRONTAL

Quando eu tinha cerca de dezoito anos, resolvi que era hora de sair de Brockton, onde eu estava sofrendo para concluir o curso colegial, trabalhando em tempo integral, ajudando nas despesas de casa e vivendo num ambiente que não produzia cientistas espaciais. Eu não sabia como eu iria pagar pelo resto da minha educação universitária. Então tive uma idéia: entrar para a força aérea! Eu conseguiria ir para a universidade de graça, viajar, não precisaria pagar aluguel, faria três refeições por dia — e de fato eu gostava do uniforme, razão por que escolhi esse ramo das forças armadas e não os outros.

Esse foi o primeiro passo de um grande equívoco que cometi, e um movimento importante para me tornar uma vítima por imposição própria. Já não era ruim o bastante que eu fizesse isso sozinho: convenci Russ Alvarez e outros sessenta rapazes de Brockton (fomos chamados depois os "Sessenta de Brockton") a se alistarem.

Não me entenda mal: a aeronáutica é ótima para muitas pessoas, mas não para mim. Eu estava aquartelado numa base aérea em San Antonio, Texas, onde fazia 45°C quase todos os dias. Depois que pulávamos para fora da cama numa hora inaceitável, formávamos a visão mais hilária que já se viu: um bando de sujeitos de *shorts* brancos de boxeadores com grandes botas pretas de combate, caindo como moscas enquanto corríamos em círculos no calor sufocante. Isso durou doze semanas.

Meu grupo foi reprovado em todas as inspeções, e naquele calor tínhamos sempre uma atitude ruim: não conseguíamos fazer nada certo e, embora o centro de treinamento seja destinado a desgastar emocionalmente os recrutas e transformá-los em soldados, aquilo era loucura. A tática militar sempre fora a de que nenhum soldado se sobressaísse. Mas os Sessenta de Brockton se destacaram em muitos níveis e, acredite, os rapazes do Sul não tinham nenhum interesse em escutar um bando de nortistas se queixar de quão quente estava e de quão exaustivas eram as rotinas. Todo mundo estava pronto para dizer impropérios e, em vez de concentrar a atenção em como nos transformar em bons soldados ou em como sobreviver adaptando-nos a uma sórdida experiência, não perdíamos nenhuma oportunidade de revelar nosso descontentamento aos oficiais comandantes. Os Sessenta de Brockton eram um bando de incessantes chorões, e não demorou muito para que todos os outros na base soubessem disso.

Para um de nós, um cara chamado Joe Delaney, a situação era péssima para continuar suportando. Designado para limpar a privada num dia sufocante, eu amaldiçoei meu serviço quando entrei no toalete com a escova de dentes que me obrigaram a usar para remover a merda dos vasos sanitários. Por volta do meio-dia, a temperatura já estava perto dos 44°C e, num calor infernal, um banheiro não cheira bem, por mais que você o limpe.

Num dos boxes, agachado sobre a tampa do vaso, estava Joe. Ele tinha uma namorada, Nancy, cujas cartas ele esperava ansiosamente. Eles estavam noivos e ele prometera casar com ela quando retornasse do centro de treinamento para recrutas. Em geral Joe saía do refeitório cantando as canções de Curtis Mayfield depois que recebia notícias de Nancy. Mas a carta daquele dia não deve ter sido muito boa, pois Joe decidiu que não agüentava mais aquela vida e roubara uma gilete do escritório do sargento. O sangue dos seus pulsos pingava no chão: ele se cortara profundamente, e se eu não o tivesse encontrado naquele exato momento, Delaney provavelmente teria conseguido o que ele achava que queria.

Delaney sentia-se uma vítima. Eu sabia como ele se sentia. Éramos todos rapazes que tinham saído de casa para servir ao nosso país, conseguir dinheiro para pagar os estudos e ter uma vida melhor, como tantos outros faziam, sem saber se íamos acabar no Vietnã, onde muitos estavam morrendo. Droga, nem sequer sabíamos se conseguiríamos sair vivos do centro de treinamento. Para piorar ainda mais as coisas, eu também recebera uma carta semelhante, de rompimento de namoro, só que ainda pior do que se tivesse vindo da própria garota, a minha chegara por cortesia do meu melhor amigo, Dennis Burton. Dennis viera se despedir de mim quando me alistei. Quando ele estava chegando de carro, ele me viu descer do automóvel da moça de quem eu gostava, enquanto ela me acenava um adeus, e depois a viu encontrar e beijar seu *outro* namorado, que estava do lado de fora do aeroporto esperando para ir embora com ela.

No entanto, Delaney e eu tínhamos maneiras diferentes de abordar nossa situação de desgosto, apesar do fato de termos tido experiências de vida muito parecidas. Freqüentamos a mesma escola, entramos juntos na força aérea, dividíamos o mesmo alojamento e ambos tínhamos a sensação de que fôramos descartados pelas mulheres que amávamos. Éramos jovens e não sabíamos nada sobre relacionamentos naquela época — havíamos sido provavelmente irresponsáveis nos nossos relacionamentos e, de algum modo, tínhamos sido responsáveis pelas nossas ações, mas não tínhamos esse sentimento então.

Por definição, tanto Joe como eu podíamos ser vistos como vítimas da negligência de mulheres de quem gostávamos muito. Mas não éramos. Nós mesmos causamos essa situação desde o começo. Delaney não aprendeu a lidar com a rejeição. Ele não tinha nenhuma auto-estima. Não acreditava que fosse alguém e investiu todo o seu valor próprio no fato de que uma moça gostava dele. Então, quando ela deu o fora nele, é claro que ele se sentiu como se o mundo inteiro tivesse acabado. Do mesmo modo, embora eu soubesse que minha garota gostava de um outro cara, eu não fiz nada com relação a isso. Continuei andando em círculos por uma terra de fantasia como se as coisas estivessem uma maravilha, embora eu soubesse, no fundo do meu coração, que não estavam.

Não existem vítimas neste mundo. Existem só situações que acontecem na vida — algumas podemos controlar, outras não. Mas, não importa a situação em que nos encontremos, sempre podemos escolher entre assumir a responsabilidade pelas nossas ações e seguir em frente, lutando para crescer, prosperar e ser feliz, ou nos deitar e deixar que o mundo passe por cima de nós.

A TÉCNICA DOS QUINZE MINUTOS

Se você se vê repetidamente em situações nas quais se sente uma vítima, aqui estão algumas frases para reflexão antes de permitir que você caia numa delas de novo. Leia cada afirmação isoladamente e verifique qual seria a sua resposta imediata. Depois reserve quinze minutos para analisar onde você vai acabar chegando se permitir que se sinta criticado ou então magoado com a situação. De que modo você pode criar um resultado mais positivo para si mesmo não se colocando numa determinada situação ou então modificando a sua maneira de reagir? Qualquer uma das respostas que você der poderá ser positiva ou negativa.

Eu nunca tenho tempo para mim mesmo.

Você não tem tempo para si mesmo porque não quer. Você está preenchendo o seu tempo, e está no controle dele, e ninguém mais.

Sempre me atribuem mais tarefas do que aos meus colegas, e eu tenho de trabalhar mais horas do que qualquer outra pessoa. Meu chefe não tem consideração.

O chefe sempre lhe pede para fazer trabalho extra porque você é o melhor, ou porque os outros não querem fazê-lo. Ou você pode ser o único que sempre o faz sem nenhuma compensação financeira pelas horas extras, de modo que estão se aproveitando de você. E o chefe sabe que pode conseguir sair ileso. Você precisa se defender perante o seu chefe e, se isso não der certo, deve procurar a pessoa acima dele.

> Minha família me telefona para resolver seus problemas.
>
> Se a sua família liga constantemente para você resolver problemas e não presta atenção às suas necessidades, é porque você permite que isso aconteça. Não fique disponível para eles por algum tempo. Não atenda ao telefone nem ligue para eles; se estiver conversando com eles e não quiser que eles saibam como você se sente, porque você não quer magoá-los ou porque acha que eles ficarão zangados, então mude de assunto ou encontre uma justificativa.
>
> Toda vez que faço uma nova amizade, a pessoa me desaponta.
>
> Para começar, se seus novos amigos estão sempre desapontando você, é muito provável que você esteja esperando demais deles. Em geral, nós nos preparamos para o fracasso em amizades desse tipo antes mesmo de elas começarem, escolhendo pessoas que não estão disponíveis para nós, do mesmo modo que nossos pais não estavam disponíveis para nós, ou que alguma outra dinâmica da infância continua a atuar em nossa vida porque o permitimos.

Ninguém nasce vítima, transforma-se em vítima

Para a maioria das pessoas, abandonar a mentalidade de vítima não é uma tarefa fácil. Para fazer isso, você precisa aprender a identificar esse comportamento e, em seguida, modificá-lo. Do ponto de vista do Shaolin, nosso sofrimento é causado por um apego à pessoa que achamos que somos, pois nossas ações cotidianas são programadas em função de quem somos e da maneira como fomos criados. E isso é verdade. Se apanhamos e fomos maltratados quando crianças, vamos nos sentir inúteis à medida que formos crescendo porque não teremos um alicerce sólido para o nosso ser nem um sentido para a vida. Assim, quando situações difíceis sobrevirem, o que podemos fazer senão achar que não temos controle sobre elas, já que nunca tivemos controle algum desde o início?

Controlar nossas ações significa reconhecer que temos, sim, poder; temos, sim, valor, importância e um motivo para estarmos neste planeta tanto quanto o nosso próximo. Pode ser que ainda não saibamos disso ou não acreditemos nisso. Isso quer dizer que toda vez que surgir uma situação em que nos sentimos uma vítima — alguém foi promovido em detrimento de nós, ou fomos surrados por um valentão — nós nos lembramos de quem somos e do que estamos tentando realizar. Muitos de nós nunca ouvimos falar desse tal de Shaolin quando éramos crianças, de modo que precisamos, mais do que tudo, dar um tempo a nós mesmos. Depois precisamos olhar para a realidade da situação. Talvez a outra pessoa foi promovida porque esse não é o emprego certo para você, ou você sem querer irritou o seu chefe. Em qualquer um dos casos, aja de modo a provocar uma mudança ou exponha o que está sentindo. Se um valentão derrubar você no chão, você não precisa aceitar isso também. Conte a alguém. Procure ajuda. Não há razão para interiorizar o sofrimento, ficar com raiva e frustrado e agir como uma vítima. Essa é a programação que vem do passado.

Meu único objetivo quando criança era sair dos cortiços e ficar longe da miséria e dos maus-tratos. Quando, porém, eu realizei esse objetivo, jamais estabeleci um novo. Eu simplesmente continuei seguindo em frente para ganhar mais dinheiro, ter uma família maior, uma casa maior, um carro maior e assim por diante. Era como se estivesse pilotando um transatlântico. Mas a realidade da situação é que as coisas haviam mudado, como sempre acontece. Eu agora tinha uma esposa, filhos, uma casa grande e novas responsabilidades. Eu já não era pobre nem sofria maus-tratos. Meu modo de pensar precisava mudar também, mas por um longo tempo isso não aconteceu, de modo que quando eu estava trabalhando em algum novo projeto e um dos meus filhos estava chorando porque eu não lhe dava atenção, eu me zangava com ele — será que ele não sabia o quanto eu me esforçara para ter tudo isso? Depois eu me sentia mal, como se eu tivesse feito algo errado, ou me irritava por não conseguir resolver o problema e então apenas o evitava porque isso era mais fácil do que lidar com ele. Mas quando você não enfrenta alguma coisa, ela sempre acha um jeito de retornar a você e ficar ainda maior e pior do que antes. Na segunda ou terceira vez em que isso acontecia, eu já me punira como vítima, em vez de reconhecer que era a minha atitude que necessitava de mudança, não a situação.

Para parar de se sentir uma vítima, você precisa definir claramente o que quer — neste exato momento — da vida. Se você não sabe quem você é (se gosta de cinema, se detesta multidões, se é sensível ou se não gosta de usar terno para trabalhar), você jamais conseguirá descobrir o que quer, e assim acabará muitas vezes na extremidade mais curta da cadeia evolutiva. É como embarcar num navio e navegar para alto-mar sem bússola. Você mal levanta vela e já diz: "Eu quero chegar lá", e então tenta ir do ponto A ao B. *Boa sorte*. Sem definir claramente uma direção e como chegar ao ponto B, você está rumando para o fracasso.

O que acontece com uma mulher que sofreu maus-tratos psicológicos do pai, nunca teve um bom relacionamento com ele e sempre procurou a aprovação e a atenção dele — sem nunca consegui-las? É lógico que você pensa que ela gostaria de encontrar um parceiro que a amasse até a morte e lhe desse enorme atenção. As estatísticas demonstram, porém, que isso não acontece; muitas mulheres em situações semelhantes buscam alguém parecido com o próprio pai porque baseiam o seu valor pessoal na capacidade de serem amadas por causa dos maus-tratos que tiveram de suportar.

Nenhuma dessas coisas — como a procura de amor ou o desejo de atenção — é inerentemente ruim, a não ser, é claro, que lhe traga sofrimento. Se a mulher que eu mencionei acima fosse capaz de fazer essa pausa de quinze minutos que eu sugeri antes de entrar num novo relacionamento amoroso, ela talvez pudesse reconhecer que pode estar prolongando o seu sofrimento — mais uma vez, como já o fez em cada envolvimento romântico que teve antes — se espera que um homem legitime tanto ela como a atração que ela sente por ele.

A capacidade de ser vítima não está relacionada com o sexo da pessoa: os homens padecem tanto quanto as mulheres. Tome como exemplo um homem que tem uma necessidade compulsiva de mentir para a sua mulher ou namorada. Quando ele é infiel, a infidelidade pode significar várias coisas, mas, muitas vezes, trata-se apenas da "necessidade" de carinho e de atenção de uma outra mulher porque ele não os recebeu no começo da vida de uma importante figura feminina.

Esse sujeito se sente como ele fosse uma vítima — o que é bastante surpreendente — porque ele construiu uma série de racionalizações que *permitem* esse modo de pensar. Muito antes que ele começasse a ter casos amorosos, ele os justificava pensando que sua mulher nunca satisfaria as suas necessidades, tornando quase impossível para ele ter um relacionamento de amor e confiança com ela, independentemente de quem ela é e por mais que ela se esforce. Isso acontece porque ele não permite que a esposa lhe dê o que ele precisa, e nada do que ela faz jamais será suficiente, pois ele escolheu a mulher errada desde o começo.

Como esse homem poderá se livrar dessa situação? Em primeiro lugar, ele deve compreender que está destinado a fracassar se procurar um relacionamento com uma mulher com a qual ele não pode se comprometer emocionalmente, dando assim o primeiro passo para justificar suas ações e, em seguida, levando-as a cabo seguidas vezes. Para corrigir o comportamento, ele deve parar de se ver como vítima, ainda que não o consiga imediatamente. Ele talvez invente pretextos —"Eu vou pedir o divórcio, já que não estamos tendo relações sexuais" ou "Ela trabalha o tempo todo e não tem tempo para mim" — e com isso se prepara para o fracasso.

COMETENDO ERROS ATÉ CORRIGI-LOS

O treinamento Shaolin consiste em fazer alguma coisa até que você acerte: você vai carregar uma canga de madeira nas suas costas com dois baldes de água nas extremidades, descer a montanha, levar toda a tralha até o topo novamente e, o pior, você vai fazer isso até derrubar toda a água ou conseguir chegar ao topo sem derramar nenhuma gota. O monge supervisor providenciará para que você carregue esses baldes pesados até que você consiga levá-los montanha acima sem derramar nada: se e quando você fizer isso, ele mandará que você acrescente mais dois baldes à canga. Embora seja frustrante para os monges noviços, isso lhes ensina perseverança, foco (ou seja, "Não derrame a água dos baldes, ou você terá de subir novamente") e disciplina.

Torna-se insignificante saber se é sequer possível subir o morro sem derramar nenhuma gota d'água; o que é significativo é quão forte a sua mente se torna durante a execução da tarefa. Assumir o controle da subida e da descida, assim como você pode fazer na sua jornada de vida, significa dizer: "Eu vou chegar ao topo da minha montanha e, quer eu tenha meio balde ou um balde cheio d'água, vou ter de fazê-lo *novamente*."

Você pode ficar deprimido com a vida, sentar-se, chorar e recusar ir em frente, ou pode ir até o poço encher mais alguns baldes e continuar andando. Na maior parte da minha vida, toda vez que eu derramava a minha "água", eu procurava "consertar" a situação, em vez de aceitar que às vezes as coisas simplesmente acontecem e nem sempre elas correspondem à sua percepção de como uma situação deve ser. Mas você não pode controlar tudo. Você precisa ser capaz de ter uma visão ampliada do que quer da vida; reconhecer que não podemos controlar tudo (um vento forte, digamos, que arremesse o seu balde ao chão), manter-se focado quando o inesperado surgir no seu caminho e continuar tocando em frente.

A MUDANÇA DE PADRÃO

Os monges Shaolin sabem que se você começa com lixo (maus-tratos, falta de rumo, pais que não lhe davam atenção ou pais que eram ótimos mas nunca lhe ensinaram coisa alguma), nada poderá resultar da sua experiência senão mais lixo, a menos que você faça mudanças: você cria a sua própria bagagem. É por isso que quando monges decidem virar monges, eles começam do zero. Eles precisam limpar o recipiente de sua vida antes de poder enchê-lo de novo com um novo conteúdo. Eles fortalecem o corpo e a mente. Conhecem uma nova estrutura do universo e o nosso lugar nele, o que lhes dá uma base sólida na qual desenvolvem o seu foco e a sua disciplina. Eles nunca são vítimas: assumem a responsabilidade pelos seus atos e concedem uma pausa a si mesmos quando as coisas não acontecem conforme queriam, pois eles sabem que não podemos controlar tudo.

A verdade é que coisas ruins acontecem, mas você não precisa ficar no meio delas. Você pode ser e fazer tudo o que quiser. Muitos, no entanto, optam por ficar nessas situações porque não procuram saber como sair delas, ou acham que a vida lhes deve algo por todo o sofrimento que tiveram de suportar, de modo que ficam esperando que alguém venha consertar tudo para eles. Isso não vai acontecer. Essa é a mentalidade de vítima. Ninguém vai resolver os seus problemas a não ser você.

Se os praticantes de Shaolin se levantassem todos os dias e pensassem: "Eu tenho de me exercitar nas próximas seis horas antes de almoçar; minha vida é tediosa e horrível" ou "Meu mestre me odeia e trata melhor os outros discípulos; isso não é justo" ou ainda "Não tenho poder sobre esta situação; não posso mudar nada", eles também estariam fazendo um tratamento antidepressivo. O que os torna diferentes é que quando esses pensamentos surgem, eles têm um fundamento que dá sentido a essas coisas. Para os monges, "seis horas" não é nada no grandioso projeto de chegar à iluminação. Eles têm uma visão maior e um objetivo em foco, de modo que com o tempo esses pensamentos começam a perder sentido no contexto daquilo que almejam. À medida que eles atingem níveis mais elevados, eles nem sequer pensam mais — eles simplesmente agem. "Primeiro sair da cama, depois usar o banheiro, escovar os dentes e ir para o local de treinamento. Agora fazer isso, depois aquilo." É exatamente assim que um artista de kung fu costuma evitar um golpe, em vez de lutar e ser derrubado, e continua avançando para o seu objetivo usando o caminho de menor resistência. Depois de muitos anos de estudo, eu vim a entender que superar a condição de vítima significa tanto assumir responsabilidade pelo seu papel nas coisas como esquivar-se dos golpes que você não controla.

Um exemplo perfeito dessa postura Shaolin é o meu amigo Charley Mattera, que é também um grande mestre Shaolin. Eu o conheço há cerca de trinta anos e sempre me admirei com o fato de que aconteça o que lhe acontecer, ele nunca deixa que a situação o abata.

Eu o vi passar pela perda de tudo aquilo por que ele sempre trabalhara, por um divórcio, por ameaças de morte e por uma auditoria do imposto de renda que teria estrangulado Donald Trump. Um dia ele ligou do seu carro e disse: "Steve, você não vai acreditar nisso. Eu recebi uma carta do Imposto de Renda dizendo que devo a eles um dinheirão." Eu perguntei: "Charley, o que você vai fazer?" "Mas o que eu posso fazer senão tratar disso?", ele respondeu. A coisa que mais me impressionou foi que eu não consegui detectar nenhuma sensação de stress ou sofrimento na voz dele.

Apesar do meu treinamento Shaolin, eu não posso dizer com honestidade que eu teria lidado com essa situação tão bem quanto ele o fez. No meu espanto com a sua atitude casual — que não deve ser confundida com ter um grande ego e achar que tudo se resolveria porque ele era invencível — eu disse: "Charley, caramba, como é você consegue ficar tão calmo numa situação dessas?"

Com um tom de voz completamente diferente, ele me disse muito firmemente, como um mestre diria: "Steve, eu me recuso a deixar que isso ou qualquer outra coisa afete a minha qualidade de vida."

O que Charley estava dizendo era que não havia *nada que ele pudesse fazer* para mudar a carta que ele recebera, e que ele ia ser responsável por cuidar do problema e que não cederia, agindo como uma vítima assustada, raivosa e desvairada que não é capaz de aceitar o problema e procurar evitá-lo, ou culpar todo mundo, menos ele próprio, pela sua desgraça.

RAIVA É DESPERDÍCIO DE ENERGIA

*Quando você vir uma boa pessoa,
pense em avaliar essa pessoa.
Quando você vir uma má pessoa,
pense em avaliar você mesmo.*

— Confúcio

Um dia, um escorpião chegou à margem de um rio. Ele queria atravessá-lo, mas não havia como fazer isso sem se afogar. Então, ele perguntou a um sapo ali perto se ele poderia atravessar o rio nas costas dele. O sapo respondeu que não, pois sabia que o escorpião o mataria com uma ferroada. O escorpião garantiu ao sapo que não o picaria, porque se o fizesse o sapo morreria e ele também morreria afogado. O sapo viu lógica nesse raciocínio e por isso concordou em transportar o escorpião até o outro lado do rio. Quase na metade da travessia, o escorpião picou o sapo, que morreu imediatamente, enquanto o escorpião morria afogado.

Muitos mestres Shaolin contam essa clássica história para os seus discípulos, que reagem confusos. Eles não entendem por que a história termina desse jeito, pois o sapo parece estúpido demais em não pensar que o escorpião acabaria afogando os dois. Os mestres respondem que picar e matar é o que fazem os escorpiões — essa é a natureza deles. Não se deve culpar o escorpião pelas suas ações, pois ele *não* tinha outra opção. A história do escorpião e do sapo pretende ilustrar as diferenças entre os seres humanos e os animais. A ação dos animais é imutável, pois ela é a sua natureza, mas o que nós, seres humanos, fazemos é por *opção*.

Quando comecei o meu treinamento de kung fu, ouvi um mestre contar a história do sapo e do escorpião, mas não entendi por que ele a contou quando eu estava no meio de uma sessão de treino com ele. Ele me contou a história depois que viu que eu ficara muito perturbado, embora eu procurasse ocultar meus sentimentos com relação ao fato de eu estar tendo muita dificuldade em dominar uma nova forma de kung fu do estilo Shaolin. Eu pedi desculpas ao mestre, pois eu sabia que ele pôde perceber que eu estava frustrado comigo mesmo. Ele apenas balançou a cabeça em silêncio e olhou fixamente para mim até eu me acalmar completamente. Depois continuamos os exercícios, mas eu não conseguia parar de pensar no estúpido sapo e no escorpião cruzando o rio.

A ESCOLHA DA RAIVA

Eu analisei centenas de vezes essa história, tentando entender a lição. Finalmente, entendi que o meu mestre estava dizendo que a raiva era a minha *escolha* sobre o modo de me comportar, e que ela não era uma boa escolha. Um escorpião pica pois é isso o que ele faz, mas nós somos rancorosos por natureza. Talvez tenhamos raiva por coisas que nos aconteceram no passado e talvez isso tenha se tornado uma programação em nós, mas a maioria de nós fica zangada por motivos muito específicos. Depois disso, eu comecei a examinar a minha raiva de uma perspectiva inteiramente nova, e entendi que eu não poderia mais usar o pretexto de que esse comportamento era aceitável por causa da definição falha de frustração que eu atribuíra a ele. Por que eu me sentia tão frustrado?

Foi então que eu comecei a relacionar raiva, ódio e cólera com fraqueza. Aprendi que a raiva, com o tempo, tem a capacidade de nos destruir porque ela turva o nosso julgamento, nos prende ao passado e nunca tem um resultado positivo.

Isso me deu o recurso mais poderoso que eu poderia ter encontrado para mais tarde na minha vida ajudar adolescentes raivosos e violentos, e tudo consistiu em descobrir o que chamo de "definição correta", ou de uma descrição mais precisa, do meu comportamento.

Segundo os profissionais de saúde mental, a raiva começa no denominado estado "inconsciente do inconsciente". Ela é tão simples como o choro de um bebê que quer leite. Dependendo da resposta, a raiva pode se formar. Se a criança recebe rapidamente a recompensa — leite —, então tudo está bem. Caso contrário, a criança continua a chorar, sem entender por que ninguém a está alimentando. O cérebro envia a mensagem de "fome", mas a mente consciente ainda não tem uma definição do que significa "fome" nem uma linguagem que comunique a mensagem. Assim, emoções como o medo e a raiva se desenvolvem por meio da satisfação, ou não satisfação, de necessidades básicas.

Mesmo as respostas mais imediatas de raiva ou ódio a situações são reações automáticas e, quando estamos envolvidos com elas, não diferimos de uma criança de dois anos de idade que não aprendeu a expressar as suas necessidades.

Eu me recordo do que acontecia quando eu era adolescente e ficava com muita raiva. Pouco importava o que a provocava. Podia ser Mitch, meu padrasto, gritando com as minhas irmãs em estado de embriaguez. Podia ser um colega de escola caçoando de mim porque minha roupa estava esfarrapada. Pouco importava. Eu já estava tão repleto de raiva que destruía os objetos ao meu redor. Batia nas paredes, rasgava alguma coisa ao meio ou chutava os móveis. O pior é que eu não conseguia parar enquanto não tivesse danificado gravemente o alvo do meu ataque.

Na maioria das vezes eu me machucava nesse processo, mas por algum tempo esse comportamento funcionou para mim. Pessoas que me enfureciam tinham medo de mim, e eu não precisava bater nelas de fato. Eu gostava disso. Quando eu estava num dos meus surtos, destruindo os móveis, esmurrando as paredes e ferindo os meus dedos, eu me sentia no controle, acredite ou não. Levei anos para perceber a ironia e o absurdo da situação: eu me sentia forte, mas não o era. Eu estava fora de controle, sem entender a minha raiva e sem saber como expressá-la positivamente quando ela vinha à tona.

Quando somos adolescentes, a puberdade e a dificuldade de socialização que a acompanha podem causar muito sofrimento e raiva, mas quando nessa combinação entram o racismo e outros problemas sociais, a raiva pode facilmente se transformar em fúria.

Era 1970, o movimento pelos direitos civis já vinha ocorrendo há algum tempo, mas negros e brancos no colégio onde eu estudava não gostavam uns dos outros por causa da intolerância adquirida. Durante semanas, as garotas brancas estavam apanhando por "roubar" os rapazes negros de suas "legítimas" namoradas negras; as moças negras as agarravam, lhes davam uma boa surra nos vestiários e as esfaqueavam, enquanto a direção do colégio relutava em tomar providências. Anos de frustração, durante os quais os negros se sentiram desrespeitados, invisíveis, vítimas diante do suposto privilégio dos brancos, apesar de isso ser falso (éramos todos pobres, filhos da classe operária), transbordaram. A situação era péssima.

A direção ficou preocupada: estavam fechando a escola a cada dois dias porque alunos, e mais tarde professores, estavam sendo espancados. Logo havia estudantes envolvidos em rixas e, como tantos outros problemas sociais que derivam da discriminação e da instabilidade econômica, a discórdia na escola tornou-se uma epidemia.

Então, aconteceu aquele fato. Uma manhã quando eu estava chegando à escola, circulou o rumor de que ia haver um motim. O engraçado nesses levantes de massa (e Brockton High, com seus quase 7.500 alunos, era com certeza uma grande multidão) é que um boato pode se espalhar como pólvora, mas depois de um certo ponto fica difícil saber onde começou ou o que esperar na realidade. No alto de um dos quatro edifícios que compõem a Brockton High School, eu inspecionava a paisagem cinzenta, perscrutando o pátio lá embaixo. Ele era enorme: tão grande que quase 4.000 alunos podiam aglomerar-se nele de uma só vez.

Minha amiga Joyce, uma garota negra do Sul, aparecia no meio da crescente multidão, que fervilhava de raiva e ódio. Joyce, que era alta e muito bonita, era uma moça ingênua e bem educada quando chegara a Brockton alguns anos antes. Surpreendentemente, ela não tinha preconceitos e era gentil com todo mundo, independentemente da cor.

No fundo uma moça do interior, ela achava difícil de suportar a violência de Brockton High, provavelmente a razão por que eu gostava tanto dela. Joyce costumava contar histórias da Klu Klux Klan e como eles incendiaram a casa de sua família, mas mesmo assim, de algum modo, ela não tinha ódio. Quando se mudou para o Norte, ela ficou exposta a um nível diverso de racismo: o racismo que a miséria urbana criava e que um sistema de bem-estar social não conseguia resolver.

Embora Joyce tivesse estrutura e as qualidades essenciais para seguir um caminho saudável, ela era jovem, a influência negativa de todas as outras crianças acabou por sobrepujá-la (o que em si mesmo constitui um bom exemplo de que somos influenciados pelas pessoas com quem nos relacionamos). Assim, ela se tornou igual a todas as outras pessoas que eu conhecia em Brockton, negras ou brancas: pobres e rancorosas. Brockton transformara Joyce numa pessoa mesquinha: no dia do motim, ela agarrara Kevin Giardino, um menino branco, e lhe dera um soco no rosto. Poderia ter sido qualquer um: aquele motim ia acontecer com ou sem o primeiro soco de

Joyce. E foi o que aconteceu: irrompeu o caos no pátio da escola. Joyce perdeu a calma e deu início a um motim racial.

Esses fatos nos ensinam que por melhor que seja a nossa natureza, todos nós podemos nos transformar em vítimas da raiva e de um ambiente opressivo e negativo. Joyce era uma boa criança e nutria pouco ou nenhum rancor quando chegou a Brockton, vinda do Sul. Seus pares no Norte fizeram-na conhecer a raiva e o ódio e ensinaram-na a cultivar esses sentimentos como modo de integração ao grupo. Pela primeira vez na vida, evitar a raiva e o conflito teria exigido que ela tivesse uma mente forte e preparada para lidar com esses sentimentos e com o comportamento resultante deles. Isso ela não tinha, pois nunca lhe foram dados os recursos para lutar contra a sua própria fraqueza. Joyce entrou na briga sem conhecer o verdadeiro inimigo: ela mesma.

Existem muitos jovens como Joyce com os quais venho trabalhando que sentem muita raiva sem saber o porquê e o que fazer com ela. Muitos adultos a sentem também. Grande parte da raiva ou depressão que sentimos, quando não toda ela, começa numa tenra idade. No meu caso, ela se originou dos maus-tratos cometidos por meu pai e do fato de eu ter sido forçado a viver na pobreza. Situações semelhantes criaram um sentimento de raiva na vida de muitas das crianças com as quais trabalhei. Outras ainda, que tinham de sobra comida e roupas finas, além de uma casa confortável, padeciam dessa mesma raiva e às vezes demonstravam um comportamento violento.

No início do meu trabalho em diferentes comunidades, foi difícil para mim ajudar qualquer pessoa que não viesse do lugar de onde eu vim. Eu não entendia como jovens que tinham tanto podiam aceitar esse fato como algo natural, mas eu aprendi que eles sofriam tanto como algumas das crianças pobres cujos pais eram alcoólatras ou usuários de drogas. Eles tinham muita raiva ou muitos motivos para sentir ódio, fúria ou rancor.

A RAIVA É UM SINAL DE ALERTA

O que dizer das pessoas que sentem raiva ou ódio de nós, sem nenhum "bom" motivo aparente? Bem, a resposta é que sempre existe um motivo, mesmo que você não saiba qual é e, segundo a psicologia, ele é sempre válido, ainda que não justifique o mau comportamento. Algumas vezes detestamos pessoas porque elas são o espelho de outras que nos magoaram e vemos nelas o nosso passado. Outras vezes, elas são o nosso próprio espelho: vemos algo nelas que detestamos em nós mesmos.

Elas nos fazem lembrar de coisas que não desejamos ver ou que não queremos que aconteçam novamente. Eu sabia que o meu pai tinha um distúrbio mental e a minha preocupação, do ponto de vista genético, era que eu pudesse vir a ser uma pessoa igual a ele, mas eu estava determinado a não ser essa pessoa porque eu o considerava fraco e detestava isso. Eu sentia uma muita pena dele; no entanto, me aterrorizava pensar que eu não pudesse mudar o meu destino. Foi esse medo da inevitabilidade, assim como a raiva pela maneira como ele tratara a mim e ao resto da minha família, que direcionou parte do ódio que eu sentia para a figura do meu pai.

Compreender o mau comportamento de uma pessoa amada nem sempre significa que você aceite continuar convivendo com ela, especialmente se esse comportamento for abusivo e você sentir que a odeia. Muitas pessoas se permitem continuar sofrendo maus-tratos daqueles de quem gostam, e isso é particularmente verdadeiro no caso de mulheres que sofrem agressão emocional, sexual ou física. Muitos se perguntam por que elas são incapazes de escolher encontrar um outro tipo de homem, mesmo que cada relacionamento que tenham seja doloroso e insatisfatório.

Examinemos a questão de um outro ângulo: se o seu tio maluco apalpa você de maneira imprópria, você não deve permitir, em hipótese alguma, que a situação continue — mesmo que você sinta pena dele. O comportamento dele é um abuso, literalmente, do limite que deve haver entre um pai ou parente mais velho e uma criança e que é necessário para que esta tenha uma formação "normal", ou saudável do ponto de vista emocional. Esse limite significa que a responsabilidade dos mais velhos de proteger, orientar e amar a criança foi corrompida por uma atitude sexual, que só deve ocorrer entre adultos com consentimento mútuo.

Quando algo semelhante a um abuso sexual de crianças acontece a você, você pode ser iludida a pensar que precisa ajudar o seu tio, porque sente pena dele. Ou, quando você é uma criança pequena, pode sentir medo e ficar confusa quando isso acontece: quando sofremos abuso por parte de um membro da família ou de uma outra pessoa, quase sempre sabemos que isso é errado, mas permitimos que aconteça porque devemos confiar nessa pessoa. Você pode raciocinar que não é culpa dela fazer o que está fazendo com você, tentando entender o meio do qual ela se originou e a sua bagagem específica, e talvez você tenha razão. Mas, mesmo assim, isso não é aceitável.

RAIVA É DESPERDÍCIO DE ENERGIA **123**

Comportamento abusivo é sempre errado, não importa a causa. Se você for capaz de entender o grave problema que oprime a pessoa perturbada e a faz ser o que é ou a agir desse modo e puder seguir em frente, a partir de um conjunto de princípios e de uma postura diferente, o trauma que você sofreu poderá ser atenuado. Distinguir claramente o que é certo e o que é errado e ter consciência de que podemos escolher como reagir às situações da vida é uma boa maneira de começar. Pode ser que não consigamos mudar os nossos pais, tios ou outras pessoas que nos maltrataram, mas podemos mudar a nós mesmos. Em vez de ficar com raiva — atitude que nunca nos leva a lugar nenhum — direcione essa energia para algo positivo, como sair de casa e procurar ajuda. Somente *você* pode controlar os seus atos e escolher como reagir a uma situação de conflito.

O CONFLITO É O MELHOR AMIGO DA RAIVA

Eu não posso falar sobre a raiva sem falar sobre o conflito. Uma coisa parece alimentar a outra. A maior parte das pessoas que têm um problema ligado à raiva também tem um problema inerente com conflito, que geralmente está relacionado com alguma coisa no passado que lhes causou sofrimento mental (em oposição ao físico). Alguém com quem você tem contato hoje, ou até mesmo os seus filhos, pode fazer algo que acione o seu cérebro a reagir com raiva. O único jeito de chegar à raiz daquilo que está incomodando você consiste em examinar o comportamento da pessoa que perturba você e, em seguida, refletir se você agiu assim, ou se alguém próximo a você agiu dessa maneira no passado.

Uma vez que você descobrir o motivo da sua raiva, você poderá dar um passo adiante no sentido de aprender a controlar mais eficazmente a sua raiva, e é exatamente essa a razão por que "Monge por um minuto" (ver capítulo 2, "Foco + disciplina = realização") funciona tão bem em tantas situações. É fundamental descobrir e chegar a um acordo com danos passados para que as lembranças não despertem medo e raiva em situações novas, sobretudo com pessoas de quem gostamos e que realmente nada têm que ver com essas mágoas passadas.

Existem, basicamente, dois tipos de conflito, o "organizacional" e o "interpessoal". Conflito organizacional geralmente ocorre em assuntos relacionados a negócios ou ao trabalho. Conflito interpessoal é o mais comum dos dois: ele é uma manifestação de como o nosso sistema de valor pessoal repercute no mundo que nos cerca — ou seja, como interagimos com outras pessoas, incluindo os nossos pais, parentes, professores, amigos e parceiros íntimos. O conflito interpessoal em geral acontece quando as suas crenças pessoais diferem das de outrem. Os grandes conflitos são religião, família, casamento, filhos, dinheiro e sexo, embora não necessariamente nessa ordem.

Você se define com relação a esses assuntos, e quando alguém interfere ou transgride o seu limite nessas áreas, cria-se um conflito. Isso pode levar, e muitas vezes leva, à raiva, resultando em ataque verbal ou em coisa pior. A cólera ocupa uma posição elevada no gráfico da raiva por ter raízes profundas. A cólera é um tipo de ódio: pode ser que você não odeie a pessoa contra a qual se enfurece (embora a pessoa no outro extremo da sua raiva possa pensar isso), mas em geral você odeia o que ela fez. A cólera representa um verdadeiro conflito interior: ela deriva de coisas danosas que aconteceram com você na sua fase de crescimento, sobre as coisas que você tinha pouco ou nenhum controle, e que se imiscuem nas situações atuais da vida.

A raiva e a cólera são duas das emoções mais difíceis de enfrentar porque uma infinidade de coisas pode detoná-las. Algumas pessoas derrubam um copo com água e ficam furiosas porque o seu dia inteiro foi improdutivo e essa é a última gota que faltava. Ou perdem as estribeiras quando um de seus filhos não presta atenção ao que estão dizendo e começam a berrar, numa reação descontrolada, sem pensar.

É difícil contrapor-se ao poder e à satisfação passageira que você sente no momento da raiva ou da cólera porque essa sensação lhe parece correta. Existem duas situações de como a pessoa se sente *depois* de agir com raiva ou com cólera. Na primeira situação, a pessoa gosta do comportamento porque ele a faz se sentir no controle; ela não tem remorso e acha que realizou alguma coisa. Ela raciocina que a pessoa do outro lado mereceu isso. "Meu filho não vai mais se comportar dessa maneira" ou "A minha mulher jamais fará isso de novo comigo" ou "Meu colega de trabalho vai me respeitar agora", são as suas possíveis racionalizações. Mas será que isso acontece mesmo? É claro que não! As crianças simplesmente se comportam pior, os parceiros interiorizam a dor de serem tratados aos berros, com grosseria, e os colegas de trabalho vão odiar você e procurar encontrar um outro emprego, ou vão falar mal de você pelas costas. Na segunda situação, a pessoa sente remorso e talvez pergunte a si mesma: "Por que agi dessa maneira?"

Na minha experiência, nenhum tipo de raiva é bom. Raiva é pura negatividade e só traz infelicidade e sofrimento para você e para os outros. Entretanto, eu acredito que determinados tipos de *conflito* podem produzir mudança positiva.

Digamos que a sua mulher está sempre aflita porque ela acha que você não está interessado nos problemas do dia-a-dia dela, e os dois vivem constantemente em conflito a respeito disso. Se ambos conversarem sobre essa situação e se você, por sua vez, fizer algumas mudanças na sua atitude de lidar com as coisas que a perturbam, por mais insignificantes que elas possam lhe parecer, sua mulher logo estará mais disposta a esclarecer o relacionamento, pois ela percebe que você está se esforçando bastante.

Por outro lado, você talvez esteja perturbado porque trabalha o dia inteiro, chega em casa e não consegue dar ouvidos às queixas de sua mulher sobre o dia-a-dia dela e sobre o que ela teve de passar no trabalho dela ou com os filhos. Você sente que não tem a obrigação de lidar com isso; isso não faz parte do seu "trabalho". Você não se queixa com ela do seu trabalho — você simplesmente o faz — ou talvez se queixe e ache que faz parte das obrigações dela escutar o que você *diz*. É claro que não faz. A questão é: como aprender a fazer concessões?

Eu acho que você já captou a idéia: o conflito pode produzir mudança positiva se as pessoas envolvidas quiserem administrá-lo. Esta teoria também se aplica ao conflito organizacional no local de trabalho, onde o conflito pode produzir mudança que melhore a organização e a sua posição dentro dela, se os trabalhadores que estão em desavença encontrarem um meio de chegar a um consenso.

Uma técnica de lidar com a raiva que eu ensino e utilizo em mim mesmo é a de prestar atenção quando se está num estado emocional. Num estado muito emocional, podemos realizar alguns dos nossos melhores trabalhos, mas podemos também cometer alguns dos nossos piores erros. Ou seja, a emoção, como uma qualidade humana, é boa se puder ser controlada. Quando estamos hiperemotivos, muitas vezes tomamos decisões insatisfatórias. Você pode romper os laços com alguém que ama porque está momentaneamente zangado com a pessoa, demitir-se de um emprego de que realmente precisa porque uma outra pessoa recebeu uma promoção que você esperava, ou tomar várias ações que você pode justificar no momento, mas que logo depois revelam ser uma verdadeira estupidez.

Como saber quando você se encontra num estado emocional? Pense: você está mais triste, mais desconfiado ou mal-humorado do que costuma estar, como provável reação a algo que você ouviu ou presenciou? Nesse caso, faça uma análise concreta dos fatos, respire fundo e resolva não se permitir tomar nenhuma decisão nesse momento; em vez disso, espere algumas horas antes de enviar aquele e-mail, ou mesmo demorar um dia para responder, de modo a ter certeza de que você vai *dizer o que realmente quer dizer, e não algo que seja uma reação ao que foi dito*. Muitas vezes quando você age dessa maneira, isso lhe permite ter o controle das suas emoções e lhe dá uma perspectiva da situação que provocou a sua raiva. Uma dose de realidade nua e crua sempre ajuda a diluir a raiva, especialmente quando você compreende que ter raiva não vai mudar essa realidade.

Uma outra técnica de lidar com a raiva começa do mesmo modo. Mas ela é difícil: você precisa captar a raiva com rapidez. A raiva adquire logo uma dinâmica própria, de modo que se você não tomar o controle dela imediatamente, ela ganha velocidade e escapa do seu alcance. Eu dialogo um pouco comigo mesmo quando estou com raiva. Quando alguém tenta me pressionar, eu penso: isso é café pequeno e ceder à minha raiva não vai me fazer sentir melhor depois. Dependendo do meu grau de raiva, eu talvez tenha de repetir essa afirmação para mim mesmo algumas vezes, ou usar o método do "Monge por um minuto" (capítulo 2) e a "Técnica dos quinze minutos" (capítulo 5). Eu posso ficar muito irritado e tenho certeza que você também pode.

Se você é uma pessoa que se enfurece facilmente, como eu me enfureço e como os milhares de jovens de Brockton High se enfureceram, você estará se agarrando a uma corda de salvamento, em vez de agarrar à violência e chegar às vias de fato, se aprender a usar as técnicas de transformação da raiva.

Os monges Shaolin nos ensinam que a raiva e o ódio não têm nenhuma outra função senão a de nos destruir. Nós podemos decidir parar de dar a esse inimigo a oportunidade de surgir dentro de nós, como provavelmente ele vem fazendo há anos.

> ## SOFRIMENTO (DUKHA, SEGUNDO O BUDISMO)
>
> Quer sofrer? De acordo com os budistas, existem três tipos de sofrimento:
>
> SOFRIMENTO POR DOR. Este tipo inclui todas as aflições e doenças físicas e mentais.
>
> SOFRIMENTO POR MUDANÇA. Isto significa que todo prazer é efêmero e acaba trazendo mais sofrimento e dor. É como esfregar uma picada de inseto, em que o alívio e a satisfação por esfregar a picada são apenas temporários. Logo, a picada vai provocar uma intensa coceira. Um outro exemplo seria o de uma pessoa que come um pedaço a mais de bolo quando já está satisfeita, e depois tem uma dor de estômago. Ou então quando está vivendo uma relação extraconjugal: a pessoa se sente bem, mas a situação é temporária.
>
> SOFRIMENTO POR CONDICIONAMENTO IMPREGNADO. Este é o sofrimento quando a mente da pessoa não é esclarecida. Os budistas acreditam que uma pessoa que não busca alcançar a iluminação nunca estará em paz.

MONGES SENTEM RAIVA?

Às vezes, os monges ficam com raiva — eles são humanos—, mas a diferença que há entre a maior parte deles e nós é que eles sabem escolher melhor o que fazer com a energia negativa que a raiva cria. Eles não deixam que a raiva e a cólera os controlem, porque aprenderam que permitir que a raiva se apodere de qualquer situação é uma forma de fraqueza que deve ser substituída pela compreensão e pela compaixão. Por que fraqueza? Porque a raiva é uma falta de controle que não serve para nada na vida. Ela só causa infelicidade que pode levar ao ódio — o que é ainda pior.

Digamos que você tenha uma briga com o seu parceiro e a sua primeira inclinação seja defender a sua posição ou, ao contrário, atacar a dele; antes de dizer coisas que expressem o seu ódio ou a sua raiva, pare por um momento. Como alguém que raciocina, você tem a *opção* de refletir no que vai dizer — não gritar e ofender, defender ou acusar — antes de dizê-lo.

Talvez a pessoa com a qual você acha que está tendo um relacionamento difícil teve um péssimo dia de trabalho, está triste com alguma coisa, ou está infeliz e fazendo você sofrer por isso. Talvez ela tenha começado a briga. Talvez seja uma reação a algo que você fez no passado e que está vindo agora à tona — e com muito mais violência — pois ele a manteve presa por muito tempo.

De uma perspectiva do Oriente, não importa quem começou a briga, pois se um problema grande entre duas pessoas está vindo à tona, geralmente é a dinâmica entre essas pessoas que o piora ainda mais. A questão é que quando se chega a essa situação, ninguém quer ser visto como o vilão, razão pela qual eu apresento "A teoria do imbecil" (ver capítulo 10, "Não existe progresso sem desprendimento") para ajudar os meus alunos e outros a entender que as pessoas, em sua maioria, só conseguem ser imbecis se foi isso o que elas aprenderam com os pais ou com outras figuras de autoridade. Nós reagimos a situações e/ou palavras de qualquer maneira que nos tenham ensinado — e não de maneira que reflita a nossa capacidade como pessoas passíveis de mudança.

Ao procurar ser paciente ou tolerante em qualquer situação de confronto, você está lutando contra *os seus próprios impulsos tanto quanto você está numa luta com eles*. E tentar derrotar a raiva não é fácil, mas é fundamental. Estudos realizados pelas universidades de Duke e Stanford* demonstraram que a raiva tem uma contribuição importante na doença e na morte prematura. A cólera, em particular, pode danificar o sistema cardiovascular, especialmente nos homens, e pesquisa recente sugere que a perda crônica e repetida da calma pode levar a uma doença cardíaca denominada "fibrilação do átrio".** A situação é semelhante à que se vê em desenhos animados em que o nível de mercúrio sobe num grande termômetro e acaba explodindo: assim é o seu coração sob a pressão da cólera.

Raiva, ódio e cólera costumam se acender quando nos sentimos provocados ou magoados, e esses sentimentos nos turvam a mente e afetam o nosso julgamento. Shaolin também ensina que a raiva e o ódio não podem ser superados apenas desejando que eles desapareçam, reprimindo-os ou "espe-

---

* R. M. Sapolsky, L.M. Romero e A. U. Munck. "How Do Glucocorticoids Influence the Stress-Response? Integrating Permissive, Suppressive, Stimulatory and Preparative Actions." *Endocrine Reviews 21* (2000):55.

** Dr. Redford Wiliams, Duke University Medical Center.

RAIVA É DESPERDÍCIO DE ENERGIA   **129**

rando" que eles passem. A raiva vem da frustração, da falta de compreensão ou do sentimento de que o nosso ego foi ferido. Essas coisas nos fazem desejar nos proteger e revidar. Mas revidar em geral significa apenar aumentar a fervura da panela, e não fazer alguma coisa que possa levar a pessoa a se sentir vítima ou fraca. A questão é: como lidar com a raiva? A resposta é: pensando como um monge.

MONGE POR UM MINUTO

Este é o momento de se tornar Monge por um minuto.

Quando você começar a sentir que a raiva ou a cólera está se apoderando de todo o seu bom senso, pense em como um monge Shaolin lidaria com a raiva.

Imagine-se com a cabeça raspada, chinelos e uma veste laranja, uma bolsinha em torno do pescoço contendo ervas repelentes e, naturalmente, a capacidade de enfrentar fisicamente dez homens grandes. Quando você tiver passado por esse processo de pensamento, é muito provável que esqueça com o que, afinal de contas, você estava preocupado. Você só tem alguns segundos para se colocar nesse estado mental, ou a raiva vencerá. Nesse caso, todos saem perdendo.

Esse procedimento funciona de fato, mas só se você tiver a atenção focada em controlar sua raiva totalmente — não parcialmente. Você precisa perguntar a si mesmo nesse momento: "O que estou fazendo; em quem vou infligir esse sofrimento além de a mim mesmo; quero realmente ferir esta(s) pessoa(s)?"

Meditação: Raiva é fraqueza, é um mal, e não há espaço para ela na sua ou na vida de qualquer outra pessoa.

A DISPERSÃO DA RAIVA

Existem algumas maneiras específicas de dispersar a raiva. Pela manhã, os monges fazem exercícios de kung fu e meditação que colocam a mente e o corpo num estado que lhes permite manter-se em paz e em equilíbrio durante todo o dia. Você pode praticar o seu próprio tipo de meditação quando sentir que está ficando com raiva, do modo como ela se manifesta, como parte do processo de pensamento, visto que a maioria de nós não reserva tempo para sentar-se e meditar todas as manhãs.

Você poderia praticar algo semelhante a isto: digamos que você ouve um boato (verdadeiro ou falso) a seu respeito ou a respeito de alguém de quem você gosta. Ele deixa você irritado. Você começa a ficar incomodado quando está só ou então na companhia da pessoa que lhe contou. Seus batimentos cardíacos sobem, você anda de lá para cá, range os dedos, e acaba matando o mensageiro. Nesse instante, você perdeu a luta consigo mesmo. E se, quando recebesse a notícia, em vez de ficar agitado e nervoso, você simplesmente deixasse a reação de raiva passar?

Eis a razão por que isso é importante. O único motivo de você ficar com raiva é porque você obviamente se importa com o que os outros pensam de você ou dos seus amigos. Se você não se importasse, um boato não teria importância e ele simplesmente *passaria*, pois não teria nenhum significado na percepção que você tem a respeito da vida e de si próprio.

Como eu sempre me preocupei com o que as outras pessoas pensavam a meu respeito (devido à minha precária e incipiente auto-estima), agir dessa maneira sempre foi difícil para mim. Eu ficava muito perturbado quando alguém dizia algo ruim a meu respeito, e ficava ainda mais enfurecido quando se tratava de alguém de quem eu gostava ou ajudara a vida toda. Era como se me apunhalassem pelas costas. Nessa situação, era impossível para mim simplesmente "deixar as coisas rolar", pois naquela época eu era inseguro demais.

Hoje em dia, eu olho para a pessoa que está espalhando o boato de uma perspectiva totalmente diversa. Em vez de reagir com raiva, eu digo primeiro a mim mesmo: "Essa pessoa está zangada ou perturbada comigo por algum motivo e, seja ele legítimo ou não, os sentimentos que ela nutre são reais para ela." Isso significa que eu examino o que eu fiz ou possa ter feito para contribuir para essa sua aversão a mim. É o que eu chamo de "dispersar-me". Quando isso acontece, eu tiro das minhas costas a responsabilidade de ficar com raiva e pergunto por que a outra pessoa está zangada. Noventa e nove por cento das vezes a pessoa está zangada porque de algum modo eu a decepcionei, ou acha que eu a decepcionei.

A essa altura, você já tirou a raiva de si mesmo e não a personalizou, o que lhe dá a capacidade de tratar a pessoa irada com compaixão e perguntar a ela o que você fez que a perturbou. Dessa maneira, existe uma oportunidade concreta de se resolver o conflito visto que você optou por entender a sua raiva — e a da outra pessoa — e demonstrar compaixão, em vez de perder o controle, piorar as coisas e não concluir absolutamente nada.

Se você ficar com raiva, reaja com compaixão; a sua reação voltará para a pessoa que está perturbada com você, e ela ficará ainda mais furiosa e não falará mais com você pelos próximos vinte anos. Ou pode iniciar uma guerra com a pessoa e atrair para a sua guerra particular todo tipo de pessoas que, por sua vez, ficarão com raiva umas das outras. Agora o seu problema original ganhou a dimensão de uma grande tragédia envolvendo muitas pessoas. É muito mais fácil lidar com a raiva quando ela se manifesta, sem deixar que ela o engula, evitando, assim, renovados conflitos.

Nós nos irritamos com boatos que outras pessoas ou alguém de que gostamos espalham sobre nós, pois isso nos faz sentir medo de que o boato vá afetar toda a nossa vida, e não é bom saber que andam dizendo coisas ruins a nosso respeito. Lembrar-se da verdade e questionar por que alguém pode estar dizendo coisas destrutivas é uma maneira mais construtiva de lidar com os seus sentimentos a respeito da situação, que pode inclusive não ter nenhuma relação direta com você (ver "A teoria do imbecil", no capítulo 10).

Um outro modo de analisar essa questão consiste em saber que a raiva e o ódio já foram criados por uma outra pessoa que está espalhando o boato, e que a sua reação só contribui para essa energia ruim, além de não fazer com que você sinta melhor. Você está furioso, suando, e seu coração dispara... Será essa espécie de reação que vai fazer você se sentir melhor, mesmo por um instante? Se você não reduzir as coisas à sua essência — entender por que você ou a outra pessoa está com raiva — e lidar com o problema no momento em que ele ocorre, em vez de deixar que as coisas esquentem e piorem, você vai continuar a sentir raiva depois.

FAÇA AOS OUTROS

Um imperador perguntou a Confúcio sobre benevolência.
Confúcio disse: "Quem soubesse praticar cinco
coisas em qualquer lugar do mundo seria benevolente."
"Quais são as cinco coisas?", o imperador indagou.
Confúcio respondeu: "Cortesia, magnanimidade,
sinceridade, diligência e clemência.
Quem é cortês não é desprezado, quem é magnânimo
conquista a multidão, quem é sincero tem a confiança
do povo, quem é diligente é bem-sucedido em tudo
o que empreende e quem é clemente recebe
bons serviços do povo."

DEIXE TRÊS LADOS DA REDE ABERTOS

King Tang de Shang foi o líder da tribo Shang na China antiga e o fundador da dinastia Shang (do século XVI ao XI a.C.). Certo dia ele saiu para um passeio. Ao chegar a uma planície rodeada de montanhas, ele viu um homem erguendo uma rede de caça em torno de uma determinada área para aprisionar animais e murmurando consigo mesmo de vez em quando. Na verdade, ele estava orando: "Que tudo, não importa de onde venha, seja voando pelo ar ou correndo sobre a terra, entre na minha rede." Ao ouvir essas palavras, King Tang ficou preocupado, refletindo com seus botões: "Dessa maneira, todos os pássaros e animais terrestres serão capturados. Só um tirano faria tal coisa!"

Imediatamente fez com que trouxessem o caçador à sua presença e disse a ele: "Apresse-se e deixe três lados da sua rede abertos; um lado será suficiente." E acrescentou uma instrução para que o caçador orasse da seguinte maneira: "Os que queiram ir para a esquerda, que vão para a esquerda. Os que queiram ir para a direita, que vão para a direita. Os que queiram voar alto, que voem alto. Os que queiram vagar pelo chão, que vaguem pelo chão. Eu só desejo que aqueles que estão destinados a morrer fiquem presos na minha rede."

A história de que o caçador tinha recebido ordens para abrir três lados da sua rede se propagou pelo reino, e os governantes dos estados feudais passaram a admirar a moralidade de King Tang de Shang. Eles disseram: "Se a moralidade de King Tang de Shang se estende aos pássaros e animais terrestres, ele deve tratar os seres humanos com muito mais justiça!" Depois disso, cinqüenta senhores feudais transferiram sua lealdade para King Tang de Shang, e a tradição popular chinesa conta que até os dias de hoje King Tang é reverenciado como uma alma verdadeiramente compassiva.

A compaixão é um dos ensinamentos mais importantes no caminho da autoconsciência, alegria e felicidade, embora seja uma das lições mais difíceis de aprender. Por quê? Porque é difícil entender por que precisamos ter compaixão pelos outros se já é bastante duro lidar com os nossos próprios problemas no dia-a-dia, como, por exemplo, modificar o nosso comportamento de vida que nos impede de sermos felizes e livres, quanto mais então ter de nos preocupar com alguma outra pessoa que nem sequer conhecemos! Esta, porém, é uma visão de mundo muito limitada e equivale a olhar fixamente para um dedo e não ver a mão inteira.

Em geral, devemos primeiro ajudar a nós mesmos antes de podermos ajudar os outros. Isso é óbvio. Se a nossa própria vida é uma confusão, como podemos ajudar outras pessoas que também estão confusas? Uma vez, porém, que nos arranjemos, é essencial que ajudemos os outros, pois só ajudando os outros é que podemos continuar ajudando a nós mesmos. Eu usei este exemplo antes, mas é importante que retornemos a ele neste ponto. Imagine o planeta como um pequeno apartamento de um dormitório, cheio de gente até a borda. Você talvez encontre um bom cantinho para dormir, mas se algumas outras pessoas não tiverem lugar para dormir, você pode apostar que elas vão pressionar você e usar a força para ocupar o seu território. Estamos juntos neste planeta e todos nós estamos lidando com as mesmas questões: perda, amor, raiva, arrependimento, infância ruim, futuro incerto, o sentido da vida, a definição de sucesso — todas essas coisas. E quer você aceite ou não a crença budista de que somos todos um só, você deve pelo menos admitir que tudo influencia todo o resto. Se 10% da população mundial é super-rica e mora em mansões luxuosas, enquanto os outros 90% são super-pobres e não têm o que comer, quando eles tomarem de assalto a sua casa em busca de comida, você não poderá ficar furioso ou com raiva deles. Você criou a situação para si mesmo, ao não compreender a sua responsabilidade como parte do todo coletivo que habita este planeta.

Ajudar os outros significa ajudar a si mesmo. Ter compaixão pelos outros significa que você entende o que eles estão passando. Você sente a dor deles. Você se põe na pele dos outros. Você sabe o que é solidão, fome ou tristeza e, quando se livra dessas situações de miséria e desespero, tem vontade de ajudar os outros, pois compreende que estamos todos no mesmo barco.

"PRATICANDO" A COMPAIXÃO

Eu aprendi que a definição budista de compaixão significa cultivar sentimentos de carinho e afeto para com os outros e, por meio disso, aperfeiçoar nossos relacionamentos. "Praticar" a compaixão significa, pois, desejar que os outros se libertem de seu sofrimento.

Eu digo "praticar" a compaixão porque muitas pessoas não percebem que se trata, de fato, de uma prática, de realizar um trabalho. É um processo difícil para nós como indivíduos, particularmente nesta cultura. Nós não somos monges: não vivemos a nossa vida com o único propósito de melhorar a vida dos outros, melhorando, com isso, a nossa própria vida — o que eles consideram decisivo para o caminho da iluminação. Em vez disso, freqüentemente concentramos o foco de nossa vida em criar riqueza, que por sua vez cria cobiça e isolamento dos outros seres humanos. Ironicamente, a própria busca por aquilo que por vezes pensamos que nos faria mais felizes — riqueza, fama, bens materiais — é exatamente o que cria infelicidade e solidão, porque é alienante.

Quando nos apegamos exclusivamente a fazer coisas para nós mesmos, é só uma questão de tempo antes que nos destruamos a nós mesmos. Até que ponto alguém pode dar ou servir a si mesmo? Pessoas egoístas levam uma vida muito solitária, especialmente se a energia delas é investida em adquirir fortuna e não compartilhá-la. Haverá sempre muita gente em torno delas porque querem um pouco dessa fortuna, ou um favor, e não porque gostam ou se importam com a pessoa. Para a maior parte das pessoas, é muito difícil dar a você algo — compaixão, generosidade — que você não esteja disposto a dar a si mesmo. Um modo de vida autocentrado pode muito bem fazer com que você acorde um belo dia e descubra que não há mais ninguém do seu lado, a não ser você mesmo.

Nós vivemos num mundo que nos força constantemente a temer pela nossa sobrevivência. É difícil às vezes viver a nossa vida com o tipo de compaixão definida pelo Shaolin, especialmente se não compreendemos por que razão devemos ter compaixão nem a aplicação prática disso. Portanto, a questão importante é saber como e por que devemos incorporar a compaixão a cada aspecto de nossa vida, sobretudo quando ela não corresponde à mentalidade que rege a nossa cultura. Você talvez possa se perguntar: "Se eu for espontaneamente bom para alguém, e não porque queira algo dele, será que isso não me tornará fraco ou vulnerável?" Não, se você não estiver preocupado com o modo como a pessoa vai reagir.

COMPAIXÃO SEM APEGO

Existem alguns perigos ocultos associados com a compaixão; o maior deles, dizem os budistas, é cometer o erro de entrelaçar compaixão com apego, o que acontece quando você tem um relacionamento, seja ele romântico ou platônico, que depende de um certo tipo de controle, como, por exemplo, quando você ama alguém e espera que o seu amor seja correspondido. Nesse caso, pode ser que você esteja sendo compassivo para obter algo em troca, mas relacionamentos baseados só nisso são perigosos porque lhes falta a compreensão do que significa amar verdadeiramente uma outra pessoa. Eles nos preparam para a decepção.

Quando conhecemos alguém que gostaríamos de ter como amigo, começamos o processo de "travar conhecimento". Nós temos a tendência a nos apegar emocionalmente à medida que ficamos mais íntimos da pessoa. É aí que mora o perigo, pois uma vez que nos sentimos apegados por ter nos entregado, passamos a *esperar* que a pessoa a quem estamos nos entregando emocionalmente corresponda aos nossos sentimentos. Se ela não reage assim, ficamos com raiva ou magoados e, às vezes, assumimos o papel de vítima, pois agora percebemos a reação dela como uma traição à nossa compaixão e confiança. De repente, começamos a agir de maneira diferente em relação a ela e, a essa altura, passamos, sem querer, a ter um relacionamento baseado no apego, não no amor e na compaixão.

A maioria de nós já cometeu esse erro uma ou duas vezes. Os budistas crêem que todos os seres humanos merecem se libertar do sofrimento e merecem ser felizes, não importa qual tenha sido a sua origem. Se nós também pudermos adotar esse modo de pensar, vamos começar a perceber que em essência somos todos iguais, e que isso independe da cor da pele da pessoa ou de quanto dinheiro ela possui. Cada um de nós é digno de compaixão.

Se você trata todo mundo dessa maneira, desde o mendigo no metrô, ou a secretária desagradável que o impede de entrar na reunião por você ter chegado atrasado, até um colega de trabalho arrogante ou um vendedor grosseiro, fica mais fácil evitar basear no apego os seus relacionamentos mais importantes.

Os budistas costumam dizer que se uma pessoa tem verdadeira compaixão, ela tratará seus amigos e inimigos exatamente da mesma maneira, pois todos temos os mesmos direitos básicos como seres humanos. Eu sei que essa afirmação parece ser um tanto insensata, mas essa análise budista é diferente do modo ocidental de pensar precisamente porque ela não depende do "amor", do modo como ele nos é ensinado por esta sociedade, na qual nós "precisamos" que o outro retribua o amor ou a compaixão que dedicamos a um outro alguém. Os budistas argumentam que relacionamentos verdadeiramente compassivos são muito mais substanciais que o amor baseado no apego, visto que eles não têm nenhuma expectativa de receber algo em troca.

Esse tipo de compaixão abnegada ou de não-apego (uma boa ação sem um propósito ou motivo) torna você apto a praticar o que os budistas chamam de *wu-wei*. *Wu-wei*, traduzido literalmente, significa "não-ação", mas não no sentido convencional de preguiça ou apatia. Ao contrário disso, *wu-wei* sugere uma ação efetuada a partir da ausência do ego.* Quando você tem compaixão por alguém que você ama, o seu *wu-wei* é relacionar-se com o ser amado desse modo sem esperar que ele responda de alguma maneira específica — particularmente sem nenhum tipo de gratidão. É realmente difícil agir assim, e criamos decepção em nossa vida quando, do nosso ponto de vista, falhamos no dever de retribuir um ato de gratidão.

É uma qualidade humana nos apegarmos a pessoas pelas quais sentimos compaixão e à reação ou falta de reação delas à nossa bondade. Esse é um dos motivos por que muitas pessoas não se aproximam dos outros. Os

---

* Mestre Sheng-yen, *Catching a Feather on a Fan*, Element Books, Grã-Bretanha, pp. 123-24.

que optam por viver nesse tipo de isolamento forçado não são necessariamente más pessoas ou pessoas que não são capazes de demonstrar compaixão. Ao contrário, em geral são pessoas que têm medo de demonstrar bondade aos outros porque sofreram muita decepção e mágoa no passado, nas suas tentativas de se aproximar de alguém.

O CÃO MALTRATADO

Às vezes, é difícil imaginar que exista compaixão verdadeira sem apego. Certa feita, eu estava entrando numa mercearia quando vi um cão amarrado a um poste do lado de fora do estabelecimento. O pobre animal tinha se enroscado tanto em volta do poste que estava se machucando. Fiquei com muita pena do cão, pois eu sabia que ele estava sofrendo. No entanto, eu não conhecia o cão; ele não era meu, de modo que eu não estava apegado ao sofrimento dele como poderia estar se ele fosse meu. Quando decidi desenrolá-lo, eu não pensei no que aconteceria com ele a seguir ou se isso já lhe acontecera outras vezes.

Do mesmo modo, quando você vê alguém espancando um cão e isso lhe parte o coração, esse fato não entristece você por gostar do animal — ele nem sequer é seu — mas faz você se sentir mal porque em algum nível você reconhece que, assim como você, o cão tem o direito de não sofrer na vida ou não ser espancado. Os budistas crêem que você divide com um cão um sentimento de humanidade, e se você pensar na comunidade de experiências entre todas as coisas que vivem e respiram, então os monges diriam que você desenvolveu uma compreensão mais ampla da verdadeira natureza da compaixão.

Quer você tenha alguma vez visto um cão ser espancado ou uma pessoa que você ama ser ferida, existe um modo de pensar simples, porém eficiente sobre o que representa para você compaixão verdadeira. Quando você não estiver cercado por ruído, por obrigações profissionais ou quando os seus filhos não estiverem lhe pedindo ajuda nos deveres de casa, reserve alguns instantes de tranqüilidade para imaginar o sofrimento de uma pessoa, de qualquer pessoa. Ou escolha um cão, uma vaca ou algum outro ser vivo. A pessoa ou animal poderia estar sendo espancada, ou ter sido atropelada por um carro e sofrendo, ou estar sendo submetida a uma grave cirurgia no hospital, enfim, tudo aquilo que poderíamos considerar como sendo situações penosas.

Pense no quanto ela deve estar sofrendo; depois, volte a sua atenção para como *você* se sentiria se estivesse na mesma situação, e em quão desagradável seria ser ferido ou espancado ou ter medo de morrer numa mesa de cirurgia. Relacionar a experiência da pessoa ou do animal com a sua própria experiência cria o tipo de comunhão de experiência que, de acordo com a crença budista, permite ligar as nossas experiências às dos outros de um modo que não conhecíamos antes e ao fazê-lo poderemos perceber quão semelhantes são todas as nossas situações, o que, por sua vez, nos ajudará a ter mais compaixão. Ainda que a situação que você esteja imaginando seja fictícia, é provável que você descubra que ela *parece* real, se você estiver realmente focado. Se você estivesse sofrendo muito, não seria uma enorme e profunda alegria ter alguém para ajudar você — sem esperar nada em troca, simplesmente porque a pessoa se importa e sabe o que você está passando ou sabe que todos nós vamos passar por momentos difíceis?

Agora mude o cenário. Se você pudesse ajudar quem está sofrendo a sair dessa situação, você o faria?

COMPAIXÃO PERENE

Os mestres budistas, como Confúcio, acreditam que nós carregamos para a eternidade o que fazemos nesta vida, e tendo estudado Shaolin por muitos anos eu passei a acreditar nessa afirmação. Todos os dias eu me pergunto o que eu terei deixado para trás que carregarei comigo para a eternidade, e de vez em quando consigo uma resposta clara.

Quando eu era o principal instrutor de kung fu em Concord, New Hampshire, um dos meus alunos, Joe, um excelente praticante de artes marciais, um jovem alto-astral de dezesseis anos, sofreu um acidente de automóvel quase fatal. Ele ficou na UTI e não podia receber visitas de ninguém a não ser de pessoas da família. Todo dia eu telefonava e só era informado de que, para salvar a vida de Joe, seria preciso fazer uma cirurgia muito grave no seu cérebro. O mais triste ainda é que os médicos não sabiam se ele sobreviveria à cirurgia. A notícia foi arrasadora para mim que era muito chegado a Joe.

Algum tempo depois da cirurgia, eu recebi um telefonema dos pais dele, que me informaram que Joe sobrevivera à cirurgia, mas que Joe precisaria sair do leito e começar a andar pelo quarto para fazer com o que seu cérebro funcionasse, ou então ele morreria. Até então ele não tinha se mexido e não parecia demonstrar nenhum interesse em fazê-lo. Os pais de Joe disseram que ele, deprimido após a provação, se recusava a sair da cama e não tinha nenhum desejo de não sofrer mais do que já sofrera. Ele costumava pedir a todos, incluindo os seus pais, que o deixassem em paz.

Como um último recurso, eles me pediram que eu fosse vê-lo. Essa era a parte fácil para mim. Esse gesto exigia pouca compaixão. O teste verdadeiro aconteceu quando eu o vi. Lá estava ele deitado, com a cabeça completamente coberta por ataduras, com muitos tubos e aparelhos presos ao seu corpo. Aquilo me deixou doente: eu só conseguia pensar naquele jovem praticante de kung fu, antes bem-humorado e exímio nos golpes altos com os pés, deitado naquele leito, como que esperando e desejando morrer.

Nesse instante, fui subitamente tomado pelo sentimento de compaixão e apego. Senti muita pena de Joe: ele disse que só queria ficar deitado na cama e, como ele já estava sofrendo muito, a idéia de ter de sair do leito significava apenas mais dor para ele. Tudo o que eu queria fazer era me sentar ao lado dele e tentar fazê-lo feliz. Por que, raciocinei com os meus botões, eu tinha que fazê-lo sair da cama, o que lhe causaria mais dor, ainda que essa fosse a única maneira de ele conseguir voltar a andar?

Eu precisava, de algum modo, separar o apego que sentia por ele da capacidade de fazer o que era necessário — o que seria um ato de verdadeira compaixão, ainda que isso fosse difícil de fazer. Obviamente, a situação era muito diferente da do cão que estava se estrangulando na coleira enroscada no poste. Eu compreendi, pela primeira vez, que eu chegaria ao limite de praticar aquilo que eu pregava. Ter compaixão era fácil; não sentir apego parecia impossível.

Inclinei-me e sussurrei no ouvido de Joe: "Eu sei que você sofreu um grave acidente e está sofrendo muito, mas se você não sair dessa maldita cama, eu vou lhe mostrar o que é dor realmente. E você sabe que eu posso." Eu não sei de onde vieram essas palavras — foi horrível: o rapaz estava semimorto — mas elas funcionaram. Joe sorriu, levantou-se no mesmo instante, pôs os braços em torno da enfermeira e de mim e começou a andar. Ele deu só alguns passos, e nós dois precisamos equilibrá-lo para que ele pudesse andar. Mas durante semanas eu fui todos os dias ao quarto do hospital e caminhava com Joe, observando-o gritar de dor.

Eu não sei dizer quantas vezes eu quis deixar que ele se sentasse, como me senti mal quando ele me pedia "pare, por favor" porque aquilo lhe causava muita dor. Mas fico contente por tê-lo feito continuar: foi aquela luta que o manteve vivo.

Joe sobreviveu e voltou a levar uma vida normal. A grande cicatriz nunca desapareceu, e ele tem algumas dificuldades, mas não ficou com nenhuma lesão permanente no cérebro. Esse foi, para mim, o teste supremo de praticar compaixão sem apego.

Recentemente eu soube que Joe havia voltado para Concord e estava trabalhando com um antigo aluno meu. Imediatamente fui vê-lo, imaginando que eu exorcizaria os velhos demônios se eu tivesse a oportunidade de ver com os meus próprios olhos que ele se saíra muito bem muitos anos depois. Joe teve sucesso: ele parecia forte e estava sorrindo.

Um monge Shaolin diria que o desejo de acabar com os sofrimentos mundanos funciona num plano local e pessoal, pois ao demonstrar compaixão por outrem (no caso de Joe, ajudando-o a passar pelo seu sofrimento) eu ajudei a mim mesmo. Minha experiência com Joe ensinou-me a respeito do tipo "correto" de compaixão.

MEU AMIGO VINNIE

O tipo correto de compaixão surge de muitas maneiras, mas você o reconhece quando o vê. Uma das pessoas mais importantes na minha vida tinha essa compreensão correta da compaixão, mas a princípio eu não a reconheci. Aos quinze anos, conheci Vinnie Vecchioni, meu instrutor de boxe nos tempos de colégio, no dia seguinte à briga em que levei uma surra. Ele era um homem pequeno, de aparência grosseira, com grandes antebraços e uma personalidade rude, que salvou a minha vida.

Hoje, quando eu conto às pessoas que entendem de boxe que eu lutei na academia de Rocky Marciano — o lugar que emprestou nome ao personagem do filme *Rocky, o Lutador* — elas ficam sempre admiradas. Mas aquilo era uma espelunca. Um punhado de grandes boxeadores saiu daquele lugar, mas foi Vinnie Vecchioni quem os ensinou a desferir demolidores diretos no queixo, não a academia esquálida com o nome famoso. Era preciso passar por dentro de um bar — uma dessas sórdidas espeluncas com um cheiro rançoso de cigarro e de bebida — para chegar à academia.

Eu abri caminho por entre alguns bêbados, observando as paredes encardidas sob a luz tênue que se infiltrava pelas janelas sujas. Prendendo o nariz, eu cheguei à academia e vi Vinnie, flanqueado por sacos pesados e equipamento espartano. "Eu quero lutar", eu disse. Vinnie fitou minha cara fechada. "Mas preciso de ajuda", acrescentei então, com mais delicadeza.

"Venha amanhã", ele disse.

E foi assim que a história começou. Eu mal podia esperar para calçar as minhas luvas naquele primeiro dia, mas Vinnie não me deu nenhuma. Fiquei de mau humor; recebi ataduras e luvas de plástico, um protetor bucal e um protetor de virilha. Mas durante um longo tempo eu não precisei de nenhum equipamento de proteção. Vinnie me fez praticar e aprender o esporte por seis meses antes de eu entrar no ringue.

Vinnie poderia ter sido um monge: ele sabia o quanto eu desejava estar naquele ringue, mas ele não me deixava entrar nele porque ele sabia instintivamente que eu queria fazê-lo por motivos errados. Eu era como o discípulo que queria aprender os movimentos de kung fu, mas que, em vez disso, o mestre o manda ir pegar mais água ou limpar o chão e *depois* ficar na postura do cavalo durante uma hora. Eu não me dei conta de que, na verdade, eu estava começando o meu treinamento de Shaolin naquela velha academia de boxe.

Eu praticava boxe e corria: sete dias por semana, quatro horas por dia. À noite eu chegava em casa cambaleando e caía na cama, e minha mãe nunca dizia nada, a não ser que eu tinha de ir para a escola e me formar. Todos os dias quando eu chegava à academia, Vinnie costumava dizer uma só palavra: "Vá." Isso queria dizer que eu tinha de correr duas milhas pelo menos. Eu detestava correr. Eu me exercitava no saco de velocidade, depois no saco pesado e em seguida fazia treino de sombra. Eu mal podia esperar para subir no ringue, mas quando eu subi, fiquei morto de medo, assim como eu ficara quando fiz um teste para entrar no time de futebol. Eu só via luvas enormes vindo contra o meu rosto.

Embora tivesse sido Vinnie quem me iniciou no boxe, ironicamente foi ele também quem encerrou a minha carreira antes de ela realmente começar. Para a minha primeira luta, me fizeram par com um experiente boxeador que já vinha lutando há cinco ou seis anos. Antes de entrarmos no ringue, sentamo-nos juntos e vestimos a roupa de combate, conversando enquanto isso. Ele me contou quantas lutas ele havia vencido, em comparação com o recorde em branco, e eu comecei a sentir medo. Ficou claro que eu ia ser morto. No ringue, o sujeito partiu pra cima de mim e me acertou o rosto com força uma vez; porém, eu fiquei tão furioso que facilmente o derrotei.

No dia seguinte, eu estava todo gabola. Cabulei a aula, cheio de orgulho por ter vencido a minha primeira luta, e fui contar ao Vinnie que eu ia largar a escola e virar profissional. Eu achava que eu ia ser o próximo Rocky Marciano ou Muhammad Ali.

Vinnie não disse nada, mas foi aí que ele começou a praticar o seu tipo de compaixão; ele apenas calçou e amarrou as luvas para mim, mandando que eu mudasse de ritmo. Vinnie costumava pugilar com os rapazes uma vez ou outra quando estava ensinando novas técnicas, e naquele dia em particular ele decidiu pugilar comigo. Eu entrei no ringue, com a idéia consumada de que eu ia ser o próximo campeão de peso-pesado do mundo.

Vinnie prontamente me mandou para a lona. Em seguida ele me jogou para dentro do seu carro, sem sequer me tirar as luvas e me levou até a Brockton High School. Vinnie me arrastou pela orelha até a sala do diretor Busalari. Eu estava cortado e sangrando, vestindo uma camiseta e sapatilhas de boxe, e Busalari parecia estar se divertindo, ainda que confuso. "Se Steven perder mais um dia de escola", disse Vinnie, "eu quero ficar sabendo." Ele se virou para mim. "Você não vai largar a escola e não vai ser um lutador." Eu senti minhas orelhas ficarem vermelhas. "Você vai se formar e ser alguém na vida."

Vinnie estava disposto a me dar uma boa lição para me mostrar o tipo de potencial que eu tinha e não conseguia perceber: nisso consistia a sua compaixão. "Olhe em torno de você", ele disse um dia depois que acabáramos de treinar. "Você não é como o resto desses jovens aqui. Você é diferente." Eu não tinha nenhuma idéia do que ele estava falando, já que, na minha concepção, eu parecia igual a eles, crescera no mesmo bairro e sabia que eu precisava lutar para sobreviver. "Você, Steven, vai fazer sucesso", Vinnie continuou. "Mas deixe-me lhe dizer uma coisa", ele aconselhou. "Nunca esqueça de onde você veio, porque se tudo for tirado de você, as únicas pessoas que vão ficar do seu lado são aquelas que começaram com você."

Eu me lembro disso porque é uma metáfora muito boa de como superar desafios e uma metáfora igualmente importante de como escolher tratar outras pessoas com compaixão.

Não há espaço suficiente neste livro para lhe contar até que ponto sua vida vai melhorar e ganhar significado se você dedicar um pouco de tempo todos os dias para ajudar a melhorar a vida de uma outra pessoa, como Vinnie fez comigo. Ele me mostrou com clareza que ter compaixão é o maior e o mais duradouro dom que você pode oferecer *a si mesmo*, ainda que na superfície ele afete outros mais imediata e positivamente.

Praticar a compaixão salvou a vida de muitas pessoas que eu conheci e mudou outras: a primeira foi a minha própria vida, com a ajuda de Vinnie. Um mestre disse certa vez: "As pessoas esquecem o que você fez por elas;

elas esquecem o que você deu a elas; mas *jamais* esquecem como você as fez se sentir."

Aprendendo a amar

Um debate sobre compaixão não seria completo sem tratar de sua contraparte, o amor. Embora existam muitos tipos diferentes de amor, cada um deles está naturalmente entrelaçado com uma necessidade de compaixão, mas às vezes levamos anos para aprender o que é realmente amor e como navegar por ele de uma maneira compassiva.

Eu, certamente, fui um retardatário nesse aspecto.

Minha mãe sempre me dizia: "Stevie, você é um ótimo filho, um ótimo irmão, um ótimo amigo — mas é um *péssimo* namorado." Se a sua mãe (que deve amar você acima de todas as outras coisas) lhe diz algo tão duro assim, é porque deve ser verdade. Ela costumava me ver trocar de namorada como se trocasse de camisa. A coisa chegou a um ponto em que eu não levava ninguém em casa para conhecê-la a menos que eu gostasse muitíssimo da garota, pois eu sabia o que eu teria de ouvir. Certa vez, eu levei Jenny, uma moça de quem eu gostava realmente, para uma visita e a deixei sozinha por uns instantes com a minha mãe enquanto eu ajudava minhas irmãs a fazer um serviço no quintal. Quando voltei, nós todos conversamos e rimos um pouco, e depois Jenny e eu saímos. No carro, ela se virou para mim e disse: "Sua mãe *gosta* de você?"

Eu achei engraçada essa pergunta. "Sim, por quê?", perguntei.

"Porque ela me aconselhou a ficar longe de você. Ela disse que sou uma moça muito bonita, mas que para você eu provavelmente não passo de uma aventura passageira."

E foi o que aconteceu. Eu não fiquei zangado. Nem sequer me importei muito, pois eu sabia que aquilo era a verdade; eu era um babaca e finalmente me chamaram a atenção.

Nem é preciso dizer que eu não levei nenhuma outra garota em casa por um bom tempo depois disso. De fato, antes de eu conhecer Kelly, a minha esposa, eu vivia trocando de mulher. O problema era que eu estava procurando as coisas certas, tomando como base o que eu observara quando criança e o que eu achava que queria na época.

Levei muitos anos para me recuperar da experiência de ter um pai ruim, que abandonou a família, e do novo casamento da minha mãe: quando jovem, eu nunca tive um verdadeiro sistema de apoio familiar; ainda que minhas irmãs e mamãe fizessem o melhor que podiam — e o melhor que elas sabiam era considerar o que haviam sido obrigadas a passar — elas também dependiam de mim para tomar conta delas emocionalmente, e eu era muito jovem. Eu não tinha ninguém de quem eu dependesse nem a quem recorrer e, muitas vezes, acabava me sentindo abandonado e só. Abandono é uma coisa horrível que pode acontecer mesmo quando temos nossos pais em casa, pois estar fisicamente "presente" não é a mesma coisa que estar em sintonia e ser amoroso.

Essa dinâmica influenciou tudo na minha vida, inclusive meus relacionamentos. Sem uma sólida percepção de quem eu era e do que eu queria, eu costumava me sentir atraído por garotas que eram um pouco parecidas comigo: em geral, a garota tivera uma formação abusiva, precisava de apoio e tinha baixa auto-estima. Muitas vezes era bonita, mas tinha o passado perturbado, emocionalmente inatingível. E como nenhum dos dois sabia como amar a si mesmo, como poderíamos amar um ao outro? Não podíamos. Eu só me sentia realizado emocionalmente com uma mulher que precisasse de mim, pois era assim que eu agia com relação a minha mãe e às minhas irmãs. Isso, porém, não é o que significa amar verdadeiramente.

Amar verdadeiramente é encontrar alguém com quem você queira estar todos os dias, alguém com quem você queira compartilhar a vida, que faça você rir, complemente os pontos fortes e fracos da sua personalidade, mas que seja fundamentalmente independente de você. Não significa apego ou solução de dinâmicas do passado. Em outras palavras, a pessoa não *precisa* de você. Ela *escolhe* estar com você. E vice-versa: você não *precisa* dela para preencher algum vazio em sua vida — você a escolhe porque sabe que ela é o que você quer na vida. Esse vínculo é muito forte como você pode imaginar, porque ele vem de um lugar onde há verdadeira auto-estima e confiança em si mesmo, em suas decisões e em seus sentimentos.

Kelly foi a primeira mulher que não precisou de mim e isso me desconcertou. Quando a conheci, ela parecia ser tudo o que eu achava que eu nunca poderia ter. Era bonita, tinha os pés no chão e uma família que parecia ser bem unida; eles jantavam juntos, conversavam uns com os outros com respeito, riam muito e se divertiam. Ela representava tudo o que eu *deveria estar* procurando.

A princípio, eu não sabia como abordá-la. Ela sempre costumava passar o horário de almoço junto à piscina da academia onde eu dava aulas, e eu ficava parado em torno daquela piscina como um *chuch* (uma gíria italiana para idiota), conversando com um dos meus alunos do nível básico, sem nunca tomar coragem para falar com ela. Então eu decidi começar a treinar junto à piscina, mas isso também não chamou a atenção dela.

Finalmente, depois de muita frustração — ela costumava sorrir para mim, e eu não sabia como falar com ela — mandei minha secretária entregar-lhe um bilhete dizendo: "Quer casar comigo esta semana?" Ela respondeu com um outro bilhete: "Estou um pouco ocupada esta semana: talvez numa outra ocasião." Isso era tudo o que eu precisava. No dia seguinte, fui falar com ela. Eu nunca fizera nada parecido antes para chamar a atenção de uma mulher. Eu nunca precisara fazê-lo, pois não estava procurando alguém que fosse difícil de impressionar.

Eu sabia que Kelly não se enquadrava no padrão de mulher com que eu havia saído no passado. De que modo ela era diferente? Ela fora criada de maneira diferente de mim: tinha uma vida mais estável, era mais equilibrada, tinha autoconfiança, era inteligente e bonita: todas as qualidades que eu sempre achei que eu não tinha.

Nessa época, eu estava com trinta e poucos anos e era um especialista em comportamento humano, mas ainda cometia erros com mulheres, apesar do grande número de pessoas às quais eu dava conselhos diversos a respeito de assuntos do coração. O que eu precisava, em última análise, para ter sucesso com Kelly era parar de enganar a mim mesmo.

O DETECTOR DE MENTIRAS

Dê uma olhada nas frases abaixo e complete a sentença "Eu não sou feliz com o meu parceiro(a) atual porque _____".

1. Meu parceiro dedica todo o tempo dele aos filhos e não sobra nada para mim.
2. Meu parceiro está sempre trabalhando e não tem tempo para mim.
3. Meu parceiro não está interessado em sexo, e eu tenho necessidade.
4. Meu parceiro não se interessa pelo que está acontecendo na minha vida.
5. Meu parceiro não liga para aparência ou modo de se vestir, que é o motivo pelo qual eu estou sempre olhando para outras pessoas.
6. Meu parceiro nunca tem interesse em sair só comigo e sempre quer ter outras pessoas por perto socialmente.
7. Meu parceiro não trabalha e espera que eu ganhe todo o dinheiro.
8. Meu parceiro quer que eu trabalhe, mas eu acho que devo ficar em casa cuidando das crianças. Ou: Meu parceiro não quer que eu trabalhe porque acha que devo ficar em casa cuidando das crianças.
9. Os pais do meu parceiro são intrometidos.

Talvez você sinta que algumas ou todas essas afirmações são verdadeiras no seu relacionamento: por isso, está na hora de avaliar a sua situação e verificar como ela pode ser melhorada. Isso só vai acontecer se você parar de "mentir para si mesmo" a respeito do seu papel no relacionamento, pois concordar com alguma das descrições acima é apenas um lado da história. Qual o seu papel numa situação infeliz? O que você e o seu parceiro têm feito para melhorá-la? E o que você fez para piorá-la?

Pare de mentir para si mesmo

Você vai precisar recorrer a alguma força importante para parar de mentir para si mesmo e mudar o tipo de pessoa com quem você marca encontros para sair. Muitas vezes as pessoas dizem para si mesmas que não conseguem construir um relacionamento profissional ou que não encontraram a pessoa "certa", pois simplesmente lhes "falta alguma coisa". Nenhum dos parceiros que já tiveram parece ser a pessoa certa, de modo que numa busca inútil pelo que acham que vai fazê-las felizes, elas continuam procurando até que desanimam diante de tantas possibilidades. Ou então se acomodam, preferindo ficar com alguém que elas sabem que nunca permitirá que elas sejam felizes.

Felicidade, segurança e apoio num relacionamento amoroso verdadeiro e sincero exigem que você "pare de mentir para si mesmo" com relação aos padrões, descubra a essência deles e comece a trabalhar para modificá-los.

Nós temos de perguntar a nós mesmos se ficamos satisfeitos com os nossos relacionamentos que não deram certo no passado. Por que amamos essas pessoas? Talvez gravitamos em torno de pessoas que nos dão segurança, mas pelas quais não estamos necessariamente apaixonados. Ou talvez sejam pessoas que sabemos que não vão nos amar do jeito que queremos ser amados e que representam alguém em nossa vida passada que queríamos que nos amasse. Seja como for, esses relacionamentos são dolorosos e doentios.

O fato de você não estar mais com uma dessas pessoas (ou estar prestes a abandonar uma delas) é um indício bastante concreto de que os relacionamentos não foram gratificantes de alguma maneira. Somos criaturas de hábitos e rotinas, de modo que é preciso ser brutalmente honesto consigo mesmo. É mais difícil fazer uma auto-análise hoje, ou continuar com esse padrão destrutivo por anos a fio?

QUINZE MINUTOS DE AUTO-ANÁLISE

É engraçado como sabemos o que não queremos num homem ou numa mulher e que vamos nos queixar toda vez que nos envolvermos num novo relacionamento — mas o curioso é que em geral não sabemos o que realmente queremos. Quando adultos pensam desse modo, eles estão de fato regredindo a um estágio infantil da vida: é o consciente/inconsciente que diz "Não gosto desta situação e não me sinto bem com ela, mas não sei como me livrar disso". Isso se dá quando você está tomando decisões conscientemente, mas não sabe ou não usa a razão para entender por quê: como, por exemplo, alguém que age por um ímpeto de raiva e agride outrem fisicamente, sem saber por que está fazendo isso. Deixar que esse tipo de reação emocional dirija a sua vida fará com que você se sinta uma vítima impotente, se você o permitir. Ninguém poderá mudar esse padrão a não ser você.

O problema é o seguinte: se você consegue dizer: "Já tive vários relacionamentos na minha vida e nenhum deles durou", que perguntas você deverá fazer a si mesmo? Como modificar esse padrão? Comece com estas perguntas:

- O que eu quero? Qual é o parceiro ideal para mim?
- Quero uma pessoa que seja superprotetora?
- Quero uma pessoa que seja emotiva e possa me contar os seus sentimentos?
- Quero uma pessoa que seja muito afetuosa tanto nas suas atitudes como nas suas palavras?
- Quero uma pessoa que se envolva em todos os aspectos da minha vida e tenha vontade de construir uma família e educar os filhos?

Ao responder essas perguntas, tente mudar a palavra "quero" para "tenho" e veja o que acontece com você. Quando sentir clareza nas suas respostas, você vai começar a ver com outros olhos as pessoas que vier a conhecer e pelas quais sentir atração — pois elas serão diferentes daquilo com que você está acostumado a ver.

Examine as raízes para salvar os galhos

Como os seus pais se relacionam? Que conteúdo positivo eles lhe deram e programaram em você? A lealdade e a confiança eram importantes na sua família? Como você já sabe, a minha era um caos.

Nossa programação é boa na medida em que forem bons os nossos programadores — nossos pais ou quaisquer figuras de autoridade que ajudaram na nossa criação. Se você não teve uma estrutura familiar amorosa, solidária e emocionalmente estável, então você perdeu a oportunidade de aproveitar o tipo de treinamento inicial pelo qual passam os monges guerreiros Shaolin com a finalidade de adquirirem fundamentos sólidos para a vida que levam. Para vir a ser um adulto razoavelmente ajustado neste nosso mundo febril, a primeira e a mais importante característica que devemos desenvolver numa tenra idade é o nosso sentido de segurança pessoal, pois a partir daí é que começamos a crescer em outros aspectos.

Alguém disse certa vez: "Como é que você pode dar conta da segunda coisa, se não deu conta da primeira?", o que quer dizer que você não poderá ter as boas qualidades mais tarde, aceitando e compreendendo o que representa ter um relacionamento seguro, amoroso e duradouro, se você não se sentir seguro desde o princípio.

Pais compassivos

Praticar a compaixão com os seus filhos é, por vezes, muito difícil e exige habilidades especiais, particularmente a habilidade de escutar o que eles *não* estão dizendo. Muitas vezes seus filhos estão mais sintonizados com os seus sentimentos e estado de espírito do que outras pessoas — às vezes até mais do que você mesmo! Já foi dito que as crianças são como esponjas que absorvem todas as informações — positivas ou negativas — em torno delas com uma capacidade freqüentemente alarmante. Nesse caso, isso quer dizer que elas *sabem* quando você está cansado ou de mau humor; por isso, embora elas gostariam de ter a sua atenção, preferem deixar você em paz e não lhe pedir nada, ou então importunam você por estar sempre nesse estado.

Se você está cansado e não quer realizar nenhuma atividade com o seu filho, é tentador, eu sei, raciocinar que se ele não pede a sua atenção, é porque não quer nenhuma atenção. Se essa situação lhe parece familiar, é possível que você já se convenceu de que tem um certo tipo excêntrico de filho "que dispensa cuidados". Não aceite isso como verdade. Seus filhos precisam do seu tempo e da sua compaixão. O tempo que você consome com os seus próprios problemas e dificuldades — deixando de satisfazer as necessidades emocionais de seus filhos — voltará para assombrá-lo ainda mais. Em todas as famílias com as quais tenho trabalhado ao longo dos anos, eu sou capaz de reconhecer um certo padrão de comportamento em crianças cujos pais não demonstram um mínimo de compaixão por elas.

Esse padrão tem início com uma falta de respeito para com os pais, prossegue com uma falta de autocontrole e se agrava quando a criança começa a desafiar fisicamente você e os outros. Ela, no entanto, está expressando essas mesmas qualidades que você vem mostrando a ela! Esses são indícios claros de que você não está satisfazendo as necessidades emocionais da criança.

Eu vi, recentemente, numa das minhas escolas de artes marciais, um exemplo desse comportamento. Um pai e seu filho entraram no meu escritório porque o filho queria me conhecer. O menino, de nove anos, grande para a sua idade, era respeitoso e tímido. Em seguida, ele iniciou a aula com outros alunos enquanto o pai conversava comigo. Ele me perguntou se eu poderia responder em poucas palavras por que as escolas estão tendo tantos problemas hoje em dia com a desatenção das crianças.

Eu lhe respondi que achava que era porque as crianças ficam zangadas quando não estão recebendo apoio e atenção do pai e da mãe, que trabalham dia e noite, mas que naturalmente elas não sabem como expressar essa raiva a não ser nas suas atitudes e comportamento na escola.

O pai concordou e saiu da sala. Nesse instante, olhei por acaso para fora e vi o menino ficar muito perturbado; ele teve um acesso de raiva, e o instrutor estava tendo dificuldade para acalmá-lo, de modo que fui até lá. Fiquei sabendo que o menino sofria com a angústia da separação, pois ele continuava perguntando onde estava o pai e afirmou repetidas vezes que este não lhe dissera que ia deixar o prédio.

Eu saí para procurar o pai e o encontrei brincando com o seu cachorro. Contei-lhe cuidadosamente que o seu filho estava muito perturbado com o fato de ele ter ido embora. O pai ficou meio na defensiva e respondeu: "Eu disse a ele que eu ia embora." Eu sabia que, na verdade, ele não dissera, ou o menino não teria ficado tão histérico. Em seguida, perguntei a ele se o seu filho estava indo bem na escola, mas obter uma resposta era como arrancar um dente de um dragão. O menino, que tinha um distúrbio de falta de atenção além de outros problemas emocionais, fora mandado a vários médicos e a vários acampamentos durante semanas que o pai insistiu em dizer que "lidavam" com esses tipos de problema.

Tenho certeza que você já descobriu qual era o problema nesse caso: em vez de tentar demonstrar compaixão pelo filho dando-lhe amor em casa e ensinando-lhe autodisciplina, além de combater o medo de abandono da criança ficando visivelmente presente enquanto durasse a aula de kung fu do filho, eu suponho que era mais importante para o pai ficar lá fora brincando com o seu cão. Enquanto estava tendo aula, o menino olhou em torno, depois de executar um movimento, procurando a aprovação do pai, mas não havia ninguém ali. Muitas e muitas crianças têm essa atitude, mas não encontram alguém ali presente para elas.

O que nunca deixa de me espantar é que esses pais estão sempre *procurando respostas*, sem nem sequer perceber que o problema está na sua própria desatenção e falta de compaixão para com seus filhos. No caso do menino e de seu pai (e certamente em muitas situações na sua própria vida), praticar compaixão exige esforço, pois freqüentemente vai haver muitas coisas nas quais você preferiria despender o seu tempo e a sua atenção. Existem, porém, vidas em jogo aqui: os seus filhos. Se não receberem cuidado e compaixão, eles se transformarão em adultos desconectados de si mesmos, das pessoas que os amam e do próprio mundo em que vivem.

A ÁRDUA TAREFA DE RELACIONAR-SE

Não existe nenhuma filosofia Shaolin para relacionamentos ou casamento: naturalmente, monges não têm esposas. Contudo, há alguns monges Shaolin que já tiveram relacionamentos sérios, mas renunciaram a eles para dedicar sua vida a Buda e a treinar o kung fu. No entanto, se um monge Shaolin tivesse uma esposa, você pode estar certo de que ele usaria os mesmos métodos de foco, compaixão e disciplina para que o relacionamento caminhasse bem.

Relacionamentos são difíceis. As pessoas são diferentes. Nós queremos coisas diferentes, pensamos de maneiras diferentes e, quando duas pessoas se juntam, por mais "perfeitas" que sejam uma para a outra, vão existir desentendimentos e vai ser preciso haver muito comprometimento. Se acrescentarmos a isso o fato de que estamos constantemente crescendo

FAÇA AOS OUTROS

e mudando — por nós mesmos e com os nossos parceiros — torna-se ainda mais importante manter abertas as linhas de comunicação caso surjam problemas.

Só existem duas coisas a fazer quando isso acontece. A primeira é procurar um psicólogo, o que fazem muitas pessoas. O motivo disso é que parceiros costumam ter dificuldade em comunicar abertamente o que os está incomodando na relação. Questões delicadas como "Você não transa mais comigo" ou "Você nunca está por perto" estão quase sempre ligadas a questões mais profundas, e chegar à raiz delas (especialmente se você está morando na mesma casa com seu parceiro) pode ser mais fácil se uma terceira pessoa estiver envolvida.

O outro método, e o único que uso com a minha mulher, consiste simplesmente em sentar-nos e pôr tudo em pratos limpos. Diga ao seu cônjuge que você sabe que as coisas não têm sido uma maravilha, mas que você quer resolvê-las. Seu parceiro quase sempre saberá exatamente do que você está falando porque ele não vive num vazio e, se você está envolvido numa relação séria, quando alguma coisa a afeta, ela está afetando os dois — a menos que ele o negue peremptoriamente. Se ele nega o fato, é muito importante lembrar-se de não ficar frustrado ou com raiva. De que adianta isso? Você já aprendeu no capítulo anterior que a raiva não vai levar você a lugar nenhum. O que você realmente precisa é de foco.

Se o seu cônjuge fica frustrado por não estar preparado para aceitar que alguma coisa está errada, será preciso adotar o firme propósito de não ficar com raiva ou frustrado e explicar diplomaticamente onde você quer chegar. Depois de superar essa parte, é útil sugerir que cada um de vocês faça uma lista das coisas que, a seu ver, poderiam melhorar o relacionamento. Ela não precisa ser feita na hora; na verdade, eu recomendo que vocês façam a lista separadamente e combinem um momento em que ambos se sentem e examinem o assunto novamente.

Quando vocês trocarem as listas, tenha muito cuidado para não tomar as palavras do outro como algo muito pessoal e se irritar. É aí que a filosofia budista da compaixão, e não o apego ao ponto de vista da outra pessoa, pode servir de suporte à negociação entre vocês. Sem dúvida, você deverá procurar não se prender àquilo que está escrito no papel do seu parceiro. Redirecione o foco da sua energia para o processo de investigar os problemas e as preocupações e continue recordando a si mesmo que vocês dois estão buscando uma *solução, juntos*. Embora você ache que algumas ou a maior parte das coisas que leu da outra pessoa são bobagens, isso não é importante. O importante é que uma condição no relacionamento incomodou o seu parceiro a ponto de ele incluí-la na lista. Depois você terá a oportunidade de percorrer a lista, problema por problema, decidindo o que é mais importante trabalhar primeiro e concordando que é muito importante levar em conta as preocupações do seu parceiro.

ESPERANÇA É AÇÃO

*Todas as guerras, todo o ódio e medo poderiam ser vencidos
se os homens agissem com amor uns pelos outros.*

— Mo Tzu

PRATICAR UMA AÇÃO SEM QUERER NADA EM TROCA

O dr. Viktor Frankl, um psicólogo que foi prisioneiro num dos campos de concentração de Hitler, escreveu vários livros sobre a noção de esperança. Quando jovem, ele foi preso com sua nova esposa e família em Viena e levado para um campo de concentração na Boêmia. Mais tarde, ele foi transferido sozinho para Auschwitz, forçado a deixar para trás sua esposa e seus filhos queridos, que foram levados para um outro campo. Durante essa terrível experiência, ele fez um estudo no qual coletou dados sobre outros prisioneiros nos campos, que passaram pelas mesmas provações que ele passou e viviam nas mesmas condições terríveis que ele viveu. Esses homens tinham problemas de saúde, viviam apavorados com medo da morte e haviam perdido suas famílias. O dr. Frankl queria saber por que alguns sobreviviam e outros morriam, já que todos nos campos sofriam as mesmas experiências negativas e desafiadoras.

Depois de ter sido libertado, Frankl, que guardara o manuscrito de seu famoso livro, *Man´s Search for Meaning*, o trabalho de sua vida, costurando-o no forro do seu casaco durante a sua transferência para Auschwitz, reconstituiu o livro de memória. Os nazistas o obrigaram a se livrar do manuscrito na viagem para Auschwitz, e foi o registro de lembranças e de fragmentos do manuscrito em pequenas tiras de papel contrabandeado no campo — na esperança de que algum dia ele fosse publicado e ajudasse outras pessoas a aprender sobre o poder da esperança — que o impediu de sucumbir à febre tifóide. Quando o seu campo foi libertado em abril de 1954, Frankl retornou a Viena e descobriu que todos os seus entes queridos haviam morrido. Lutando contra o desespero, ele continuou a investigar por que vítimas dos campos de concentração tinham mantido a esperança, sobrevivido ou sucumbido; depois disso, *Man's Search for Meaning* foi publicado.

No livro, Frankl examina em detalhe como todos os homens que acabaram sobrevivendo foram aqueles que constantemente se lembravam de que tinham motivos para viver: homens que esperavam sobreviver. Essa esperança era geralmente motivada pelo amor ou por lembranças amorosas.

As teorias de Frankl de que a sobrevivência do ser humano está baseada no amor e na esperança foram lidas por cerca de nove milhões de pessoas no mundo todo até a sua morte em 1977. Ele ajudou as pessoas a entender que a dor, o sofrimento e a morte são dinâmicas naturais da vida, equilibradas somente por um sentido de esperança.

Os adeptos do Shaolin não têm medo da morte, mas eles têm esperança. Todos os dias eles se empenham por livrar o mundo do sofrimento e da miséria. Eles treinam e rezam para alcançar o estado búdico ou o próprio Buda por meio de preces. Passar dia e noite envolvido em tal prática pode parecer ridículo e sem garantias para nós, mas, na sua essência, essa é a própria encarnação da esperança. Eles crêem que todas as pessoas são essencialmente boas, mas existem muitas coisas no mundo que elas não conseguem controlar. Por isso eles não dizem para si mesmos: "Tenho confiança que vou poder livrar o mundo do sofrimento." Em vez disso, eles fazem o melhor que podem e perseguem seus objetivos com a esperança de que um dia vão alcançá-los.

Esperança em oposição a expectativa

Na nossa cultura damos muita ênfase à esperança, de modo que geralmente nos decepcionamos quando esperamos que alguma coisa aconteça e ela não ocorre conforme planejamos. Isso não é esperança. Isso é expectativa.

Ainda que essas duas palavras sejam sinônimas, na prática cotidiana elas são coisas muito diferentes. Muitos sábios budistas previnem contra o uso da expectativa como uma muleta na vida e advertem sobre os perigos desse uso. Wang Ming, um mestre chinês que viveu no século VI d.C., es-

ESPERANÇA É AÇÃO

157

creveu um poema meditativo com o título de "Calming the Mind" [Acalmando a Mente], que trata em parte sobre como o apego a resultados, ou a expectativa e em seguida a frustração, podem deter o processo de meditação. Nesse poema, ele aconselha seus discípulos a "fechar os orifícios e os seis sentidos do corpo", a fim de poder conseguir mais clareza sobre o aqui e o agora, em vez de esperar sentir alguma coisa.

"Expectativa e frustração criam apego e cobiça", escreve Mestre Shengyen, que ensina as obras de Wang Ming e de outros sábios budistas como parte das suas sessões de meditação. E continua:

> Certa vez, quando eu era um jovem monge perto de Xangai, eu estava com um grupo de meninos tão pobres que quase nunca tínhamos comida suficiente. Um dia, um velho monge mais abastado nos presenteou com alguns alimentos adicionais, entre os quais um prato de tofu. Era uma iguaria tão rara que um menino reservou uma pequena fatia para degustá-la depois. Ele comia um pedacinho todos os dias. E conseguiu fazê-lo durar por três dias. Mas então um dos nossos instrutores viu o que estava acontecendo. Ele esbofeteou o rapaz e jogou fora o seu tofu. O instrutor lhe disse: "Com essa atitude, você vai acabar virando um Fantasma Faminto!"*

A moral dessa história vai além de fazer com que dure um pedaço de tofu. Na realidade, o menino esperava nunca mais passar fome, de modo que ele procurou saborear a sensação de estar satisfeito comendo o seu alimento aos poucos. Ele ficou apegado a essa idéia. Não saiu para procurar comida. Não trabalhou para conseguir dinheiro para comprar mais alimento. Ele simplesmente esperava que as coisas se resolvessem agora que tinha um pedaço de tofu.

Quando esperamos que alguma coisa aconteça, criamos condições para o fracasso e a frustração. Na vida existem muitas coisas que não podemos controlar. O que acontece quando estamos esperando ganhar um carro novo como presente de aniversário, e então os nossos pais perdem todo o seu dinheiro e não têm condições financeiras para comprá-lo? Nós ficamos frustrados. Quando esperamos que alguém telefone e ele não o faz, ficamos decepcionados.

---

* Sheng-yen, *Catching a Feather on a Fran*, Grã-Bretanha, Element Books, p. 37.

Muitos de nós no Ocidente estamos condicionados a acreditar que se formos bons, gentis, se ajudarmos os outros, se fizermos o que é correto, então coisas boas vão acontecer para nós. Se não pensamos assim, no mínimo nós achamos que se fizermos tudo o que foi dito acima, então coisas ruins não vão acontecer para nós. Ou pelo menos "esperamos" que elas não aconteçam. Mas não é assim que o universo funciona, seja qual for a sua religião. Sempre haverá decepções. Por mais que tentemos estar preparados para elas ou que "esperemos" que não aconteçam, simplesmente não temos o poder de controlar tudo. É por isso que expectativas não nos levam a lugar nenhum.

Esperança é algo diferente desse tipo de apego a um resultado. Por exemplo, se estamos trabalhando com o propósito de adquirir o nosso próprio carro e esperamos um dia ter bastante dinheiro, e nesse meio tempo nossos pais nos dão um carro de presente de aniversário, ficamos exultantes. Não esperávamos isso. Porém, se eles nunca nos derem um carro, isso realmente não tem importância porque ainda estamos focados no objetivo de comprá-lo com o nosso próprio dinheiro. Não estamos presos ao resultado da situação. Ela não nos bloqueia nem nos faz progredir artificialmente. Continuamos a trabalhar todos os dias com a esperança de realizar o nosso sonho, assim como um monge Shaolin faria. Não nos tornamos preguiçosos nem diminuímos o nosso ritmo esperando que ele aconteça e, portanto, não nos decepcionamos se ele não acontecer. O que é, na verdade, decepção, senão sentir-se decepcionado com uma pessoa ou uma situação que esperávamos tivesse um resultado diferente, se não fizemos necessariamente alguma coisa construtiva para produzir esse resultado?

Dizer: "Eu espero que ela melhore" ao ficar sabendo que uma pessoa está enferma e em seguida esquecer o assunto é, na verdade, fazer uma afirmação vazia. Você não está fazendo nada. Isso não é esperança. É uma afirmação descartável. No íntimo, você não lhe quer bem. Você não lhe mandou um cartão. Você está apenas dizendo palavras que não têm nenhum significado verdadeiro para você, com uma possível expectativa de que a pessoa melhore algum dia e, se ela não melhorar, isso não tem realmente nenhuma importância porque, para começar, você não se incomoda muito.

Esperança é ação, seja ela mental ou física. Ela tem foco, direção e propósito. Se nós esperamos que pessoas arrasadas por um desastre da natureza fiquem bem, isso geralmente implica ir à igreja, rezar por elas, doar dinheiro ou tentar, de algum modo, colaborar para o êxito do objetivo.

MINHA MÃE, UMA GUERREIRA SHAOLIN

Carol, minha mãe, foi uma brilhante encarnação da esperança. Ela trabalhou duro a vida toda para alcançar seus objetivos, sempre esperou pelo melhor e sempre foi otimista quando as coisas não saíam de acordo com os seus desejos, pois ela sabia que não podia controlar tudo na vida. Além do mais, ela manteve esse tipo de mentalidade guerreira do Shaolin nos momentos mais difíceis de sua vida.

Carol nunca se deu bem com sua própria mãe, Concetta, que quis abortá-la durante a gravidez. Mas, visto que Concetta era uma católica italiana, fazer um aborto era estritamente proibido; assim, para se livrar do bebê, certa noite Concetta fez o carro colidir contra uma árvore. Como conseqüência, minha mãe nasceu com ossos quebrados, quatro dedos numa das mãos e várias outras deformidades. Ela passou boa parte da infância no St. Giles Catholic Hospital, pois precisou fazer muitas cirurgias para corrigir seus problemas físicos.

Quando tinha aproximadamente nove anos, Carol foi internada para uma segunda cirurgia, depois que a anterior para corrigir suas pernas atacadas pela poliomielite não teve êxito, resultando num terrível caso de gangrena. Ela foi levada à sala de cirurgia, foi anestesiada e, quando acordou, tinham-lhe amputado as pernas. Chocada, aterrorizada e confusa, ela não tinha para onde se voltar e certamente não lhe restara nada onde se apoiar. Os médicos decidiram amputar-lhe as pernas dos joelhos para baixo sem avisá-la. "Talvez tenha sido melhor", disse ela anos depois. "Eu não sei."

Seguiram-se anos de reabilitação. Meu avô, John DeMasco, ou "John, o sucateiro", tinha um comércio de ferro-velho e pagou o tratamento hospitalar da minha mãe. Era uma solução fácil para ele, dado o desdém que Concetta tinha por minha mãe. A vida certamente não foi fácil para Carol, e todos os seus momentos de vigília foram de sofrimento físico e emocional.

Mamãe foi criada por freiras, que a chamavam de Gertrude, seu nome do meio que ela tanto odiava, e durante um tempo depois das suas cirurgias, ela teve pouca fé em si mesma e num Deus que fora capaz de transformá-la numa pessoa mutilada. "Perdi as pernas e eu simplesmente não queria sair da cama", ela me contou certa vez. Então, uma freira desagradável foi até ela e lhe disse: "Sabe de uma coisa, Gertie? Você pode continuar deitada nessa cama e sentir pena de si mesma, ou pode se levantar e caminhar. Se não fizer isso, ficará nessa cama pelo resto da sua vida."

Ela se levantou. Por que razão minha mãe sobreviveu tão bem, apesar de todos os seus reveses? De que modo ter esperança a ajudou? Como foi que ela aprendeu a caminhar com duas pernas de pau tão bem como pessoas com pernas de verdade e provou que os médicos que disseram que ela nunca dirigiria um carro nem teria filhos estavam errados? (eles asseguraram a Carol que os filhos dela nasceriam deformados se ela tentasse tê-los, mas ela os teve mesmo assim; minhas irmãs e eu temos todos os dedos dos pés e das mãos).

Se você não fosse uma pessoa religiosa, diria que fanqueza nas palavras da freira foi o ponto de mutação para a minha mãe e que, por meio de pura determinação, ela superou os obstáculos. Ela compreendeu que podia continuar na cama e apenas ficar aguardando a morte, ou poderia ter esperança de que as coisas melhorassem, levantar-se, aprender a andar com pernas protéticas e, com isso, transformar em realidade o seu sonho de "melhorar".

Se você é uma pessoa religiosa, poderia dizer que a minha mãe era católica e que, portanto, sua esperança e fé em Deus fizeram com que ela continuasse a viver apesar das provações. Os monges budistas, ao contrário, diriam que a aceitação da sua realidade foi, para Gertie, resultado do destino e que ela estava apenas vivendo de acordo com ele.

Do ponto de vista Shaolin, o que aconteceu à minha mãe estava predestinado: ela reencarnara nesta vida pela segunda, ou centésima, ou milésima vez, como uma pessoa que perderia as pernas para que mais tarde pudesse, de uma maneira bem singela, servir de exemplo a outras pessoas, ajudá-las a diminuir o sofrimento delas. Se ela tivesse tido medo de morrer e não tivesse esperança, provavelmente teria morrido, pois uma vez que se está nessa disposição de espírito, isso pode causar mais dor e sofrimento, depressão, problemas de saúde, levando até à morte.

No fim, mamãe acabou dirigindo um carro, tendo cinco filhos, criando uma família e tornando-se a diretora local do Head Start, um programa do governo federal que dá assistência a milhões de famílias carentes. Ela *literalmente* salvou vidas e foi amada e respeitada por centenas de pessoas.

Carol era irônica e engraçada no seu jeito de encarar as situações da vida. Certa vez, ela me contou uma história de uma vez em que estava na Grand Central Station, esperando o trem. Minha mãe era bonita e sempre havia rapazes flertando com ela. Naquele dia era um soldado simpático, com quem ela também estava flertando. Como na ocasião ela estava usando um vestido longo que era moda as mulheres usarem naquela época, ninguém poderia saber que ela tinha pernas de pau dos joelhos para baixo, ainda que naquele tempo as próteses fossem realmente grosseiras, e dava para ver onde o coto da pessoa se apoiava na perna postiça.

Em geral, Carol caminhava muito bem com as suas pernas artificiais, mas dessa vez quando ela ia descendo as escadas, a correia que lhe prendia uma das pernas arrebentou. Bem, quando aquela perna caiu e rolou escada abaixo, muitas pessoas teriam ficado mortificadas, mas não Carol. O soldado perguntou, confuso e apressado, se podia fazer alguma coisa por ela. Apoiando-se no corrimão, ela olhou para o coitado do homem — que a essa altura estava pálido — bem dentro dos olhos e disse secamente: "Sim, vá pegar a minha perna." Ele pegou. "Agora, me dê o seu cinto", ela pediu. O soldado embaraçado entregou-o a ela; minha mãe apanhou o cinto, foi manquitolando até o lavatório feminino e o usou para amarrar a sua perna.

Quando ela saiu, o sujeito tinha desaparecido. Você pode ter certeza de que ela jamais disse para si mesma: "Arre, espero conhecer um outro rapaz." Ela sabia que por causa de sua beleza interior e exterior e de sua atitude positiva, ela ia conhecer. Eu ainda guardo as pernas da minha mãe. Ela sempre me disse que quando morresse não precisaria delas, pois Deus ia lhe dar as pernas no céu.

Carol jamais sentiu pena de si mesma. Ela era uma protetora: a sua prioridade era criar os filhos e ajudar os outros. Até onde eu sei, minha mãe nunca esperou pelas pernas; ela apenas compreendeu que não as tinha mais, e ponto final. Ela nunca esperou por riqueza, entendendo na vida adulta que provavelmente seria pobre, e manteve-se pobre. Carol era a encarnação perfeita de um monge guerreiro Shaolin dos tempos modernos. Era forte, era humilde e nunca quis nada para si mesma. Ela vivia no presente e nunca tinha expectativa de coisa alguma. Sua esperança tinha foco e direção. Ela sabia o que queria — dar esperança aos outros nos momentos de necessidade, do mesmo modo que lhe fora dada — e alcançou esse objetivo durante toda a sua vida.

Ao seguir o seu destino budista, o que minha mãe fez não foi muito diferente da maneira como um monge Shaolin — mesmo que este tivesse alguma incapacidade física ou outras limitações — esperaria viver no mundo. Houve muitos monges guerreiros cegos que conseguiram ser grandes mestres da filosofia budista e das artes marciais apesar dessa sua desvantagem física. Eu não aconselharia ninguém a se aproximar sorrateiramente de um monge Shaolin cego.

Outros monges perderam partes do corpo em acidentes e, mesmo assim, foram grandes guerreiros, pois há um ditado Shaolin que diz que quando se perde o braço direito, o esquerdo fica mais forte. Se você perder as pernas, os seus braços ficarão mais rápidos e mais fortes. Se você perder os braços e as pernas, sua *mente* se tornará a sua arma e ferramenta mais afiada, pois o seu foco consiste em compartilhar grande sabedoria com os outros.

Qualquer coisa pode ser realizada com muita fé e disciplina, dizem os monges, e isso nos remete ao fato de que a fé só precisa ser acompanhada de ação para que se transforme a esperança no uso positivo da própria energia emocional na vida.

Onde há vontade, há solução

Certa noite, alguns anos atrás, o telefone tocou: era a minha mãe; ela me contou que havia recebido uma ligação de uma mulher que soubera de seus esforços na vida e do seu trabalho na Head Start apesar de ter as duas pernas amputadas.

Essa mulher tinha um filho, Thomas, com onze anos de idade, que fora há pouco tempo atropelado por um caminhão, que o arrastou por mais de 25 metros. Ele tinha tido a sorte de ficar vivo. A mulher também contou à minha mãe que o filho dela era um astro do beisebol, e que a vida dele fora toda voltada para o esporte. Quando os médicos disseram a Thomas que ele ia perder uma das pernas, ele ficou arrasado, como qualquer um ficaria, ainda mais em se tratando de um atleta tão jovem.

Thomas ficou deprimido e caiu no silêncio, recusando-se a falar com qualquer pessoa desde que recebera a notícia de que sua perna ia ser amputada. Ele não queria conversar nem com os próprios pais, o que os deixava muito tristes e frustrados. Durante semanas eles tinham tentado fazê-lo falar, sem sucesso. Finalmente, por meio de alguns profissionais da saúde na sua comunidade, a mãe ficou sabendo de Carol e de seus dons especiais para lidar com situações familiares complicadas e procurou a sua ajuda. Ela suplicou que Carol conversasse com o filho dela. Minha mãe tinha lido a respeito da tragédia no jornal local, mas não conhecia o menino. Mesmo assim, ela disse à mãe aflita que tentaria falar com Thomas.

Mamãe pediu que eu a acompanhasse na visita. Quando entramos no quarto para ver Thomas, ele observou cada passo da minha mãe. Parecia zangado e, quando ela chegou até o seu leito, Thomas olhou bem para as muletas dela, que mais tarde na vida ela passou a usar diariamente. Ele não podia ver que ela tinha pernas de pau, por causa de seu vestido longo e do seu jeito suave de caminhar. Nós tentamos por vários minutos fazer com que Thomas dissesse alguma coisa, mas ele se recusava. Aquilo me pareceu durar uma hora: eu não sei o que minha mãe achou, mas eu me senti extremamente incomodado.

Carol olhou para mim e disse: "Stevie, espere um pouco lá fora. Eu quero conversar com ele a sós." Em seguida, ela me entregou as muletas. Eu esperei do lado de fora por mais de meia hora, esperando que mamãe saísse com um olhar desapontado no rosto. Contudo, ela fez o que pouquíssimos poderiam fazer, mas o melhor que sabia pela sua própria experiência de vida: eu creio que ela ofereceu a Thomas a esperança de que ele, a exemplo dela, viveria bem com uma perna só, em vez das duas. Ela não tinha expectativa de que o rapaz conversasse com ela: quer ele conversasse quer não, ela iria tentar ajudá-lo.

Thomas tinha um sorriso no rosto como se o acidente nunca tivesse acontecido. Minha mãe, depois, passou a me contar que ele ia ser, afinal, operado e que Thomas aceitara o fato de que ia ter uma perna artificial. Enquanto ela dizia essas palavras diante dele, o menino não se retraiu nem se mostrou, ao contrário, perturbado. Com efeito, minha mãe disse alegremente que o rapaz mal podia esperar para ter encaixada a sua prótese e começar a treinar beisebol novamente com a sua nova perna. Eu não pude responder: estava em estado de choque.

Quando deixamos o hospital, perguntei a minha mãe o que ela havia dito a ele. Ela respondeu com simplicidade: "Nada demais... ele é um garoto bonito", ela sorriu e continuou andando. Até hoje, eu ainda não sei o que ela disse. Só sei o que ela *fez*: não esperou nenhum resultado da situação; em vez disso, porém, usou a sua energia para dar a Thomas a esperança de que ele poderia aprender a andar e a agir tão bem quanto Carol. Assim como minha mãe, os monges Shaolin não querem nada para si: eles existem unicamente para melhorar a qualidade de vida de outras pessoas.

Carol DeMasco "entendeu a mensagem". Exatamente como disse certa vez um velho mestre Shaolin: "Dê esperança aos outros e você nunca vai precisar dela", Carol superou as adversidades da vida olhando além da sua incapacidade física, aceitando o que tinha e o que não tinha e optando por transmitir aos outros esperança em vez "ter expectativa" — aí está essa palavra de novo — de que as coisas na sua vida fossem diferentes.

Houve monges guerreiros Shaolin que usaram as suas habilidades de luta para dar esperança e proteção aos outros, e houve monges budistas que passaram muito tempo orando a Buda por coisas que eles gostariam de ver acontecer. Por experiência própria, eu digo que orar apenas não basta se não estiver apoiado pela ação. Essa é, para mim, a diferença entre um budista e um monge guerreiro Shaolin: em outras palavras, a diferença entre uma pessoa que reza e uma pessoa que reza *e* age.

Para alguns, só a fé e a prece bastam para passar pelos perigos da vida e, embora eu não esteja sugerindo que uma pessoa desista de sua fé, eu descobri que a minha fé em Deus precisa de um complemento para me ajudar a passar por momentos difíceis, sobreviver às piores provações e ir à luta pela minha vida e pela vida dos outros. Quando perguntei a minha mãe por que Deus permitia que tantas coisas ruins acontecessem a nós e a outras crianças do conjunto habitacional, ela respondeu: "Stevie, Deus ajuda quem se ajuda."

A esperança é parte integral de uma vida feliz e bem-sucedida, mas não é a panacéia para todos os males. Só pela esperança é que você pode desenvolver e sustentar o desejo de seguir o caminho rumo ao que você considera sucesso, libertando-se do medo, da dor e do sofrimento e *usando a energia que você resolver investir na esperança para trabalhar na construção daquilo que você deseja para si e para os outros.*

O VERDADEIRO PODER VEM DE DENTRO

*No Oriente, o dragão representa poder supremo.
Para atingir o poder supremo, é preciso desenvolver força
interior e abster-se de praticar ação direta: seja observador,
reflita com cuidado, pondere e contemple. Consulte os mais sábios
e os mais instruídos que você. Cultive e desenvolva atitudes
nobres, firmeza, força, moderação e justiça. Isso,
dizem os chineses, é o verdadeiro poder.*

Na vida, muitas vezes sentimos como se houvesse um conjunto de regras definidas pela sociedade com as quais temos de jogar e que, às vezes, fazem-nos sentir impotentes. Que "regras" de vida são essas e quem as criou? E, o que é pior, por que temos de segui-las? Com certeza você já se fez essa pergunta antes, assim como eu a fiz durante muitos anos, quando os seus pais o impediam de fazer alguma coisa, quando você não era tratado da mesma maneira que todos os outros ou quando se sentiu maltratado por pessoas com mais poder que você. As regras aparentemente arbitrárias incomodam a todos nós, pois a nossa incapacidade de mudá-las faz-nos sentir fracos. As regras da vida são, para nós, apenas grandes espinhos que tiram de nós o sentido de poder. E todo mundo quer poder.

Para cada pessoa, poder significa uma coisa diferente:

- Para um homem de negócios, ele pode significar ter ou ganhar mais dinheiro.
- Para um gerente comercial, ele pode significar gerenciar um número maior de pessoas.

- Para uma mãe, ele pode significar ter controle sobre os filhos.
- Para uma criança mais nova, ele pode significar ter mais brinquedos.
- Para crianças mais velhas, ele pode significar ter mais independência.
- Para um político, ele pode significar ter um cargo mais elevado no governo.
- Para um criminoso, ele pode significar cometer mais delitos.
- Para um líder mundial, ele pode significar ter mais liderança.

Para mim e para outros jovens que cresceram como eu, ter poder significava acabar com as filas da previdência social, não dormir com fome e ter roupas bonitas. Significava que ninguém me bateria ou me maltrataria mais. Eu procurava modos de obter poder, e as opções óbvias no lugar onde cresci eram as gangues, drogas e armas e todos os habituais delitos urbanos. Poder, para as classes mais privilegiadas, significa acesso à instrução com o objetivo de assegurar uma posição respeitada na sociedade, que confira *status*.

Quer você seja um motorista de táxi que controle todo o tráfego de um quarteirão, o CEO de uma multinacional que decida quantas empresas vai controlar, o líder de um país em guerra que você vai bombardear, ou o chefe de uma quadrilha que decida que chefe de uma quadrilha rival vai matar, a motivação é exatamente igual: *obter poder*.

É por isso que ninguém quer ser visto como uma pessoa fraca. Especialmente alguém como eu, um jovem do centro urbano. Para combater essa sensação de fraqueza, muitos de nós fazemos todo o possível para parecermos poderosos — um comportamento que não difere dos animais que estufam o peito quando ameaçados para parecerem maiores do que são para os inimigos. Na minha tenra idade, era simples: eu achava que se eu pudesse aprender a lutar, depois participar de combates e vencê-los, eu teria o máximo de poder. As regras não interessavam, pois *eu* iria criá-las.

A nossa confusão sobre quem cria as regras, quem tem poder sobre a nossa vida e por que temos de seguir as regras que nos são impostas remonta à infância. Eu comecei a me interessar por saber quem criava as regras quando tinha seis anos de idade. Numa época em que eu deveria estar pensando só em brincar e me divertir, eu tentava imaginar como seria ter a mesma vida daquelas outras crianças que pareciam muito mais felizes que eu. Por que eu era diferente? Elas tinham roupas e brinquedos caros, pareciam ter famílias onde todos gostavam uns dos outros, iam juntos passar as férias na Disneylândia e tinham comida farta.

O VERDADEIRO PODER VEM DE DENTRO

Eu, no entanto, era pobre: quando não estava na escola fundamental, eu passava o tempo esperando nas filas do serviço social por roupa e comida, que minha mãe não tinha condições de comprar. Em algumas ocasiões, só o que tínhamos para comer era bolacha e leite, que ela misturava para mim num copo de papel. Carol, minha mãe, fez péssimas escolhas com relação a homens. A primeira foi casar com meu pai, Al, um sujeito demente que, como já mencionei, batia nela e abusava sexualmente de mim. Visto que, na minha opinião, ele tinha poder — era maior, mais forte e mais bravo — eu seguia as regras dele.

Isso significava, como vim a saber, que eu não tinha nenhuma destreza física, nenhum controle e pouca esperança de que as coisas fossem diferentes. Ainda por cima, eu era um fracote que vivia apanhando. Em resumo, eu não tinha poder. Essa sensação era horrível e ia ficando pior à medida que eu crescia. Eu não compreendia que eu precisava criar as minhas próprias regras.

PODER NAS RUAS

Eu não fui o único a ficar frustrado com as regras. Cerca de dez anos atrás, eu estava recrutando membros de gangues e outros jovens nas ruas para participar do meu programa de orientação e treinamento em artes marciais. Ali estava eu, um homem branco no gueto de New Haven com vinte ou mais rapazes e moças violentos à minha volta. Eu estava desarmado: quando tento convencer jovens dos centros urbanos, não levo nenhuma ajuda — nem policiais nem armas — nada que faça os jovens se sentirem ameaçados ou que lhes dê algum motivo para não confiar em mim.

No meio da conversa, quando eu estava lhes dizendo o que eu faço com artes marciais e o que eles poderiam esperar se viessem se juntar ao programa, um dos garotos falou alto, desafiando-me. Por algum motivo, ele não gostou do que eu estava dizendo, ou dos meus modos, quem sabe? Ele olhou para mim com raiva e disse: "Dane-se você e essa merda de kung fu: eu só preciso *disto*." Em seguida, deu um passo adiante e me provocou enquanto enfiava a mão dentro do bolso do casaco.

Eu notei desde o princípio que muitos garotos o estavam observando para ver qual seria a sua reação para comigo. Até então, ele tinha aquele costumeiro olhar duro e vazio que todos os meninos de rua aprendem a usar para se protegerem.

Aqui está um exemplo de dois tipos *muito* diferentes de poder. Ele estava tentando impressionar os amigos com sua violência e sua arma, e eu estava tentando ganhar a adesão de moleques de rua. Estávamos cara a cara; geralmente eu não deixo ninguém chegar tão perto de mim, mas dessa vez eu deixei, pois se ele ia puxar uma arma para mim, eu teria mais oportunidade de desarmá-lo.

Eu não reagi durante cerca de quinze segundos, nem tentei fazê-lo baixar o olhar; em vez disso, continuei olhando para os outros garotos. Eu sabia que eu poderia dominá-lo antes que ele atirasse em mim, mas eu não tinha certeza de que uma outra pessoa não seria baleada. Compreendendo que o seu senso de poder não seria frustrado se eu o desafiasse a fazer algo que ele achava que poderia fazer melhor do que eu, entendi qual deveria ser o meu passo seguinte.

Por fim, olhei para ele. "Vou lhe dizer uma coisa. Vou fazer um trato com você. Se você conseguir pegar o que tem no bolso antes de eu pegar você, você pode atirar em mim. Se não conseguir", eu disse com um sorriso estúpido no rosto, "você terá de assistir às minhas aulas de kung fu."

Bem, ele não soube o que fazer. Eu parecia ridículo demais para tomar um tiro, que era no que eu estava apostando e que, por causa disso, ele hesitava em puxar a arma. Nesse momento, ele deu um passo para trás, tirou a mão do bolso e disse: "Dane-se, cara, você é muito doido."

Naquele instante eu soube que eu vencera, sem ameaçar a posição de poder dele.

No dia seguinte, e várias vezes depois disso, junto com alguns outros garotos que estavam interessados, ele veio à minha academia assistir às minhas aulas. Seu senso de poder não fora frustrado pelo meu desafio e ele percebeu que não seria fraco se me deixasse tentar ensinar-lhe algo. Esse foi um ótimo exemplo de Shaolin porque, embora minha vida estivesse decididamente em risco, em vez de agir com o meu ego e o meu poder, numa situação em que alguém — inclusive eu — poderia ter se ferido ou sido morto, eu renunciei a ter controle sobre ela, propus ao garoto um acordo durante o conflito e ele aceitou.

Ele não se mostrou completamente poderoso nem totalmente fraco, e nem eu. O garoto teve a oportunidade de tirar da situação algo bom para si mesmo, em vez de atirar em mim, que teria demonstrado muito menos poder e muito mais risco para a sua vida, pois qualquer idiota pode disparar um revólver; e eu tive a oportunidade de ajudá-lo a entender que nem tudo se resolve com violência — que ele poderia continuar a ter poder sem ter de balear alguém. Infelizmente, ele foi baleado uma semana depois numa guerra entre gangues e morreu. Fiquei realmente triste: eu gostava dele e sabia que depois que superamos a nossa divergência inicial sobre o poder, ele também gostava de mim.

Essa história, a exemplo de tantas outras de que eu participei, só reforça a crença dos monges guerreiros Shaolin de que todo mundo é essencialmente bom e que todas as pessoas querem fazer coisas boas: elas só precisam que alguém lhes mostre o caminho certo. Algumas vezes, porém, é tarde demais.

MUDE A SUA PERSPECTIVA COM RELAÇÃO AO PODER

No começo do meu treinamento em artes marciais, eu logo vi que se eu me tornasse realmente bom no kung fu, eu teria poder, e essa busca possivelmente não machucaria fisicamente ninguém a não ser eu mesmo, pois eu estava fazendo aquilo por mim. A filosofia chinesa diz que você treina corpo e mente, mas eu estava treinando para dar socos mais rápidos do que qualquer outro, já que eu achava que ser veloz me daria o máximo de poder. Mas quanto mais eu insistia nisso, menos capaz eu era de aprender kung fu. Era muito frustrante. Eu costumava abordar o Grão-Mestre Fu com a seguinte questão: "Sei fu", eu dizia, "minha perna direita está rígida demais e não consigo esticá-la bastante bem. Como posso ser mais flexível?"

Ele me olhava fixamente e não dizia nada. Quando eu o pressionava, ele às vezes me fitava e depois murmurava no seu inglês precário: "Apenas se esforce mais." Certamente, eu pensava comigo mesmo, não deve ser esse o "segredo" esquivo das artes marciais orientais. Totalmente estimulado pelo meu ego, eu logo abandonei as aulas de Fu, achando que daquela maneira eu nunca obteria o poder que buscava.

Mestre Yon Lee, meu mestre seguinte, tinha um método semelhante para me ajudar a aprender a disciplina. Quando eu disse a ele que parecia que, quanto mais eu me alongava, mais rígido eu ficava, ele respondeu: "Apenas se alongue mais." Mestre Lee também impôs condições: ele não me ensinaria as formas de Shaolin se eu não estivesse disposto a aprender culinária e medicina chinesas. Eu fazia três aulas num só dia: primeiro, artes marciais durante uma hora, depois uma aula de medicina na qual eu aprendia a misturar todo tipo de fétidas ervas chinesas em cataplasmas e, por fim, uma hora de culinária. Praticar o controle da respiração, tão essencial a uma postura como o "tigre", na qual concentrar-se no equilíbrio e saltar de um ponto a outro como faz o grande felino são fundamentais, depois mourejar como um escravo num forno quente, não era a idéia que eu fazia de diversão. Os dias que eu passava no *kwoon* eram confusos, suados, exaustivos e, pior que tudo, fedorentos.

"Eu não quero fazer medicina ou cozinhar", eu disse a ele. "Passei anos cozinhando para a minha mãe, irmãs e o meu padrasto porque mamãe não sabia nem fazer torrada!" Eu achava que já tinha tido o suficiente disso. Sei Fu Lee olhou para mim, entregando-me um almofariz e um pilão. Ele não parecia exasperado. Isso não abalou nem um pouco a sua decisão de me mandar preparar comida e remédios à base de ervas. "Moa", ele disse rudemente, indicando que não me cabia escolha no assunto. Revirei os olhos e obedeci, adicionando ervas à mistura medicinal que ele queria que eu preparasse.

Lá ia eu me arrastando duas vezes por semana de Brockton para Chinatown de Boston para uma aula de artes marciais, e aquele cara estava pedindo que eu fosse um cientista maluco, entre outras coisas. Eu não queria acreditar que todas essas atividades periféricas fossem parte do espírito — e da prática pura e correta — das artes marciais.

Mestre Lee e eu não gostávamos um do outro. No entanto, ele me suportava por respeito a um amigo mútuo, que nos apresentara. Eu fiquei porque comecei a aprender muito com ele, e ele acabou usando o remédio ao qual eu estava resistindo para me curar. Mestre Lee me deu o que nenhum cirurgião ortopédico fora capaz de me dar: a cura dos meus joelhos depois de quinze anos, que a essa altura sofriam de lesão decorrente da prática de esportes e de artes marciais.

As compressas à base de ervas chinesas que eu preparava e Lee aplicava eram quentes como o diabo e, às vezes, piores. Mas funcionavam. Eu saía da sessão rangendo menos: meus joelhos estavam se curando, assim como a minha alma. Comecei a pensar que as ervas eram, de fato, parte do "segredo" chinês que eu estava tão desesperado para descobrir, e que talvez eu estivesse lutando pelo tipo incorreto de poder. Meu desespero era muito semelhante ao de tantas pessoas: eu queria ser o mais forte, o mais rápido e o melhor lutador em ação, já que muitos de nós ganham mais dinheiro, possuem coisas mais bonitas, são os melhores vendedores da empresa ou conquistam reconhecimento por serem excelentes no que fazem. Mas a realidade era outra: a minha impaciência me tornava mais fraco, e os pequenos vislumbres que eu tinha de como eu era muito mais forte mental e fisicamente quando se-

O VERDADEIRO PODER VEM DE DENTRO

guia o programa do mestre — e não o meu — me ensinaram a diferenciar o que é poder verdadeiro daquilo que não é.

Em alguns anos, eu sabia preparar razoavelmente um marreco à moda de Pequim e a curar pessoas. Aprendi a me auto-analisar e decidir, em qualquer situação, se realmente eu necessitava de mais poder e, em caso afirmativo, como faria com que ele servisse a mim e a outros de uma maneira mais positiva e mais produtiva. Às vezes, como ocorreu no caso do garoto armado da gangue urbana, eu não precisei ter mais poder e percebi que desistir de usá-lo fora, na verdade, mais eficaz do que humilhar o garoto diante dos seus colegas, que poderia ter me baleado ou matado uma outra pessoa.

Como você pode ver, o poder dentro de casa ou no mundo exterior pode ser tanto construtivo como destrutivo. Na pior das hipóteses, ele pode destruir amizades e famílias, e a pessoa pode perder o emprego se abusar dele; países inteiros também já foram destruídos por ele e pela busca de poder por parte de pessoas. Se quisermos ter alguma espécie de poder sobre os outros, devemos também possuir qualidades de liderança e organização. Isso implica uma capacidade de impor regras ou valores com compaixão e sabedoria, seja na qualidade de pai, de chefe de uma equipe de trabalho, de cônjuge ou de amigo.

Qual é a importância disso?

Nós crescemos vendo o poder como uma espécie de símbolo de status que devemos atingir, ou por causa da baixa auto-estima, ou porque sentimos instintivamente que todos nós somos essencialmente iguais, de modo que quando alguém tem mais do que temos, nós questionamos. À medida que vamos envelhecendo, o poder se transforma mais na influência e no controle que exercemos sobre a nossa própria vida e na daqueles que estão ao nosso redor. O poder verdadeiro, no entanto, é algo muito diferente.

O que significa poder para você?

- Se você é um pai ou uma mãe, pense em como seus filhos estão reagindo a você. Eles demonstram respeito? Sabem ouvir e contribuem para o bem-estar da família (ajudando nos deveres e tarefas de casa sem pagamento em espécie) se já estão bem crescidos? As crianças têm um dom natural de exercer poder sobre os pais: esgotando a paciência dos pais com queixas ou comportamento negativo e fazendo-os sentir-se culpados quando não conseguem o que querem. Só existem duas maneiras de você reagir. A primeira consiste em exercer a sua autoridade e aplicar punição; a segunda, em ensiná-los a maneira correta de agir dentro de uma família. A primeira não é o método Shaolin, porque nos templos os monges mais velhos ensinam os mais novos a viver, trabalhar e praticar kung fu adequadamente pelo ensinamento, não pelo castigo.

- Se você é um adolescente e quer mais liberdade e respeito por parte de seus pais, você pode torturá-los e tornar a vida deles infeliz, ao se rebelar. Não é essa atitude que os monges Shaolin teriam, mas é, seguramente, um caminho para a autodestruição e o sofrimento. Você não conquistará nenhum fã se adotar esse método e acabará magoando a si mesmo e aos seus pais nesse processo. E, o que é mais importante, você não terá poder algum. Você será apenas detestável. O modo correto de conquistar poder verdadeiro é contribuir para o bem-estar da família e demonstrar que você é muito responsável ao acatar as regras dos seus pais, tratando a eles e a seus irmãos com respeito, e tendo um bom desempenho nos estudos. Então, você terá mais liberdade e poder para fazer o que quiser, pois o terá merecido por você mesmo e aos olhos dos outros.

- Se você é um chefe que está tendo problemas no trabalho e não consegue fazer com que os seus subordinados tenham o desempenho que você gostaria que tivessem, você *pode* ameaçar demiti-los, incumbi-los de tarefas que detestam, ou tratá-los com desrespeito. Os monges não aprovariam o seu comportamento. Eles diriam que é preciso tratar as pessoas com respeito para conquistar respeito e que esse é o verdadeiro poder. Você poderia informar aos seus subordinados que você *respeita* a capacidade de trabalho deles e que já que eles são peritos no que fazem, você está aí para ajudá-los e fazer todo o possível para aumentar o desempenho e melhorar a qualidade de vida deles. Este método provavelmente terá os resultados que você deseja, você continuará ocupando o seu cargo e os seus subordinados apresentarão resultados melhores. As pessoas querem ser reconhecidas pelos seus talentos, seja qual for o tipo de atividade que exercem: isso significa que todo mundo, desde a faxineira que encera o chão no edifício de escritórios onde você trabalha até o pesquisador que procura encontrar a cura do câncer, quer ser tratado com respeito e amabilidade. Significa também que todos nós queremos essencialmente as mesmas coisas na vida, que ninguém é assim tão diferente de nós, e que devemos tratar os outros de acordo com esses princípios.

A DESCOBERTA DO SEU VERDADEIRO PODER

Para chegar mais perto do verdadeiro poder, é importante entender que o poder pode ser facilmente mal interpretado. A fim de demonstrar isso nas minhas aulas, eu realizo um exercício simples. Peço ao jovem de aparência mais forte para vir à frente dos seus colegas. "Abra as pernas num ângulo um pouco maior do que a largura dos seus ombros", eu digo, "e dobre os joelhos de modo a ficar semi-agachado." Essa é a chamada "postura do cavalo", e é a base do estilo Shaolin de kung fu (ver apêndice A) e da maior parte dos outros estilos de artes marciais porque ela lhe dá uma posição muito forte e sólida. Em seguida, aviso o aluno que vou empurrá-lo de lado com toda a minha força, tentando tirá-lo da sua postura e derrubá-lo no chão. Não sei dizer quantas vezes a pessoa sorri maliciosamente — por falta de um bom domínio da física — achando que isso provavelmente vai ser muito difícil. E assim eu prossigo, usando minhas duas mãos e o peso do meu próprio corpo, na tentativa de empurrar e derrubar o aluno. Nesse momento, o aluno com um sorriso maroto está certo: freqüentemente não consigo movê-lo, uma vez que é praticamente impossível fazer isso da posição em que me encontro.

Continuo a empurrar. Estou praticamente gemendo com o esforço enquanto vai crescendo a expressão de confiança no rosto do aluno. "Desista, cara", ele diz de vez em quando. Eu continuo pressionando. Quando eu percebo que ele está quase chegando ao excesso de confiança — e as pessoas que estão assistindo também sentem que eu não vou conseguir mover o aluno — escolho um dedo e dou um leve empurrão no peito dele. *Noventa e nove por cento das vezes*, ele cai para trás, apesar de o empurrão ter exigido pouco ou nenhum esforço da minha parte. O resultado? A pessoa que se sentia como o King Kong ainda há pouco agora se sente impotente e sem controle. Os espectadores ficam tão espantados como o aluno.

A lição? Juntos, o aluno e eu demonstramos que, apesar da postura Shaolin do cavalo ser extremamente poderosa num sentido, ela é muito fraca noutro. Eis aí novamente o princípio yin-yang dos opostos e do equilíbrio: como escreveu Sun Tzu, o grande guerreiro chinês, há 2.500 anos: "Na força, existe fraqueza e na fraqueza existe força."

O verdadeiro poder começa pela aceitação de que você não consegue controlar muitas das coisas que acontecem a você, por mais forte que seja. Por exemplo, seus filhos crescem, casam-se e saem de casa para começar uma vida nova por conta própria. Para muitos pais, isso representa uma grande perda, e eles envidarão todos os esforços para manter os filhos perto, mesmo quando estes são adultos. Ou então seus amigos e parentes adoecem, e alguns deles morrem prematuramente. Você pode perder muitas das coisas que passou a vida inteira acumulando, como riqueza. Muitas das coisas que você acha que nunca vão acontecer com você, acontecem e, por mais poderoso que você ache que é, você não terá o poder de impedi-las. Você poderia ser o CEO "mais poderoso" do planeta — controlando a vida de milhões com um único telefonema. Mas se é essa a sua definição de poder, até que ponto você vai se sentir poderoso quando estiver velho e agonizante e não controlar mais nenhuma das empresas e nenhum dos funcionários que tinha outrora?

Como já sabemos, essa é uma crença budista básica. Conhecer o verdadeiro poder é aceitar que muitas coisas que você se esforça tanto para evitar vão acontecer de qualquer jeito, e quando esse momento chegar, você precisa encontrar o verdadeiro poder para lidar com elas. O verdadeiro poder — que pode também ser visto como sucesso em qualquer empreitada — começa pela aceitação de que existem algumas coisas na vida que nós simplesmente não podemos mudar ou controlar (como uma infância ruim ou uma doença debilitante), e que as únicas reais regras de vida são as que criamos para nós mesmos e as que a própria vida nos impõe. Quanto às regras da sociedade — a de que você precisa cursar uma universidade para ser um sucesso, ou a de que precisa ganhar um milhão de dólares para ser considerado verdadeiramente poderoso — elas são completamente arbitrárias.

QUAIS SÃO AS "REGRAS" DE SUCESSO NO OCIDENTE?

Que significa sucesso para nós? Melhor ainda, o que fomos programados para acreditar que é sucesso?

- Você é um perdedor se não tiver formação universitária.
- Deve haver "alguma coisa errada com você" se você é mulher e não estiver casada até os trinta anos — e pior, se não tiver gerado filhos.
- Você é um fracasso pois abandonou o curso de Direito. Ou se formou em Direito, mas se tornou um enfermeiro porque queria ajudar as pessoas de um modo diferente. As pessoas acham você esquisito por ter feito isso.
- Você tem dois metros e dez de altura e detesta basquetebol; ou tem um metro e meio e adora jogar esse esporte, mas todo mundo ri ainda que você seja bom nisso.
- Se você fosse uma mulher com filhos na década de 1950 e tivesse uma carreira, você não seria vista com bons olhos e seria considerada uma péssima mãe.
- Se você fosse uma mulher com filhos na década de 1990 e tivesse uma carreira, você seria vista com bons olhos: na verdade, seria considerada uma pioneira.

Esses são alguns exemplos de como as "regras" da sociedade são francamente ridículas. Só você pode definir as regras para o seu próprio sucesso. Só você pode descobrir o poder por saber que está fazendo a coisa certa e, se você viver a sua vida dessa maneira todos se beneficiarão. Há exemplos de milhões de pessoas que quebram essas regras e as redefinem para si mesmas todos os dias.

A vida lhe dá o que você dá a ela, e todos os que estão ao seu redor merecem tudo o que você tem de bom para lhes oferecer.

Depois de levar muitos pontapés da vida e ficar com raiva disso durante muitos anos, agora eu sei que a força por detrás dos meus socos e pontapés é capaz de matar, com a mesma presteza que os jovens dos centros urbanos com os quais trabalho sabem que puxar o gatilho vai tirar a vida de uma pessoa. No entanto, nenhuma dessas respostas torna a mim ou a eles verdadeiramente poderosos. Eu aprendi que verdadeiro poder é saber o que você quer de verdade, para si e para a sua vida, para não tomar decisões precipitadas, com base na raiva, mas sim decisões eficazes, com base no raciocínio e na observação. Nada é mais difícil, porque isso implica abandonar velhos padrões de pensamento que o fazem acreditar que ter poder é aceitar uma briga ou ganhar um milhão a mais do que o seu vizinho. Mas não é.

Napoleão disse certa vez: "O momento mais perigoso numa batalha é a vitória." Nunca esqueci essa frase. A vitória é perigosa porque quanto mais vencemos, mais poderosos pensamos que somos, e podemos ficar muito negligentes nas nossas transações com os outros. Pensar que somos mais poderosos nos leva a abusar do poder e a nos julgar invencíveis. É aí então que ficamos negligentes, cometemos erros e podemos acabar sendo derrotados pelos nossos inimigos (e às vezes... somos *nós* o inimigo), o que tem acontecido sistematicamente ao longo de toda a história e continuará a acontecer até que nós, como parte da sociedade, comecemos a fazer algumas mudanças importantes.

O verdadeiro poder vai muito além dos nossos sonhos e desejos individuais. Ele é maior que isso e é maior do que nós. Ele significa reconhecer que em essência somos frágeis, andamos à deriva neste planeta dentro do cosmos, mas que estamos também todos ligados pelo mesmo destino, quer admitamos quer não. Nós todos passamos pelos mesmos problemas — raiva, medo, insegurança, auto-estima — de modo que se as pessoas são felizes neste país e infelizes em todas as outras partes do mundo, por quanto tempo você acha que essa felicidade vai durar?

Portanto, o segredo do verdadeiro poder consiste em compreender quem somos e o que queremos, e depois alcançar nossas metas individuais de felicidade, poder ou sucesso pessoais para que possamos um dia ajudar outros a alcançar também as suas metas. Uma vez que tivermos realizado isso, estaremos não só desvendando o verdadeiro poder dentro de nós mesmos, mas também ajudando o mundo a funcionar de uma maneira muito mais amorosa, compassiva e natural.

NÃO EXISTE PROGRESSO SEM DESPRENDIMENTO

*Quando olhamos para a estátua de uma grande pessoa,
achamos que ela tem algo que nós não temos. Somos ensinados
a pensar que só uma minúscula porcentagem de nós terá
os atributos necessários para ser um herói. Muitos de nós
nunca ganharão o prêmio Nobel, curarão doenças ou
matarão dragões, mas cada um de nós é chamado para ser
um rei ou uma rainha, um herói na nossa própria vida cotidiana.
Estátuas não são construídas para homenagear uma vida
extraordinária, e sim para nos fazer lembrar do que
é possível em nossa própria vida.*

— Autor anônimo

AME A SI MESMO E SE DESAPEGUE DE TUDO

Meu irmão Billy nunca encontrou a felicidade. Ele achava que seria feliz e que a sua vida seria validada se ele pudesse bloquear o seu passado e ser aceito por um determinado grupo de pessoas. Ele morreu tentando.

Billy era meu meio-irmão por parte de mãe e, como tínhamos pais diferentes, eu achava que éramos também muito diferentes. Ele e eu nunca nos demos bem porque ele era o filho preferido do meu padrasto, Mitch, para quem eu não sabia fazer nada direito nem era seu filho biológico. Isso não mudou muito à medida que fomos crescendo.

Billy tinha muitos problemas, apesar de ser "o filho favorito", título esse que eu fiz de tudo para conquistar de Mitch. Uma das piores incapacidades de Billy era sua grave dislexia. Naquela época, o sistema de ensino não tinha a sofisticação que tem hoje para avaliar e tratar a dislexia, e assim Billy foi rotulado de "incapaz de aprender" e posto numa classe de alunos muito retardados na aprendizagem. Na verdade, Billy era muito inteligente e, mais tarde quando ele foi submetido a um teste de QI, o resultado ficou acima da média.

Billy nunca realizou muita coisa na vida. Ele pulava de um emprego para outro, de um estado para outro, sempre tomando dinheiro emprestado de mim e de minhas irmãs e, na maioria das vezes, voltava duro para casa. Finalmente ele se mudou para San Francisco e lá permaneceu. Não me recordo quando descobri que ele era *gay*, porque esse assunto nunca foi discutido ou aceito na família, apenas suspeitado. Dizer que não éramos muito chegados seria um eufemismo; como resultado, eu nunca soube o que ele fazia para ganhar a vida, mas tinha ciência de que a sua necessidade de tomar dinheiro emprestado nunca cessava. Quase sempre, quando ele não ligava durante algum tempo para pedir mais um empréstimo, eu ficava sabendo como ele estava por meio de mamãe.

Durante uma de nossas muitas conversas, ela me contou que Billy estava com AIDS. Eu realmente não tive nenhuma reação, pois Billy sempre — e quero dizer sempre — mentia. Ele fora um mentiroso desde criança, talvez na tentativa de tornar sua realidade melhor do que era. Ele mentia a respeito de suas namoradas, de suas notas, dos lugares onde estava trabalhando, do dinheiro que ganhava e das pessoas que ele conhecia, de modo que eu também não acreditei nessa última informação — e não pelo motivo correto, que era o de que essa seria uma terrível verdade.

Infelizmente, essa notícia em particular revelou-se verdadeira. Billy tinha mesmo AIDS e estava morrendo lentamente. Demorou algum tempo, mas como acontece com quem tem AIDS, Billy simplesmente se desintegrou. Um ou dois anos mais tarde eu recebi um outro telefonema da minha irmã Michelle informando que não havia expectativa de que ele vivesse muito mais tempo. Ela pediu que eu fosse com ela visitá-lo em San Francisco, pois ele lhe dissera que não queria voltar e morrer na casa de minha mãe. Eu respondi de má vontade que iria.

Quando cheguei lá, fiquei chocado ao ver a sua aparência. Billy sempre fora corpulento como o pai — sempre acima de noventa quilos. Agora ele pesava menos da metade. Doeu-me vê-lo assim porque, apesar de nunca ter gostado dele, eu queria amá-lo como irmão. Billy perguntou se eu gostaria de conversar com ele a sós, e essa conversa provou ser a mais triste que eu já tive na minha vida.

NÃO EXISTE PROGRESSO SEM DESPRENDIMENTO

Ele queria fazer as pazes comigo. Ele disse que lamentava tudo que havia feito eu e minha mãe passar. Sua vida *gay* fora sexualmente muito promíscua, e agora ele estava pagando por isso. Billy disse que não se arrependia de ser *gay*, porque as pessoas que conhecera e com as quais fizera amizade como *gay* tinham sido boas para ele, mas que se arrependera de ser tão promíscuo. "Mas, Stevie", ele disse, suavemente, "os homens sempre gostavam de mim e me aceitavam como eu era."

Tudo o que Billy queria na vida era ser aceito e receber aprovação por ser quem ele era de verdade; no fim de tudo, quando estava morrendo de uma doença horrível, essa era a única coisa que lhe interessava. Não lhe importava se havia feito algo de bom para o mundo, para a sua família ou para o seu amante. Ele só queria que as pessoas acreditassem nele. Por mais patética que fosse a situação, eu pude me reconhecer nos anseios dele e perceber que por muito tempo eu acalentara, à minha maneira, o mesmo desejo de aceitação. Afinal de contas, Billy e eu não éramos tão diferentes.

Com efeito, não éramos muito diferentes de tantas outras pessoas que buscam desesperadamente alguma espécie de crença ou aceitação própria ou alheia. Os antigos monges também não estavam isentos desse tipo de desejo humano: eles queriam aprender o verdadeiro significado da vida para validar a sua própria existência, de modo que pudessem ter crença em alguma coisa suprema. Eles queriam ser aceitos como monges pelos grandes mestres e achavam que se conseguissem aprender e entender o caminho verdadeiro, teriam o poder de abrandar o sofrimento da humanidade. Esse é o objetivo mais abnegado que um ser humano pode ter, mas mesmo assim está todo posto a serviço da própria necessidade de aceitação dos monges.

A MONTANHA E O CAMINHO

Um monge perguntou a um mestre zen que vivia como eremita no alto de uma montanha: "Qual é o caminho?"

"Como é bela esta montanha", o mestre respondeu.

"Não estou perguntando sobre a montanha. Estou perguntando sobre o caminho."

O mestre respondeu: "Enquanto não ultrapassar a montanha, meu filho, você não conseguirá alcançar o caminho."

Alguns anos atrás, eu finalmente entendi o que o mestre zen estava querendo dizer. Toda a minha existência consistira em escalar montanhas, cada uma delas diferente em complexidade e em tamanho. Toda vez que eu encontrei uma montanha no passado, quer ela representasse um desafio pessoal ou profissional, eu sempre a "conquistei"; algumas eram mais difíceis de ultrapassar que outras. Sempre que eu chegava ao topo do meu monte Everest, eu me sentia bem, eu me sentia validado, e olhava ao redor em busca da aprovação de outros grandes alpinistas.

Desta vez, eu pensava, *certamente* alguém vai me notar e acreditar em mim — tornar-me parte de sua família, de seu clube ou do seu círculo de amizades. Visto que eu estava abordando as montanhas pelos motivos errados — eu nunca achava que tinha feito o suficiente ou que me esforçara bastante — daí a pouco eu já estava à procura de uma outra montanha para escalar, sem nunca estar satisfeito por ter alcançado o topo da anterior.

Levei muito tempo para perceber que talvez *eu* fosse a montanha e, enquanto eu não compreendesse quem ou o que eu estava realmente tentando alcançar, eu continuaria para sempre escalando montanhas, até que um dia eu morreria, ainda tentando, como o meu irmão Billy — sem jamais conhecer o caminho.

Os monges consideram a "montanha" não como um obstáculo a ser transposto para que você continue seguindo a sua jornada, mas como um obstáculo a ser avaliado, compreendido e removido ao perceber que você provavelmente o criou e que você só conseguirá ultrapassá-lo se reconhecer que tipo de bloqueio emocional ou espiritual ele representa para você.

Lembro-me que eu ficava irritado com a filosofia budista Shaolin quando ela me fazia ver quem eu estava sendo, e não como eu parecia ser para os outros no mundo. Nós temos a capacidade de fazer com que os outros pensem que somos alguém que não somos; é por isso que muitas vezes aparecemos para os outros vestidos ou de alguma outra maneira como gostaríamos de ser vistos: num carro de último tipo, numa festa da alta sociedade, doando dinheiro a uma instituição de caridade para que o nosso nome apareça nos seus registros — e assim por diante.

No meu treinamento Shaolin, eu tive de aprender a duras penas a ver quem eu era de fato e a aceitar a minha imagem no espelho. Eu sabia que eu podia *parecer* ser quem eu quisesse ser — coadjuvado por carros de último tipo, roupas finas e assim por diante — e poderia também representar quem eu quisesse ser, mas que, inevitavelmente, sozinho em casa, eu sempre iria me ver como eu era de fato.

Às vezes eu gostava do que eu via, às vezes detestava. Com o treinamento focado na mente e no corpo, o seu "verdadeiro eu" — talvez aquele que você vem evitando há anos — sempre vai aparecer, embora a princípio, muitas vezes, ele passe furtivamente por você porque você não quer vê-lo. Eu sabia que tinha falhas de caráter e que seria obrigado a encará-las de frente durante o meu treinamento com os grandes mestres: eu nunca conseguiria enganar a eles nem a mim mesmo realmente.

Isso se estendeu à minha prática de kung fu. Quando eu queria dar a impressão de que conhecia bem uma determinada forma, mesmo que eu não soubesse, eu perguntava ao mestre se ela era bastante boa. Invariavelmente, ele respondia as minhas perguntas com uma outra pergunta ou afirmação que, a meu ver, não tinha nenhuma relação com o que eu perguntara. Isso me deixava doido. "Trabalhe mais nisso", ele dizia simplesmente. Não importava se alguma coisa *parecia* correta, ela tinha de ser feita da maneira correta, pelo motivo correto para que *meu ser interior se fortalecesse*.

É claro que, por ser um incansável batalhador por respostas e aceitação, eu achava que aquilo era besteira. Por que diabos ele simplesmente não me dava as respostas às perguntas que eu estava fazendo? Eu estava tentando aprender, e aquilo não estava ajudando. Como se poderia esperar que eu melhorasse? Então, alguns anos depois, eu reli aquela antiga passagem sobre a montanha e "o caminho" e aprendi algo novo.

O monge que estava formulando a pergunta — sem obter a resposta que desejava — tornara-se um monge porque acreditava que poderia ter uma nova vida, uma vida que tivesse significado e explicasse o seu lugar no universo, o que também é conhecido de uma outra maneira como "validação". Antes dessa conversa, eu imaginava que os monges fossem uma espécie de pessoas superiores, num certo sentido; eles não "precisavam" das coisas que um homem como eu precisava porque a vida deles era muito ascética. No meu modo de ver, eles não "precisavam" de validação de suas habilidades, assim como não *precisavam* de sexo, amor ou dinheiro. Como se sabe, o desejo de validação ou aceitação é uma qualidade humana; todos os homens que desejam ser monges ingressam no templo para aprender e buscar a iluminação que possa validar a sua existência, assim como eu desejava.

No entanto, eu não consegui o que estava procurando, pois ensinar Shaolin para as outras pessoas não deveria significar, para mim, agradecimento, e sim acreditar que trabalhar com o propósito de ajudar os outros era a sua própria recompensa. Eu não entendia isso naquela época.

Quando comecei a trabalhar com pessoas perturbadas, eu esperava que os meus esforços para fazer o bem seriam reconhecidos, visto que eu continuava repetindo os padrões adquiridos na minha infância. Eu achava que para cada boa ação que eu fizesse, meus alunos viriam até mim, me abraçariam e diriam: "Eu amo você, Steve. Obrigado." Na maioria das vezes, isso não acontecia. Eu ficava constantemente decepcionado com as pessoas à minha volta e entristecido com o que, a meu ver, era a sua falta de gratidão. Só quando examinei as raízes dos motivos pelos quais eu sentia que precisava ter validados os meus esforços é que comecei a enxergar a verdade.

Para que nós compreendamos realmente por que temos necessidade de ser aceitos e validados, temos de analisar as nossas origens e o modo como fomos criados. Você já ouviu isso antes, mas é verdade. Existem duas forças propulsoras que ajudam a formar o tipo de pessoa que nos tornamos. Em geral, um menino procurará pautar a sua vida pelas coisas que o seu pai faz, assim como uma menina procurará seguir a orientação da mãe. Se o seu pai ou a sua mãe for superempreendedor, é muito provável que você se avalie pelo grau de conformidade aos padrões deles.

No meu caso, minha mãe era uma supermulher e o meu pai, um fracassado. Eu vivia com a minha mãe; portanto, ela teve maior influência sobre o meu comportamento e a minha formação inicial do que uma mãe geralmente costuma ter sobre um filho homem. Ainda que minha mãe fosse uma supermulher, ela passou a vida trabalhando bastante para ser boa, creio eu, a fim de poder ser aceita e estimada apesar das suas deficiências físicas. Se ela realmente acreditasse em si mesma e no que alcançara — sendo ou não uma deficiente física — ela não teria casado novamente, depois de largar o meu pai, com um outro homem violento.

Eu compreendi que eu era igual à minha mãe com relação à minha necessidade de aceitação: eu sempre queria que todo mundo gostasse de mim, e eu imaginava que isso validaria a minha existência. O que levei muito tempo para aceitar foi que, por mais que eu tentasse, seria impossível agradar a todas as pessoas, o tempo todo. Quantas vezes você já disse a si mesmo: "Eu não me importo com o que pensam de mim"? Isso é realmente verdade? Evidentemente, muitas pessoas podem dizer que têm orgulho próprio ou que não querem passar a impressão de só estar preocupadas consigo mesmas, mas na verdade o que elas estão pensando é isto: Eu *gostaria* de não me incomodar com o que os outros pensam de mim.

NÃO EXISTE PROGRESSO SEM DESPRENDIMENTO **183**

A verdadeira auto-aceitação vem quando paramos de nos preocupar em "ser alguém" e começamos a nos sentir bem com nós mesmos; se não nos sentimos bem com nós mesmos, sempre haverá novas oportunidades de mudar o nosso comportamento, e é nisso que devemos concentrar a nossa atenção.

Eu costumava sempre dizer que queria "ser alguém" na vida. Hoje eu percebo que *sempre* fui "alguém". Eu apenas não sabia disso. Eu estava preso demais ao passado, só enxergando aquilo que eu não tinha, sempre passando para o projeto seguinte sem jamais admitir que eu concluíra o anterior. Eu nunca me sentava e dizia: "Hei, Stevie, por que é que você acha que não é alguém?" A razão é que eu continuava tentando provar aos outros que eu tinha valor, em vez de prová-lo a mim mesmo.

Confúcio disse: "O homem que encontra a felicidade é melhor do que aquele que a aprecia." Muitas pessoas com baixa auto-estima (com a qual lutei a minha vida inteira) definem felicidade como a busca de aceitação e vida para os seus atos e a sua aprovação, pois é isso o que lhes falta. Uma vez que a aceitação e a aprovação vêm, nós nos sentimos felizes. Essa felicidade, porém, dura pouco. Ela é efêmera porque não é real. A felicidade real surge quando temos uma sólida compreensão de nós mesmos e do lugar que ocupamos no mundo, não quando saímos em busca de felicidade como um modo de preencher o vazio na nossa vida que deveria ter sido preenchido muito antes, ou neste exato momento, por meio de uma difícil auto-análise.

Muitos de nós *conhecemos* a verdade sobre nós mesmos. Nós sabemos que somos uma espécie de maria-vai-com-as-outras nas nossas relações, ou que ansiamos por aprovação. Contudo, não fazemos nada a respeito disso. Nós o ignoramos porque é doloroso reconhecê-lo e também tentar modificá-lo já que isso implica voltar ao passado, entender como começou esse comportamento e, depois, reforçar constantemente uma mudança nesse padrão.

NADA SE COMPARA AO MOMENTO PRESENTE

Em 1993 eu participei de um evento particular em Martha´s Vineyard com Jan Paschal, ministro da Educação dos Estados Unidos, com quem eu viajei por diversas vezes como representante do então presidente Clinton. O prefeito de Brockton estava presente, e Jan tentou me convencer a retornar a Brockton High School para fazer uma palestra para os alunos. Eu recusei categoricamente e compreendi que ainda guardava muito ressentimento contra a escola pelo motim que havia acontecido trinta e tantos anos antes: uma atitude muito contrária aos princípios do Shaolin. Quando o prefeito soube do trabalho que eu tinha feito com os jovens de centros urbanos ao longo dos anos, ele insistiu para que eu fosse para uma palestra, juntamente com alguns membros do gabinete de Clinton e representantes do Departamento de Educação.

Todos os anos o Departamento de Educação dos Estados Unidos patrocina um programa nas escolas de todo o país denominado "America Goes Back to School" (A América de Volta à Escola), para o qual selecionam algumas escolas, chamando a atenção pública para as escolas escolhidas. No final do evento, Jan, o presidente e o prefeito decidiram que no outono seguinte Brockton Hill seria uma delas, e que eu deveria ser o orador principal. Eu não podia decepcionar o presidente Clinton. Vestido de modo casual, com calças folgadas e uma camiseta pólo, esse homem poderoso, que então se dirigiu a mim pelo meu primeiro nome, tratou-me de igual para igual, como fazia com todas as outras pessoas, com o seu carisma e convicção: "Faça isso pelos jovens, Steve, como você sempre faz", disse ele pausadamente.

Will McDonough, um dos mais famosos colunistas esportivos do país, ligou para mim, pois queria fazer uma grande reportagem sobre o meu retorno a Brockton. Eu me perguntei se alguém poderia localizar Vinnie Vecchioni, que, a meu ver, seria um excelente complemento para a minha história. Se as pessoas pudessem saber como uma pessoa mudara tudo na vida de um rapaz perturbado, eu achava que essa seria a melhor maneira de explicar como eu conseguira mudar, quem fora o responsável e como depois eu procurei viver a minha vida com base numa filosofia de mudança e compaixão. Eu recomendei a todos os repórteres que ligassem para ele se *realmente* quisessem uma boa história sobre ajudar jovens do Brockton.

Então, eu me vi de volta a Brockton seis meses depois, percorrendo de carro as ruas vizinhas dos conjuntos habitacionais à noite antes da minha palestra. Eu estava inquieto, incomodado com a idéia de que, apesar do meu visível sucesso material, eu ainda me sentia perturbado até mesmo com um breve retorno, mesmo que o convite para dar uma palestra significasse uma honra para mim. Eu não fizera o bastante para escapar do meu passado? Eu já não era "alguém"? Todos os prêmios que eu recebera não faziam de mim uma pessoa diferente — se não melhor? Eu compreendi que ao tentar dei-

NÃO EXISTE PROGRESSO SEM DESPRENDIMENTO **185**

xar o meu passado para trás, ignorando num certo sentido quem eu era e de onde eu vinha, eu não evoluíra tanto como eu achara.

No dia seguinte, eu fui o último a discursar. Com cerca de uma centena de jovens extremados na platéia, eu tinha que falar depois do vice-secretário assistente do departamento de educação Wilson Goode, que no geral estava realizando um bom trabalho na Casa Branca, mas que naquela noite disse uma asneira. "De Washington", ele propôs, "nós só queremos que vocês saibam que mesmo que vocês jovens não se respeitem, nós respeitamos vocês." Quando eu ouvi Goode — que era negro — dizer isso a uma platéia basicamente formada por negros, percebi que estávamos em apuros. E, com toda a certeza, estávamos. Os jovens começaram a gritar e a vaiar, e uma garota teve um violento acesso de raiva: diante dos olhos dos membros do gabinete, quatro professores tiveram de tirá-la da platéia e carregá-la para fora do auditório. Gritando obscenidades indecentes demais para serem repetidas, podia-se ouvir a garota xingando Goode e seu impensado comentário muito depois de ela ter sido removida.

Foram necessários alguns minutos para acalmar novamente o corpo discente, e o fato de ser eu, um indivíduo branco, a ocupar o pódio não facilitava as coisas. Comecei a falar sobretudo da minha experiência em Brockton High e de como eu tivera de me elevar acima da pobreza e das dificuldades. Contei histórias engraçadas sobre o meu segurança pessoal, um negro chamado Dennis que me protegera, como eu sabia dançar melhor do que os crioulos e de como eu voltara a Brockton a pedido de Bill Clinton. Mas, sobretudo, falei sobre Vinnie Vecchioni e de como ele me orientara e salvara a minha vida.

Os jovens reagiram com risos, silêncio e choro, alternadamente. Acho que foi provavelmente a melhor palestra que já dei. Foi um grande alívio não ter sido um fiasco, pois apesar de eu já ter dado centenas de palestras ao longo dos anos, aquela me pareceu uma das mais difíceis de proferir.

O prefeito ocupou o palco e agradeceu-me pela palestra que dei. Em seguida, ele anunciou que tinha uma surpresa para mim. Vinnie, que eu não via há vinte anos, entrou no palco. Nós nos abraçamos e eu não consegui falar, embora quisesse desesperadamente agradecer-lhe por tudo o que fizera por mim e dizer-lhe que o amava. Os jovens que assistiam a tudo ficaram em silêncio, e quando finalmente Vinnie e eu nos desprendemos um do outro, eu vi que muitos deles — membros endurecidos de gangues, mães solteiras e traficantes de drogas — estavam chorando também. Aquele foi um dos melhores dias da minha vida. Eu voltara para casa, senti-me amado e entendi que estava exatamente onde deveria estar — mesmo em Brockton.

Os mestres Shaolin diriam o seguinte a respeito do tempo que eu levei para compreender tudo isso: "Afinal, não demorou muito!" É assim que eles pensam. É o caminho que você percorreu, e a experiência em si, que finalmente levaram a uma espécie de iluminação pessoal. Para os monges, iluminação é chegar tão próximo da condição de Buda que você se torna semelhante a Ele. No entanto, eles admitem, e agora eu também, que talvez nunca cheguem a esse último nível de experiência, porque existem algumas coisas que não podemos controlar. Contanto, porém, que passem todos os momentos do dia na tentativa de alcançar esse objetivo, ajudando a si mesmos e aos outros, tendo mais compaixão e aceitando a sua condição presente, isso já é muito bom.

Qual é o seu objetivo? O que você quer da vida?

Lembre-se: a vida é curta, portanto não existe tempo melhor para começar a viver do que agora.

ACABANDO COM O ABUSO

Carol, minha mãe, tinha dificuldade em me explicar por que as pessoas faziam coisas ruins. Ela se recusava especialmente a falar sobre Al, meu pai, e por que ele me bolinava. Uma criança não entende o que é abuso sexual, e é impossível explicá-lo na sua perversidade. Meu pai me dizia que fazíamos aquelas coisas porque se um filho amava o pai, era assim que se fazia.

Ele tinha direito a visitas depois da separação conjugal, e todo sábado de manhã meu pai vinha me pegar e me levava para a sua residência. Al tinha um apartamento no Upper East Side, em Nova York, não longe do lugar onde morávamos. Íamos caminhando até lá ou tomávamos um táxi quando ele tinha dinheiro, o que quase nunca acontecia. Minhas pernas eram curtas e a caminhada, longa, mas nunca longa o bastante para fugir do pequeno quarto escuro onde ele vivia.

Minha irmã Michelle me contou que mamãe sabia que meu pai estava abusando de mim. Como mamãe era aleijada e crescera sob os cuidados de um hospital católico dirigido por freiras, ela tinha medo de me perder. A sua preocupação era que o Estado viesse e me levasse embora. Do modo como ela via a situação, por ela ter estudado até a oitava série, quatro dedos numa das mãos e pernas artificiais — que tipo de mãe o serviço social pensaria que

NÃO EXISTE PROGRESSO SEM DESPRENDIMENTO

187

ela pudesse ser? Al, um detestável manipulador, dizia-lhe que se ela contasse a alguém o que ele fazia comigo, ele iria dar queixa ao Estado de que Mamãe era incapaz de tomar conta de mim. E assim, com medo, ela ficava triste e de boca calada.

Eu costumava presenciar Al bater em minha mãe também; lembro-me dele espancando-a e jogando-a no sofá. Eu ficava muito bravo quando via minha mãe chorando e me sentia completamente impotente. Tinha vontade de matar meu pai por abusar de minha mãe e de mim, mas eu o amava. Foi esse estranho e incondicional amor que me manteve preso a um padrão de ódio e adoração a ele por muitos anos e que me impediu, mesmo depois que ele desapareceu, de terminar meu relacionamento com ele. Alguma coisa, porém, tinha de acontecer: eu era infeliz e precisava encontrar um jeito de esquecer as lembranças e enterrá-las.

A aplicação da filosofia Shaolin na sua vida implica, em boa parte, pôr um ponto final em acontecimentos e situações que não foram boas para você. Muito disso tem que ver com abandonar velhos hábitos e idéias, que, como todos nós sabemos, demoram a desaparecer. Nessas ocasiões, precisamos lembrar que tudo está relacionado, e que pessoas fazem coisas ruins porque é isso o que lhes ensinaram. Elas estão repetindo um padrão que foi provavelmente transmitido por seus pais, e a única maneira de romper esse ciclo é tomar a decisão de encerrá-lo agora.

Muitas pessoas reconhecem seus problemas, mas não os corrigem por medo: medo de cometer erros, talvez, ou de perder algo, ou de achar que serão punidas por algum ato que praticaram. Assim que se começa a pensar em abandonar alguma coisa, o medo passa a fazer parte da situação. Não é fácil superar o medo, mas o que pode ajudar é lembrar que o medo nunca vai desaparecer se não for enfrentado. Mesmo que você o mantenha trancado na parte mais escura de sua alma, ele encontrará uma saída — nos seus relacionamentos, nos seus problemas pessoais, em qualquer lugar. E se infiltrará na sua vida de maneiras que você jamais sequer imaginou, até que seja finalmente enfrentado e liberado.

Os detalhes dos abusos que sofri sempre serão horríveis. Essa parte nunca mudará, e a vergonha e a confusão que eu sentia quando criança aumentavam toda vez que eu visitava o obscuro e minúsculo apartamento do meu pai. Muitos de nós temos uma espécie de quarto escuro no nosso passado, e as lembranças dolorosas que ele nos traz nunca desaparecem por completo, não importa o que fizermos. É difícil encarar o que quer que esteja guardado no *seu* quarto escuro — uma relação abusiva, um fracasso qualquer, um amor perdido, uma decisão imoral que você tomou — e depois encontrar uma solução para o problema. Pôr um ponto final numa história, particularmente quando se trata de uma relação abusiva, é definitivamente um dos passos mais difíceis de dar na sua trajetória, porque quando examinamos as crises da nossa vida, quase sempre estamos lidando com fantasmas ou, no mínimo, com lembranças muito antigas, enraizadas que têm funcionado como projetos de uma vida inteira. Eu levei um longo tempo para descobrir como superar essas imagens que eu tinha de meu pai toda vez que eu fechava os olhos, de dia ou de noite. Mas eu consegui. E você também consegue.

A TEORIA DO IMBECIL

Já mencionei isso antes, mas vale a pena repetir e enfatizar. Ninguém quer ser um imbecil. E acredite ou não, o conceito, embora eu o tenha americanizado, também é Shaolin. "Ninguém quer ser um imbecil" significa que todas as pessoas são essencialmente boas. Portanto, se elas são rancorosas, mesquinhas ou abusivas, é porque coisas ruins e desagradáveis aconteceram a elas. Elas não conseguem mudar essas coisas logo, e talvez sejam sempre imbecis, independentemente do que dissermos ou fizermos. Entretanto, se nós pudermos ao menos reconhecer que elas têm essa história — que provavelmente foi muito sofrida também — isso pode ajudar a nós mesmos a pôr um ponto final nela.

Crianças não compreendem o abuso cometido pelos pais, seja sexual, físico ou emocional. A maioria delas acredita que seu pai ou sua mãe abusivos amam-nas, mas elas estão muito confusas com esse relacionamento distorcido que mistura raiva e afeição. Freqüentemente me perguntam: "Como essas coisas terríveis podem acontecer, como nossos pais puderam cometer esses erros?" Meu pai batia na minha mãe e abusou sexualmente de mim repetidas vezes durante anos. Por quê? Por causa do abuso e do sofrimento que *ele* sofreu na sua vida. Hoje eu compreendo que o meu pai me amava apesar do que fez e que ele não foi capaz de levar uma vida normal.

Compreender que pais são seres humanos que cometem erros e que sua incompetência como pais não é de fato culpa deles ajuda os filhos a dissipar parte do rancor que sentem. O mais importante é que os filhos passem a entender que o comportamento questionável de um pai ou de uma mãe não é culpa dele ou dela, independentemente do fato de que qualquer tipo de abuso nunca é correto e jamais deve ser tolerado.

A tênue linha divisória entre ódio e perdão

Meu pai foi um rapaz desequilibrado e acabou se tornando um velho patético e desequilibrado. A última vez que eu o vi, foi com a intenção de matá-lo, já que ele levara minha avó a cometer suicídio.

Fui visitar Al pela primeira vez depois de anos numa pensão sórdida onde ele estava morando. Eu tinha dezesseis anos, e ainda não conhecia o Shaolin. Enquanto descia as escadas, Al não se parecia em nada com a lembrança que eu tinha dele. Estava menor, mais magro e mais curvado. A idade e a doença o tinham definhado.

Eu senti o contorno duro da faca no meu bolso, e na minha mente não havia dúvida de que eu ia matá-lo. Esse homem que magoara todo mundo — inclusive eu — e agora minha avó, já estava morto para mim, "Vamos conversar no meu quarto", disse ele. O quarto minúsculo não media mais de um metro e quarenta de largura por dois metros e oitenta de comprimento, com uma cama estreita e portátil e uma velha escrivaninha fixada junto à janela.

Assim que entrei no quarto, minha raiva se transformou em pena. De repente, eu amava meu pai de novo e queria cuidar dele. Embora eu achasse que já o perdoara por ter abusado de mim quando criança, todas aquelas lembranças voltaram de roldão. "Pai, não quero conversar aqui dentro", eu disse. "Podemos ir tomar um café em algum lugar?" Nós conversamos num restaurante próximo. Falamos sobre a vida dele e sobre a nossa família. "Minha vida não tem sido muito boa, Stevie", ele disse, mexendo o café puro e sem fitarme nos olhos. "Eu me arrependo de muitas coisas. Não mereço perdão."

E foi assim. Terminamos o café e ele pagou a conta. Não restara muito o que dizer e, durante a nossa lenta caminhada de volta à pensão, eu mantive as mãos enfiadas nos bolsos apalpando a faca, pensando no que eu fora fazer ali e como meu pensamento mudara em uma hora. Naquele dia, eu decidi ver toda a tristeza e complexidade que há numa vida, em vez de tirá-la.

Não houve um verdadeiro adeus entre nós. "A gente se vê", disse Al, com os olhos fixados no chão. "É, a gente se vê, pai" respondi, observando-o desaparecer dentro do prédio sombrio. Nunca mais eu vi meu pai depois disso.

Então, eu quase cometi o clássico erro de continuar permitindo que um comportamento abusivo se infiltrasse da infância para a vida adulta.

Quando cheguei em casa desse último encontro com o meu pai, eu me sentia triste, porém calmo e sereno. Pelo menos, eu assim achava. Eu contei a minha mãe que não só eu não tinha mais desejo de matá-lo, como ia me mudar para Nova York para poder cuidar dele. Minha mãe, que se afligia com o fato de só ter estudado até a oitava série, tinha muita sabedoria e, ao ouvir isso, quase me matou. Ali estava Carol, uma mulher que nunca me batera quando eu era criança, pronta para me matar a fim de me salvar. Eu podia contar nos dedos de uma das mãos as vezes em que ela erguera a voz comigo, mas naquele dia eu quase precisei contar todos os dedos das mãos.

Eu jamais me esquecerei do que ela disse, depois que se acalmou: "Vá morar com ele se você quiser", ela zombou. "Ele vai arruinar a sua vida como arruinou a nossa." Nesse dia, eu soube que ela largara o meu pai e me levara com ela para poupar nossas vidas. Mesmo quando eu olho para trás depois de tantos anos, eu me dou conta de que eu já sabia da grande diferença que há entre entender os problemas da pessoa que abusou de você e permitir que você mesmo continue sofrendo abusos. Meu pai teria continuado a abusar de mim de qualquer modo que eu lhe permitisse fazê-lo. Era assim que ele era e certamente ele não iria mudar, de modo que o meu sofrimento teria prosseguido.

Mais tarde, quando adquiri mais conhecimento sobre o comportamento humano, eu apliquei a teoria do imbecil ao meu relacionamento com meu pai. Em lugar de analisar o que ele fizera comigo, passei a analisar o que fora feito com ele e comecei a responder certas questões. O que poderia ter feito um homem como ele ter um filho como eu, que aos dezesseis anos sobrevivera a tudo o que ele fizera comigo e à miséria, além disso? Como pôde um sujeito tão desequilibrado fazer com que minha mãe, uma mulher carinhosa e inteligente, casasse com ele? Eu examinei a vida dele para saber tanto quanto possível sobre as suas origens: voltei a conversar sobre o assunto com a minha mãe e descobri o que o pai de Al fizera com ele e como abusara dele.

Ter perspectiva é um dom notável. O pai do meu pai costumava tratá-lo a pontapés e bater nele sem dó. Eu refleti sobre o que isso deve ter significado para ele. Em seguida, depois de ter espancado Al quase até a morte, meu avô ia até ele e o abraçava, dizendo-lhe o quanto o amava. Entendendo o que significava esse jeito absurdo de dar "amor" e "carinho", eu compreendi o que Al passara, e isso me ajudou a pensar no meu sofrimento de um modo *diferente*. Não me entenda mal, o sofrimento ainda existia. A perspectiva não diminuía o que eu havia passado, mas me ajudou a entender o que estava acontecendo para que eu pudesse ajudar melhor a mim mesmo. Em vez de sentir raiva de todos os que destruíram a minha vida, eu consegui perceber que eu era apenas mais um elo na cadeia e que, se eu não interrompesse o ciclo de abuso, ele continuaria. Esse conhecimento ajudou a transformar em positivos minhas idéias e meu comportamento negativos.

Quando eu resolvo passar um dia num abrigo para mulheres vítimas de agressão, conversando com elas sobre o modo de se protegerem, sobre a gravidade de seus ferimentos e fazendo-as pensar na possibilidade de mudar suas vidas para melhor, eu penso na minha mãe e no meu pai que a espancava. Não pude ajudá-la ou a mim mesmo na época, mas *posso tentar ajudar essas mulheres agora*. Quando vejo meninos ou meninas de rua que precisam de orientação porque foram criados na pobreza e sem uma boa educação ou por pais abusivos ou negligentes, eu tento usar o sofrimento que senti na minha própria infância para ajudá-los, porque me vejo refletido neles.

Assim que aprendi a aplicar a Teoria do Imbecil ao modo como meu pai me tratava, consegui ter alguma perspectiva com relação às lembranças relativas ao abuso, pude identificá-las e lamentar o ocorrido de modo que elas não se desenvolvessem e depois, por fim, as esqueci. Os problemas que enfrentei por causa do ocorrido — como não acreditar em mim mesmo, baixa auto-estima, raiva, rancor, perda — tornaram a minha vida muito difícil, mas não a destruíram. O que ele fez comigo nunca vai realmente "desaparecer", mas ao decidir mudar a minha percepção do sofrimento, sou capaz de ir tocando a vida para frente.

O CICLO DINÂMICO DE VIDA E MORTE

A morte é, provavelmente, uma das experiências de vida mais difíceis de pôr um ponto final. A morte de minha mãe poderia ter me matado; ela era a minha heroína e o meu sistema de apoio. Embora fosse inacreditável a aflição que eu estava sentindo por essa mulher que foi a pessoa mais importante na minha vida, eu lutei contra a inércia.

É difícil fazer uma discussão sobre a morte em termos ocidentais dentro do contexto do budismo porque o Shaolin, assim como todos os ramos budistas, acreditam em reencarnação, o que significa levar uma vida com o máximo de compaixão que você puder, pois é isso o que determina sob que tipo de ser ou pessoa você voltará. Quer você acredite ou não, a nossa condição é semelhante à dos monges no sentido de que quando alguém que amamos morre, essa morte nos afeta porque "desejamos" ver essa pessoa viva novamente, de alguma maneira e em algum lugar.

Todos os budistas crêem que o sofrimento é causado pelo desejo e, no caso da morte, se você quiser acabar com a sua sensação de sofrimento, você deve renunciar ao desejo de ver essa outra pessoa viva. Obviamente, no momento da morte de um ser amado, isso parece impossível, do ponto de vista emocional, porque estamos muito acostumados a vê-la por perto. Estamos apegados a ela, como estamos apegados a um braço ou a uma perna, e se um desses membros tivesse que ser amputado, inevitavelmente sentiríamos dor!

Mas os budistas têm uma outra compreensão...

Nós seríamos muito mais capazes de aceitar a morte como uma coisa natural se não a fantasiássemos nesta cultura, investindo-a com uma conotação negativa. Embora os livros de histórias sobre bebês e filhotes de animais ensinem as crianças a respeito da vida e da morte, você encontrará muito poucos livros sobre a morte. No entanto, a morte é uma dinâmica natural da vida, assim como o nascimento. Nós ficamos tristes por causa do nosso apego não só a essa pessoa, mas também ao que ela representava para nós e na nossa vida. Quando um parente próximo morre, essa morte muda toda a nossa perspectiva de vida, e você precisa tentar descobrir um significado nela. Nós lutamos contra isso achando que a morte não faz sentido, mas essa idéia é absurda porque a morte é uma realidade que nenhum de nós pode modificar. Todos nós vamos morrer. A dor causada pelo apego é inevitável, mas podemos ajudar a nós mesmos a superá-la se nos lembrarmos de que a vida continua.

Quando um ser amado morre, as pessoas em geral sentem como se elas também estivessem morrendo. Elas choram, reagem batendo nos móveis, ignoram as crianças, ficam deprimidas durante dias, e assim por diante. Mas por quem elas fazem isso? A pessoa que morreu não precisa que você a lamente dessa maneira para saber que você a amava e se importava com ela. Na verdade, se ela visse você destruindo a sua própria vida, é provável que ela voltasse e lhe desse um tapa na cabeça. Nós precisamos deslocar o foco de nós mesmos — da influência dessa morte sobre nós — e começar a pô-lo novamente onde ele deve estar — nas pessoas que amamos.

Fui ao funeral de minha mãe sem, é claro, fazer esse tipo de análise, e havia muitas pessoas nele: quase trezentos carros trouxeram pessoas de luto para dar adeus a ela. Lembro-me que fiquei ali sentado numa pequena cadeira de metal, olhando em torno, sem ter a menor idéia de quem eram todas aquelas pessoas.

A verdade é minha mãe influiu em tantas vidas que todas essas pessoas compareceram ao enterro, e até aquele momento eu não tinha nenhuma idéia de como ela se tornara famosa pelas muitas contribuições que fizera para a vida de outras pessoas — o que só fez aumentar ainda mais a minha aflição. Carol tinha uma grande quantidade de prêmios conferidos pelo governo e pelo Senado pelo seu trabalho com os menos favorecidos, pais pobres que desejavam uma vida melhor para si e para seus filhos. Fiquei ali sentado me perguntando o que acontecera e por quê, como fazemos quando perdemos alguém que amamos.

Porém, a primeira coisa que fiz depois que minha mãe morreu — apesar do meu intenso sentimento de perda e ressentimento pelo fato de que ela se fora — foi voltar à minha academia de kung fu. Dois dias depois, eu já voltava a treinar pessoas. Ninguém conseguia entender como eu conseguia fazer tal coisa. Eu não tinha de me lamentar? elas perguntavam. A pessoa mais importante para mim se fora, e será que eu realmente queria ficar observando jovens aplicar socos e pontapés? Não, eu queria me sentar e chorar, mas também compreendi que a morte poderia tomar conta da minha vida — destruindo tudo de bom que eu construíra ao longo de muitos anos — minha família, meus negócios e meus relacionamentos.

De um certo modo, eu entendi que não havia *nada* que eu pudesse fazer para mudar a realidade da morte de minha mãe. Estranhamente, eu não tive essa atitude pois ela gostaria de me ver continuar a fazer alguma coisa louvável, apesar das dificuldades. De fato, muitos cientistas do comportamento classificariam o meu retorno imediato ao trabalho como "negação", mas na verdade era possivelmente a distração mais positiva para me ajudar a lidar com a minha dor. Eles diriam que ir visitar um túmulo e ficar observando o esquife é "lidar" com a morte, mas, a meu ver, isso é parte daquilo que mantém você preso à dor e o impede de dar um ponto final a ela.

A morte é uma coisa estranha: mesmo quando arrebata nossos entes queridos, ela tem o potencial de nos matar em conseqüência disso se deixarmos. Tenho reparado muitas vezes em casais idosos que quando um dos cônjuges falece, o outro morre logo em seguida. A questão é que, se você deixar que a morte de um parente ou de um amigo — ou até algo mais simples como a perda de um emprego — paralise você, você acaba ignorando outras prioridades que possa ter, como os filhos, ou o seu parceiro, ou mesmo o seu cão que depende de você em termos de alimentação e de cuidados. Quando nos agarramos a algo que já se foi, nós começamos a nos afastar da dinâmica natural da vida e a criar uma espécie de realidade alternativa, uma prisão para nós mesmos, onde não conseguimos nos mover, não fazemos nada e paramos de viver, como se fôssemos nós que tivéssemos morrido.

QUALQUER PESSOA PODE MUDAR O MUNDO

Quando um homem decide se tornar um monge Shaolin, ele deixa o passado para trás e recomeça a vida a partir daí. Ele aprende a reeducar e a reconstruir o seu corpo e a sua alma para que possa se preparar para o sacrifício e o dever irresistíveis de servir a este mundo. Isso exige uma fé incrível no que ele está fazendo, em quem ele é, além de aceitar que o resultado será correto, seja ele qual for.

Às vezes pode parecer que os monges Shaolin não levam uma vida tão ruim quanto a nossa. Eles não precisam enfrentar o desgaste diário de um emprego que detestam, um parceiro gritando com eles porque chegaram tarde em casa sem avisar, ou as centenas de outras distrações que encontramos no nosso próprio mundo. Tanto faz, no entanto, se clareamos a mente e reconstruímos a nós mesmos de cabo a rabo num pequeno vilarejo ou numa grande cidade. São necessários trabalho árduo, foco, disciplina e uma vontade firme de entender a nós mesmos e o mundo em que vivemos.

Acreditar em si mesmo significa ter uma definição clara de quem você é. Significa lembrar-se de qualidades que podem ajudar você — pontos de partida que levam você aonde precisa estar. Se você é uma pessoa amável e sensível, se você tem uma pontaria certeira no bilhar, se você escuta bem ou superou um revés no passado, todas essas qualidades podem recordar você de quem você é. Quando você descobre isso, tem uma base sólida sobre a qual poderá construir. Como os monges Shaolin que primeiro vestem um manto e começam o seu treinamento de uma maneira nova, somente se tivermos uma sensação clara de quem somos é que poderemos saber o que queremos e por quê.

Ao longo de todo o seu percurso de vida, você esteve escalando montanhas, como eu estive por muitos anos. Talvez você tivesse de lidar com baixa auto-estima, com pais sempre ausentes, com terríveis tragédias ou simplesmente estivesse passando pela vida sem rumo, sem propósito ou sem entender o que tudo representa. Agora, porém, eu espero que você possa

NÃO EXISTE PROGRESSO SEM DESPRENDIMENTO   **195**

perceber que se olhar por cima do seu ombro, para trás do caminho que acabou de percorrer, a realidade é que você *sempre* teve poder sobre a sua vida. Você não decidiu quem eram os seus pais, o lugar em que nasceu ou como foi inicialmente criado, mas uma vez mais nesse caso, você não pode controlar tudo, pode?

O que você pode controlar é aquilo que você faz deste dia em diante. Você pode aceitar que está infeliz com determinadas situações na sua vida e pode mudá-las. Na verdade, as únicas verdadeiras montanhas que já tivemos de transpor são aquelas que criamos para nós mesmos — quando ficamos com raiva de coisas que não conseguimos controlar, quando não obtemos a ajuda de que precisamos por causa do medo, quando esperamos que o mundo nos dê algo em recompensa pelo que tivemos de passar etc., etc., etc. Tudo isso não passa de desculpa. Você não é uma vítima. Ninguém é. Você é um guerreiro e sempre será, e é por isso que ainda está aqui e é por isso que está lendo este livro.

Mark Twain disse certa vez algo neste sentido: "Todos os dias nasce uma criança que poderia mudar o mundo. Infelizmente, não sabemos quem é essa criança, por isso devemos cuidar de todas elas." No fim, se não nos ajudarmos, não vamos ajudar ninguém mais e, se não pudermos fazer isso, de que adianta?

Somos um só, queiramos ou não. Certamente, no começo de nossa trajetória pode parecer que alguém que seja mais bonito, mais rico ou mais confiante que nós está, de algum modo, numa posição melhor que a nossa, mas na realidade isso não é verdade. Mesmo que essa pessoa tenha mais dinheiro e confiança, todos nós temos de passar pelas mesmas coisas. Todos nós lidamos com raiva, perda, arrependimento e com o nosso lugar no mundo. As únicas coisas diferentes são as cartas que recebemos. Todos nós vivemos no mesmo planeta. Todos nós sentimos aquele espaço vazio no estômago que nos esforçamos tanto para preencher com tudo, de comida a drogas e até trabalho. Esse vazio, porém, jamais poderá ser preenchido com objetos externos. Ele poderá ser preenchido somente quando reconhecermos esta verdade — que não estamos sozinhos. Quando ajudamos os outros, somos recordados deste fato. Quando ajudamos a nós mesmos, ficamos ainda mais fortes.

Eu sempre gostei da epígrafe com que abri este capítulo e eu a uso com freqüência no encerramento de minhas palestras, porque ela sugere uma mensagem de aceitação tanto do nosso lugar certo no mundo como da posição que nele ocupamos agora. Seja quem você for, ou seja qual for o nível de sucesso ou notoriedade que alcançar na vida, você ainda está no controle e pode fazer a diferença.

Seja seu próprio rei, sua própria rainha, seu próprio herói, se precisar. Contemple as estátuas e viva com a possibilidade de se tornar a pessoa mais generosa e mais realizada que puder ser à medida que o tempo for passando. Quando, porém, você estiver olhando para cima, para frente ou para baixo — para pessoas reais ou estátuas construídas para demonstrar respeito e recordar a possibilidade — lembre-se de olhar no espelho. Quem você vê? O que você representa? E quando seguir a estrada e encontrar o seu caminho, lembre-se sempre de que, se estamos todos ligados, você não está muito longe de ser um guerreiro Shaolin... você já *é* um guerreiro.

POSFÁCIO

Ao longo de toda a minha vida e de suas dificuldades, eu passei a acreditar que o destino é um equilíbrio entre sorte e ação. Você não controla as cartas que recebe, mas certamente também não precisa ficar sentado em torno da mesa lamentando-se e afligindo-se. Você precisa se levantar e tirar o máximo proveito do que você tem, ou nem sequer poderá jogar.

Ao longo da minha vida eu tenho freqüentemente procurado descobrir a razão de meu fracasso em muitas ocasiões e de meu sucesso em muitas outras. E tenho me deparado com o que parece ser mil respostas diferentes. Às vezes eu acho que é porque nasci pobre, sofri abuso e agressão no gueto e tinha uma mentalidade de sobrevivente — quanto mais me derrubam, mais eu me esforço para me erguer novamente. Só que geralmente era eu mesmo quem me derrubava e depois me erguia novamente...

Para mim, erguer-me acabou significando tomar o caminho do Shaolin, sobre o qual venho conversando nos últimos trinta anos, e praticar aquilo que apregôo. Tudo o que temos na vida é quem *somos*, aquilo que dizemos que somos e como decidimos agir. Todo o resto, por muito ou por pouco que tenhamos, nos pode ser retirado. No fim de tudo, quando você estiver deitado no leito de morte, pode ser que você *tenha* muito dinheiro em razão de todo o trabalho que realizou, mas tudo o que você *possui* é quem você é.

Mesmo assim, porém... por mais longe que eu tenha chegado do ponto onde comecei, ainda tenho tido dias ruins. Só que agora, até nas minhas horas mais sombrias, eu tenho um modo de pensar Shaolin que me dá esperança, pois ele me mostra todos os dias exemplos de que tudo continua crescendo e mudando — e que nada jamais acaba realmente. Toda decisão que tomamos e toda ação que fazemos tem significado e influi em todas as outras coisas — agora e para sempre.

Não faz muito tempo, algo me fez recordar desse fato.

Franny, uma das minhas irmãs, mal conversava comigo durante a sua fase de crescimento. Depois que nossa mãe morreu, ela parou inteiramente de falar comigo. Mesmo assim, um dia quando eu estava indo de carro para casa, comecei a pensar nela, que sempre fora a caçula da família, e em como eu tinha procurado protegê-la do sofrimento de ter um péssimo pai e do sofrimento da miséria e de tudo o que a acompanha. Decidi pegar meu celular e ligar para ela.

Ela atendeu ao telefone, e eu disse apenas "Franny".

"Stevie", ela respondeu suavemente.

Eu disse-lhe que a amava e ela disse o mesmo: nós dois choramos e dissemos que manteríamos contato, e o fizemos. Logo depois disso, o filho dela se formou no colégio e Franny deu uma grande festa de formatura. Ela ligou para me convidar, coisa que nunca teria acontecido se eu não tivesse feito aquela chamada inicial.

Na festa vi uma mulher que eu não via desde a morte de minha mãe. Ela costumava trabalhar com minha mãe em Head Start e era agora uma das diretoras. Ela disse que estava procurando um orador principal para os programas Head Start dos próximos anos, que falaria a todos os professores e paraprofissionais do Head Start em Brockton, Massachusetts, onde eu cresci. Ela perguntou se eu estaria interessado. Eu respondi que falaria de graça, em honra ao trabalho de minha mãe para a organização.

Atualmente, tenho feito centenas de discursos e palestras, desde Harvard e Yale até o Delta em Arkansas. Mas aquele foi um dos mais difíceis: falar sobre a vida de minha mãe agora que ela se fora. Nesse discurso, eu mencionei o nome de um velho amigo meu chamado Henry H., provavelmente porque eu estava em Brockton e isso me fez pensar nele.

Falei que Henry batia em mim quando éramos crianças — ele era valentão, e eu era pequeno. Eu estudava na Brockton High School na época, tinha ido a uma festa no fim de semana, tinha algumas balas de um Colt 45 e — péssima idéia — conversara com a garota de Henry H. Henry me deu a maior surra de minha vida. No dia seguinte, para minha grande surpresa, Henry me encontrou e, em vez de me dar uma outra surra, ele *me pediu desculpas*. Esse fato era muito incomum: crianças de rua não fazem isso porque vêem essa atitude como uma fraqueza. Eu gostei dele imediatamente depois disso, e muitas vezes nas ruas, ele me protegeu.

Eu nunca soube por quê.

POSFÁCIO   **199**

Muitos anos depois, já casado e com dois filhos, eu estava descendo a Main Street em Brockton. Eu costumava dar uma volta pelos conjuntos habitacionais quando ia visitar minhas irmãs nas vizinhanças; eu queria ver se um dos garotos ainda estava por ali. Quando eu estava dirigindo, avistei três caras fazendo o que parecia ser uma transação de drogas, e Henry H. era um deles. Eu estava com meus gêmeos recém-nascidos e com a minha mulher no carro, mas o meu entusiasmo ao ver Henry depois de tantos superou qualquer senso racional.

Puxando o freio com força, saltei do carro. Nesse exato instante, os três enfiaram a mão no bolso para sacar suas armas. Eu gritei várias vezes, "Henry, sou eu! Sou eu!" Henry fez um sinal com a mão para que eles se afastassem e respondeu também gritando, "Steve! Steve!" Ele me abraçou várias vezes e continuou dizendo "Olha só você!" Henry e eu conversamos por alguns minutos antes que eu o levasse até o carro para conhecer minha esposa e meus filhos. Falamos sobre os rapazes junto dos quais crescemos: muitos estavam na prisão ou haviam sido mortos a tiros; ele me contou que havia acabado de cumprir uma pena de oito anos por ter esfaqueado uma pessoa. Henry depois me contou algo que me afetaria pelo resto da vida.

"Sabe, Steve", Henry disse: "eu sempre pensei que se algum de nós se desse bem fora daqui, eu ficaria contente se fosse você." Isso significou mais para mim que qualquer prêmio, pois ali estava Henry, outrora tão poderoso a meu ver, e agora, ali estava ele, olhando-me com admiração, me incentivando o tempo todo. Isso plantou uma semente que acabaria me ajudando a ajudar uma outra pessoa durante aquela palestra da Head Start anos depois, mas eu ainda não sabia disso.

Foi essa a última vez que vi Henry H., e até voltar a Brockton, eu não tinha pensado muito nele.

Depois da minha palestra para a Head Start, uma bela moça com cerca de dezessete anos se aproximou de mim e, antes que ela pudesse expressar qualquer palavra, rompeu em lágrimas. Quando ela conseguiu falar, ela disse: "Sou filha de Henry. Ele acabou de morrer de câncer a semana passada."

Eu a abracei por um minuto e depois nos sentamos.

"Eu amava meu pai e o senhor conhecia muita coisa sobre ele", ela disse. "Eu soube quem era o senhor assim que começou a falar sobre ele, porque meu pai sempre me falou do senhor e disse que eu devia ser como o senhor." Ela fez uma pausa, "Foi ótimo ouvir dizer algo de bom sobre o meu pai". Ela estava me dizendo que apesar de Henry H. não ter vivido uma vida muito perfeita de acordo com os padrões da maioria das pessoas, o fato de alguém como eu ter conseguido sucesso fora dos conjuntos habitacionais e ter tido o pai dela em tão alta estima representava muito.

Olhando para trás, eu compreendi que uma semente tinha sido plantada durante o período em que morei nos conjuntos habitacionais e convivi com Henry, que me intimidou e depois me protegeu e mais tarde pensou bastante em mim a ponto de me descrever como um modelo para a sua filha. Eu percebi que ser *quem eu era* — um morador dos conjuntos habitacionais que fizera sucesso lá fora e tinha vontade de ajudar outras pessoas — era mais importante que todo o dinheiro e fama que eu pensava que desejasse, e é por isso que tudo o que eu tenho feito de bom ou ruim durante toda a minha vida é importante.

Se você também tem perdido o foco ou precisado de disciplina, se você anda com raiva, sente-se inseguro, luta com a infelicidade, não assume a responsabilidade pelos seus atos, faz mau uso do poder ou resiste à mudança — tudo isso é importante. Também é importante saber como e se você decidiu lidar com esses tipos de comportamento negativo e até que ponto você está disposto a trabalhar no sentido de modificá-los. Como você tem tratado as outras pessoas? Você tem tido compaixão, esperança, amor?

De alguma maneira modesta, o telefonema que fiz para a minha irmã desencadeou toda uma série de acontecimentos que vêm ocorrendo há anos, sem eu saber. A ação impulsiona a nossa caminhada para diante quando damos o primeiro passo rumo à mudança. Em geral esse passo, seja ele qual for, é o mais difícil. Com esse primeiro passo, porém, você pode ligar destino e ação, empreender uma nova jornada e pôr abaixo a montanha que você ergueu para si mesmo muito tempo atrás.

APÊNDICE A:
POSTURAS SHAOLIN

Yin e yang estão presentes em todas as coisas. Não se pode fazer uma coisa sem afetar uma outra; assim, se você realizar a jornada de cura do seu passado e continuar progredindo no futuro, essa jornada não poderá ser apenas mental. A mente e o corpo atuam integrados, de modo que treinar a mente e negligenciar o corpo é trabalhar contra o seu objetivo supremo de ser feliz e libertar-se dos traumas e dificuldades do passado.

As formas a seguir podem ajudar visto que trabalham as suas costas, a sua circulação, os seus joelhos e as suas articulações, ao mesmo tempo em que constroem força. Nenhuma dessas formas é avançada demais, sendo, portanto, relativamente fácil fazê-las sozinho, mas tenha cautela e seja humilde: assim como eu aprendi no início do meu próprio treinamento Shaolin, a aparente facilidade dos exercícios é um engano e eles são, com freqüência, complexos porque trabalham simultaneamente muitos grupos de músculos diferentes. Muitas vezes, você só perceberá a intensidade com que está se exercitando no dia seguinte, quando realmente senti-la. Ademais, sempre é bom ter um instrutor experiente por perto apenas para se certificar de que está fazendo o exercício corretamente, ou consultar um livro onde possa ver as posições exatas do corpo por meio de fotografias e ilustrações.

A POSTURA DO CAVALO

O nome desta postura vem da posição em que você se coloca e que se assemelha muito ao modo em que você se senta quando anda a cavalo.

Esta postura trabalha a sua energia interior — os músculos do corpo inteiro estão sendo usados, e eles ficam mais fortes, quanto mais tempo você mantê-la.

Para fazer a postura do cavalo, abra as pernas um pouco mais do que a largura dos ombros. Dobre os dois joelhos ligeiramente e, em seguida, force-os para os lados. Aviso importante: certifique-se de que todo o seu peso esteja centralizado. Não se curve para a frente nem um milímetro, caso contrário você irá anular toda a finalidade do exercício. Já vi pessoas fazer isso e dizer que seus joelhos doem. Isso acontece porque elas estão se inclinando para a frente. Você deverá sentir uma leve pressão nas coxas e nos glúteos, não nas costas ou nos joelhos.

Quando você estiver na postura apropriada, junte as mãos e estenda-as à sua frente. Você vai observar que é capaz de ir descendo cada vez mais na postura à medida que for ficando mais forte.

Em seguida, recolha as mãos devagar enquanto inspira lentamente. Depois, ponha devagar as mãos para fora enquanto expira. Você deve controlar a respiração de modo que, quando as mãos estiverem completamente esticadas, você tenha soltado todo o ar.

Repita o processo dez vezes antes de passar para o exercício seguinte. Se, depois da quinta vez você não estiver sentindo pressão suficiente nas áreas apropriadas, abaixe a sua posição. De novo, não se incline para a frente; mantenha o peso centralizado.

ALONGAMENTO DO COTOVELO ATÉ OS PÉS

O alongamento mais importante é do cotovelo até os pés. Ele é denominado o alongamento "de mil dias". Os mestres dizem que se você fizer este exercício por mil dias, será capaz de tocar o queixo com a ponta dos pés.

Neste exercício, você começa com as duas pernas juntas. Dobre lentamente o joelho direito; depois, posicione a perna esquerda para a frente, num ângulo de 45 graus, travando-a (o que significa que ela está totalmente reta).

Em seguida, da cintura para baixo, com a perna direita ainda dobrada e a perna esquerda totalmente reta, incline-se para a frente até sentir tensão na perna esquerda.

O passo seguinte é crucial: respire. Muitas pessoas prendem a respiração inconscientemente, e isso não é bom. Quando você prende a respiração, diminui o fluxo sanguíneo e a circulação de oxigênio para os músculos e o cérebro, o que pode causar cãibras.

APÊNDICE A: POSTURAS SHAOLIN

Você deve manter esta postura enquanto conta lentamente até dez e regula a respiração. Volte à posição inicial e repita o exercício do lado oposto.

Fazer o exercício dos dois lados é considerado uma série: você deve fazer três séries. O objetivo é fazer as três séries numa contagem de trinta para cada perna.

Alongamento de um lado ao outro

Este exercício vai construir força em todas as partes das suas pernas e na parte inferior das costas ao mesmo tempo em que aumenta a flexibilidade.

Assuma a mesma posição do primeiro exercício — a postura do cavalo. Este é um exercício mais difícil para manter a sua coluna reta. Dobre os braços à sua frente e estique-os para fora (até sentir pressão nos ombros). Isso se faz para verificar se sua coluna está reta ou não. Se você perceber que está deixando os braços cair, é muito provável que você esteja se inclinando para a frente.

Lentamente dobre a perna direita. À medida que o seu corpo se desloca para a direita, deixe a perna esquerda reta e estenda-a para o lado. Mantenha-a nessa posição por um tempo.

Em seguida, desloque gradualmente o seu peso para a esquerda, repetindo o processo com a outra perna. Quando deslocar o peso da direita para a esquerda, é muito importante assegurar que o seu peso esteja centralizado e a perna contrária, dobrada. Se você se erguer com as costas retas, você vai tirar a pressão das pernas, anulando assim o objetivo do exercício.

Este exercício deve ser repetido dez vezes. O deslocamento da direita para a esquerda conta como uma vez. Você deve exercitar-se cinqüenta ou mais vezes. O tempo de duração depende de você. Comece devagar, talvez por dez ou vinte segundos a cada flexão, e depois exercite cada lado por cerca de um minuto.

Respiração Shaolin e flexão das costas

Este é último exercício da série que você vai fazer. Termine sempre por ele. Respirar e flexionar as costas alonga tudo: nuca, costas, glúteos e panturrilhas das pernas. Também induz um rápido fluxo de sangue ao mesmo tempo que desenvolve o seu Chi, palavra chinesa que significa "energia".

Com as pernas juntas e as mãos entrelaçadas à sua frente, erga lentamente as mãos para cima enquanto inspira e curva ligeiramente as costas. Quando as mãos estiverem sobre a sua cabeça e você estiver se dobrando para trás, você não deverá absorver mais oxigênio.

Em seguida, curve devagar todo o corpo para a frente enquanto expira. É muito importante que você expire muito lentamente e só solte todo o ar quando o exercício estiver completo. Enquanto ainda estiver expirando, agarre a panturrilha das pernas e segure-as até que estiver completamente sem ar.

Repita.

Se, no início, você não conseguir agarrar a parte posterior das pernas, pratique o exercício sem fazer essa parte até que tenha desenvolvido flexibilidade suficiente para tanto. Repita o exercício mais três vezes. O objetivo é fazê-lo cinco vezes. Quando você se abaixar para o alongamento, a idéia é tocar o chão com as palmas das mãos e, em seguida, colocar a cabeça entre as pernas.

Você poderá atingir muitos objetivos da mente e do corpo, se fizer esses exercícios todos os dias, e eles lhe darão uma energia renovada. Você também reduzirá muito o risco de adoecer se se exercitar vigorosamente, manter uma dieta adequada e praticar outros exercícios Shaolin, que poderão ser encontrados no meu livro sobre artes marciais, *An American's Journey to the Shaolin Temple* (A Peregrinação de um Norte-Americano ao Templo Shaolin).* Você vai se sentir ótimo e ter um desempenho melhor em todos os sentidos, o qual influirá no seu modo de vida cotidiano.

---

* Steve DeMasco, *An American's Journey to the Shaolin Temple* (Black Belt Books, Ohara Publications, 2001).

APÊNDICE B:
QUAIS SÃO AS CINCO FORMAS ANIMAIS DO SHAOLIN?

Estas cinco formas animais constituem a base do Shaolin, e embora existam muitos estilos diferentes desta arte e outras formas animais sejam praticadas em todos eles, cada estilo Shaolin depende das formas básicas do Dragão, do Tigre, do Leopardo, da Serpente e do Grou.

1. O DRAGÃO

O dragão simboliza graça, beleza e grande poder. Na mitologia chinesa, o dragão evoluiu da água, por isso os movimentos desta forma animal são muitos fluidos e circulares. Na forma do Dragão, um praticante de Shaolin usa as mãos como garras para agarrar e segurar um oponente enquanto aplica um forte golpe com uma outra parte do corpo, ou usa o próprio corpo para pôr peso nas articulações do adversário. O poder na forma do Dragão vem de movimentos circulares, como uma torção no corpo, e de um foco no desenvolvimento de energia interna (Chi) para usá-la contra um oponente.

2. O TIGRE

Os chineses admiram o tigre pelas suas garras poderosas e pela sua grande força e agilidade. O treinamento desta forma animal produz ossos, articulações e tendões fortes. Muitos dos exercícios da forma do Tigre são planejados para fortalecer as costas e a coluna, bem como os braços e antebraços. O uso das mãos na forma do Tigre difere do uso que se faz delas na forma do Dragão porque elas rasgam ou dilaceram o oponente, em vez de mantê-lo imobilizado. A força, neste caso, vem da torção do corpo e do uso do chão para a aplicação de socos e chutes fortes. O Tigre é, dentre as cinco formas animais, a mais desafiadora do ponto de vista físico, e os praticantes também aprendem a imitar o comportamento furtivo e o método de ataque de um tigre na vida real, que ajudam, acreditam os chineses, o praticante a prever os movimentos de ataque de um oponente e a aplicar os próprios golpes com mais força.

3. O LEOPARDO

Os chineses admiram o leopardo pela sua agilidade. Apesar de não ser tão forte quanto o tigre, o leopardo é mais ágil. Esta forma ensina uma combinação de rapidez e um movimento ágil dos pés para vencer os adversários. A forma do Leopardo utiliza golpes fortes, curtos e rápidos, para ir confundindo e derrotar o adversário. Chutes curtos têm a intenção de atingir a virilha ou o abdome do oponente, e a forma do Leopardo é defensiva e inteligente. Na vida e nesta forma, o leopardo usa movimentos sutis para esquivar-se dos golpes de um oponente e rapidez no ataque. O esmerado trabalho dos pés na forma do Leopardo ajuda o praticante a desenvolver equilíbrio e ritmo.

4. A SERPENTE

A serpente é admirada por sua habilidade de atacar um agressor com rapidez. Como uma serpente não tem pés, e deve enrodilhar-se para atacar com rapidez e precisão, a forma da Serpente gira em torno da velocidade. A forma da Serpente tem praticantes que usam a ponta dos dedos e as palmas das mãos para golpear pontos de pressão de um oponente, sendo tanto de defesa como de ataque. Os praticantes da forma da Serpente aprendem a gerar grande energia interna e liberá-la em cada golpe. Isso significa lutar com um estado de espírito relaxado, o que permite que o lutador passe da espera para a aplicação de um golpe direto. A forma da Serpente é oposta à forma do Tigre, pois utiliza a força interior, em vez de bloqueios e golpes defensivos.

5. O GROU

Os chineses gostam da paciência do grou. Ele pode ficar postado sobre uma perna durante muitas horas sem se mover. Isso representa concentração e foco no Shaolin. A forma do Grou utiliza um movimento de gancho para rechaçar golpes, desviar a energia e em seguida atacar a distância. Com a longa extensão de suas asas e suas pernas compridas, o grou pode pôr muita distância entre ele e um atacante, por isso a forma do Grou envolve chutes largos e mimetismo do bico do pássaro num ataque rápido. A forma do Grou desenvolve dedos, braços e pernas fortes.

APÊNDICE C:
Uma mente disciplinada exige um corpo saudável

O corpo é um templo repleto de arte.
Se você não cuidar do templo, não haverá arte.

No Shaolin, como você sabe, mente e corpo fortes andam inseparavelmente juntos. Com "forte", Shaolin quer dizer disciplinado, por isso eles acreditam que você não tem uma mente forte se também não se esforçar para impor disciplina ao modo como trata o seu corpo. Isso não significa apenas fazer exercícios, mas também ter disciplina suficiente para ingerir regularmente determinados alimentos de que o seu corpo necessita para manter-se saudável e forte, e para evitar outros a todo custo. A disciplina física que eles obtêm realizando exercícios é a razão por que os monges praticam oito horas diárias de kung fu. A prática de exercícios lhes dá o foco e a disciplina que eles precisam para meditar e orar e, numa típica alternância dos opostos yin e yang, a meditação e a prece lhe dá a disciplina e força para praticar essas oito horas de kung fu.

Neste país, muitos de nós somos indisciplinados com relação aos nossos hábitos alimentares. *Fast food* é um estilo de vida, e alimentar-se se tornou uma atividade que realizamos em combinação com outras tarefas, como fazer reuniões de negócios, ler relatórios administrativos ou outras "múltiplas atividades". Procuramos aproveitar o nosso tempo ao máximo, e também buscamos conseguir as coisas sem esforço nenhum.

Parte da mitologia que envolve uma alimentação saudável está fundamentada na própria noção norte-americana de glutonaria, da maneira como é perpetuada pela indústria dietética, que nos estimula a ingerir a quantidade de alimentos manufaturados de "baixa caloria" ou "de baixo colesterol" que desejarmos. Na maior parte das vezes, isso resulta num consumo crônico e exagerado de comida. Mas por remover o conteúdo de gordura, ou o açúcar refinado dos alimentos dietéticos, a propaganda é capaz de sugerir que podemos comer o quanto quisermos por causa do número menor de calorias. Ninguém menciona todo o dano que esse excesso de substâncias químicas (que lhes permite dizer que os alimentos estão "isentos de gordura" ou de têm "baixa caloria") causa de fato.

Como um homem de meia-idade que está no ramo da saúde e das artes marciais há mais de trinta anos, eu sei que poucas pessoas gostam da idéia de envelhecer, mas é claro que isso é inevitável, e se você não cuidar bem de si mesmo em coisas específicas que vão além de preferir normalmente uma dieta vegetariana a *fast food*, ou abster-se de doces cada vez que você ganhar um ou dois quilos, o processo de envelhecimento será muito mais desagradável.

As culturas orientais há séculos sabem que há uma ligação integral entre corpo, mente e espírito; no entanto, o conhecimento predominante sobre saúde física no Ocidente tem se concentrado mais na cura de doenças com drogas, quando já estamos doentes ou debilitados fisicamente, que em alcançar a saúde de um modo mais holístico e preventivo. Tomamos injeções para nos proteger de doenças, mas a maioria dos médicos ocidentais não prescreve exercícios e uma alimentação saudável — eles simplesmente nos receitam medicamentos depois que a doença já se instalou.

Os monges Shaolin acreditam que cada um de nós deve viver em harmonia, e que tudo, desde exercícios até a alimentação, deve ser moderado, que é provavelmente a razão por que não se vê tantos monges obesos andando por aí. Você não se surpreenderá ao saber que nenhuma dessas coisas se encaixa bem na filosofia ocidental. Você sabe como se pensa: queremos ser mais fortes, mais esbeltos, mais inteligentes, mais atraentes ou mais musculosos rapidamente, e queremos ver os resultados "ontem". Observando o estilo norte-americano de praticar exercícios, os monges Shaolin provavelmente apenas balançariam a cabeça e se perguntariam onde queremos chegar.

O FENÔMENO IÔ-IÔ

Com nossas altas e freqüentemente irrealistas expectativas, nunca ficaremos satisfeitos com os resultados dos nossos programas de dieta ou de condicionamento físico, o que explica o fenômeno da dieta "iô-iô", no qual entra-

APÊNDICE C: UMA MENTE DISCIPLINADA EXIGE UM CORPO SAUDÁVEL **209**

mos e saímos constantemente de dietas para moderar o nosso peso, em vez de comermos sistematicamente de uma maneira saudável e de termos disciplina para realizar os exercícios necessários para manter um bom condicionamento cardiovascular e um peso adequado à nossa constituição física.

Está comprovado estatisticamente que a maior parte das pessoas que perdem peso numa dieta o recuperam, principalmente porque muitas dietas limitam os tipos de alimento que podemos comer. Assim, você é obrigado a comer uma quantidade maior de alimento dos mesmos grupos, em vez de diversificar seu consumo diário de modo a incluir carnes (proteínas), frutas, vegetais e grãos integrais. Por exemplo, a dieta muito popular de baixo teor de carboidratos e alto teor de proteínas dos últimos anos representa um desafio para aquelas pessoas que tentam voltar a comer "normalmente" depois de sentirem que perderam peso suficiente.

Essa dieta se tornou tão popular porque muitas pessoas perderam muito mais peso com ela do que com a maioria das outras dietas. Todavia, depois de um certo tempo, consumir só proteína fica monótono. Quantas omeletes de presunto e queijo você pode comer? Logo você se sente culpado por procurar a sobra do purê de batatas na geladeira, no meio da noite.

COMER PARA VIVER

Os chineses têm uma filosofia diferente a respeito do processo de envelhecimento, que não se coaduna muito bem com o que nos dizem cada revista de moda e de condicionamento físico que existe aqui no Ocidente. No Oriente, à medida que uma pessoa envelhece, mais sábia ela se torna, e os chineses acham que você deveria se ocupar em tentar envelhecer com qualidade até a sua morte, sem fingir que não está ficando mais velho ou que nunca vai morrer. Eles se preparam o mais cedo possível, de modo que quando chegam aos trinta, quarenta, cinqüenta anos ou mais, eles já estão numa posição bem vantajosa.

Porém, seria difícil se alimentar como faz um monge Shaolin, a não ser que você tenha alguma predileção especial por tofu, arroz integral e *bok choi*. Eles mantêm uma rigorosa dieta vegetariana, de acordo com os princípios budistas, o que significa que não comem carne nem nenhum derivado dela, como ovos. Quando eu retornei da primeira visita que fiz à China para conhecer o abade, eu experimentei esse tipo de alimentação. Diga-se de passagem, tofu não é ruim: ele pode ser preparado de modo a ter sabor de frango e de bife, o que sempre me impressionou, e seu gosto é ótimo; ele é uma das coisas que eu aprecio toda vez que vou treinar num templo Shaolin.

Alimentos como esse são tão naturais e fáceis de serem metabolizados pelo seu corpo que uma vez que você adquire o hábito de comê-los, geralmente eles deixam de parecer exóticos ou desagradáveis. Quando a função principal do alimento é sustentação em detrimento do gosto, ele deixa de ter o valor social que muitas culturas atribuem à refeição em família.

A dieta budista Shaolin contém uma quantidade muito grande de carboidratos para a média das pessoas, que podem passam oito horas por dia trabalhando num escritório, conversando ao telefone, e uma ou duas horas por dia fazendo uma caminhada a pé, preparando uma refeição ou indo apanhar os filhos na escola. Apesar da regularidade e das limitações da dieta dos monges Shaolin, muitas pessoas ganhariam peso se adotassem o que é, aparentemente, uma existência muito espartana porque, ao contrário deles, elas não treinam até oito horas por dia.

Então, o que é bom já que somos constantemente alertados para nos manter a distância de todos os alimentos "nocivos"? Existem alguns fatores que temos de levar em conta e que são inerentes ao nosso estilo de vida. A maioria deles não conseguimos evitar. Se você consome alimentos industrializados, como provavelmente deve saber, você está ingerindo muitos hormônios e substâncias químicas. A não ser que você só coma frutas, vegetais e carnes produzidos organicamente, isso não pode ser evitado.

Se você não consegue manter uma dieta totalmente orgânica, seja mais realista e comece a controlar seu consumo de carboidratos. Em vez de comer torradas ou cereais no café da manhã, eu geralmente começo com uma mistura de proteínas. Depois de pesquisar muito esses produtos — e que incluem saborear algumas misturas muito ruins — eu percebi que existem suplementos muito bons no mercado, com alto teor de proteínas e baixo teor de carboidratos, a maior parte deles também com baixos níveis de açúcar.

O açúcar é considerado unanimemente pelos nutricionistas como um alimento "nocivo". Uma outra fonte oculta de toxicidade é o álcool, que também contém muitos carboidratos, assim como sucos de frutas. Geralmente falando, é saudável comer frutas, já que elas contêm muita água *e* vitaminas, mas os sucos delas derivados são altamente concentrados e o seu organismo transforma imediatamente o açúcar delas em gordura. Na família das frutas, melões, maçãs e uvas são as melhores. Eu não recomendo comer frutas combinadas com proteínas, mas sim saboreá-las sozinhas como uma refeição leve.

APÊNDICE C: UMA MENTE DISCIPLINADA EXIGE UM CORPO SAUDÁVEL

O nosso corpo tem dificuldade em absorver proteínas, de modo que muitos nutricionistas sustentam que precisamos ingeri-las muito mais do que é necessário. Proteína é a única coisa que ingerimos que conserva massa muscular.

Todo carboidrato que você põe na boca se transforma em açúcar; se você está tentando evitar a eventual gordura que isso cria, intercale pelo menos duas batidas de proteínas durante o dia com uma dieta muito reduzida de carboidrato, o que poderia incluir apenas uma fatia de pão e uma salada com proteína de frango, atum ou carne vermelha, por exemplo.

Pular refeições é um problema para muitas pessoas nesta cultura: nós argumentamos que estamos ocupados demais para comer. Trabalho, filhos ou obrigações sociais são desculpas freqüentemente dadas por quem não tem uma dieta equilibrada. Procure evitar isso. Seu corpo está em constante atividade, como uma roda de energia que se mantém em movimento. Se você não come, a roda pára e depois recomeça. São necessárias apenas pequenas refeições leves durante o dia todo para manter essa roda girando e lhe proporcionar uma disposição de ânimo melhor. Via de regra, o melhor é comer como um pássaro — o que significa quatro ou cinco pequenas refeições leves ao longo do dia para manter você em forma.

A DIETA DO STEVE

Só para você ter uma idéia do que é uma dieta saudável (ou uma dieta mais saudável do que a sua dieta atual), eu incluí uma amostra típica das três refeições que faço por dia:

Manhã
- Batida de proteínas, com leite de soja (você pode usar leite desnatado) e pelo menos 30 gramas de proteína. Eu mesmo utilizo cerca de 50 gramas.
- Treinamento de kung fu por algumas horas, seguido de mais treinamento com os alunos.
- Depois que me exercito, preparo mais uma batida com a mesma quantidade de proteína. Desta vez uso água para misturar com o pó de proteínas.
- Cerca de duas horas depois, como uma maçã porque é melhor comer pequenas porções continuamente ao longo do dia, de modo que o seu corpo esteja trabalhando constantemente.

O CAFÉ DA MANHÃ, se você preferir, pode consistir de dois ovos e de uma fruta. Eu, porém, não gosto de misturar frutas com refeições. Isso diminui o ritmo do processo de digestão. No café da manhã, eu gosto de comer dois ovos mexidos, acrescentando-lhes duas ou três claras. Duas gemas de ovo são mais que suficiente. Também misturo um pouco de espinafre ou repolho crespo fresco aos ovos. Às vezes, no final da manhã, depois dos meus exercícios físicos, eu tomo uma xícara de café. Não o tomo no café da manhã, pois ele também retarda o processo digestivo. Nunca vi um monge no templo Shaolin bebendo café, já que normalmente eles não vêem os estimulantes com bons olhos; contudo, um dos mestres de kung fu me disse que eu jamais seria um mestre se não tomasse café. Ele adorava café e era um excelente grão-mestre, de modo que não discuti com ele.

Tarde

- Salada com carne no almoço. Ou atum no pão de trigo com baixo teor de carboidrato.
- Duas horas depois eu como outra maçã.

Noite

- Frango, peixe, vitela, carne magra de porco ou um pequeno bife no jantar. Pessoalmente, não gosto de comer carne vermelha à noite; ela é difícil de digerir, e quando a como, acordo no meio da noite com pesadelos.
- No jantar, como também verduras como espinafre, brócolis ou então feijão branco. Além disso tudo, meus filhos comem arroz ou batatas ou massas. Eu não. O único carboidrato que como no jantar é a verdura. Meus filhos são fisicamente muito ativos e precisam comer arroz ou massa, mas para mim isso é só um desperdício e acabam criando os temidos "pneuzinhos".
- Isso é o suficiente no jantar. *Sem sobremesa!*

APÊNDICE C: UMA MENTE DISCIPLINADA EXIGE UM CORPO SAUDÁVEL **213**

O "MONSTRO BOLACHA" ESTÁ DEVORANDO OS SEUS FILHOS

Quanto às crianças, a história é completamente diferente. Todo mundo tem dificuldade de abster-se de açúcar e de carboidratos industrializados, especialmente as crianças, já que a mídia promove bolachas, bolos e pães, as prateleiras dos supermercados estão abarrotadas deles e quase todo mundo em volta delas come porcarias também.

Fazer com que os seus filhos mantenham uma dieta de baixo teor de açúcar e de carboidratos é muito mais fácil se eles forem criados assim, do que perceber que eles começam a ficar "gordinhos" na adolescência. Quando eu era o principal instrutor em Concord, New Hampshire, muitos anos atrás, eu sempre perguntava aos meus alunos. "O que você comeu hoje no café da manhã e no almoço?" Invariavelmente, eles respondiam que tinham comido algum tipo de sucrilho no café da manhã e, no almoço, pasta de amendoim e *marshmallow* ou uma barra de granola, que contêm muito açúcar.

Esquecendo até que ponto as crianças são facilmente influenciadas pelos adultos que elas admiram, certa vez eu disse brincando que o açúcar ia fazer seus cérebros amolecerem e que, em vez dele, todas elas deveriam comer massa no café da manhã. Bem, a única e a última vez que eu disse tal coisa foi quando cerca de 99% dos pais das crianças me contaram que os seus filhos chegaram em casa aquela noite e lhes disseram que deviam comer massa, em vez de cereais, no café da manhã.

Ora, ainda que massa não fosse o melhor café da manhã para elas, certamente era melhor do que sucrilhos. Desse dia em diante, eu comecei a dar aos meus alunos instruções nutricionais de uma maneira séria e responsável.

Meus três filhos sempre comeram ovos orgânicos, torradas, leite integral e frutas no café da manhã. Todavia, como todas as crianças, eles ainda gostam de comer panquecas com geléia de vez em quando. Mesmo fazendo-as com farinha e leite integral e ovos, *nossas* panquecas também não fazem bem aos meninos. Porém, na vida e numa dieta, temos às vezes de fazer concessões, e minha esposa e eu ponderamos que panquecas feitas assim ainda são melhores do que *waffles*, qualquer tipo de petisco crocante que se leva ao forno de microondas ou sucrilhos.

Existem inúmeros relatos sobre os efeitos do açúcar no organismo, especialmente das crianças, cuja hiperatividade é geralmente diagnosticada pelos médicos e controlada com medicamentos como Ritalin. Se você quiser fazer uma experiência sobre os efeitos negativos do açúcar nos seus filhos, experimente privá-los de doces e reduzir os carboidratos que eles consomem durante dois dias, depois observe a diferença no seu comportamento. Muitos alunos meus têm sido diagnosticados com distúrbio de atenção deficiente ou distúrbio de atenção deficiente/hiperatividade; depois de privá-los de açúcar, os resultados foram tremendamente positivos, com as crianças ficando mais calmas e mais capazes de concentrar a atenção em tarefas triviais e nas lições de casa.

O organismo das crianças é muito mais sensível a vitaminas, minerais e componentes dietéticos que o dos adultos, de modo que quando são iniciadas essas dietas, elas devem ser feitas com extrema cautela, e geralmente os alimentos que fornecem um alto teor de proteínas precisam ser integrados gradativamente. Uma maneira de começar a aumentar a quantidade consumida de proteínas é usando uma das misturas de proteínas que mencionei antes e que apresentam baixo teor de açúcar e de carboidratos.

Às vezes você precisa camuflar os elementos saudáveis da dieta de uma criança. De manhã, diga a ela que está preparando um *milk shake* especial para o café da manhã. Não sirva a ela uma mistura que tenha mais de 24 gramas de proteínas no início e fique alerta caso ela se queixe de dor de estômago ou de alguma outra dor gastrintestinal. Como adultos, podemos dar conta de misturas de proteínas contendo até 50 gramas duas a três vezes por dia, mas o organismo das crianças é obviamente mais delicado.

APÊNDICE D:
A tradicional cerimônia chinesa do chá para longevidade, felicidade e boa sorte

Há muito, os chineses acreditam que o chá, preparado e bebido da maneira correta, pode ser a chave do seu futuro. Beber o chá chinês preparado deste modo, no qual a água para o chá é fervida num bule de aço inoxidável, faz parte de uma tradicional cerimônia do chá que segundo dizem, se feita corretamente, ajuda a trazer boas coisas para quem o bebe.

Eis o que você vai precisar (os itens de serviço vêm com o tradicional aparelho para chá chinês):

Água quente
Folhas de chá
Bule para chá tradicional
Bule para chá de aço inoxidável
Xícara para olfação

1. Encha todo o aparelho para chá com água quente, depois o esvazie.
2. Ponha as folhas de chá no bule tradicional.
3. Despeje água quente num bule para chá de aço inoxidável.
4. Derrame a água quente do bule para chá de aço inoxidável no bule para chá tradicional (lavando as folhas de chá).
5. Transfira novamente a água quente do bule para chá de aço inoxidável para o bule tradicional (espere cerca de dois minutos).
6. Despeje o chá no jarro grande (vem junto com o tradicional aparelho para chá chinês) e na xícara para olfação (também incluída no aparelho).

7. Ponha a xícara para gustação (a xícara menor) sobre a xícara para olfação (a xícara maior) e vire-as com uma das mãos. Erga a xícara para olfação e mova-a em torno da xícara para gustação três vezes para captar o aroma do chá, depois sinta a sua fragrância.

8. Deixe a xícara para olfação à esquerda do pires de chá. Segure a xícara de gustação com três dedos e beba todo o chá com três goles.

Os três goles são para:

Longevidade
Felicidade
Boa sorte